LES TENDANCES ACTUELLES
DE L'INTERVENTION PRÉCOCE EN EUROPE

sous la direction de
Franz Peterander, Otto Speck,
Gérard Pithon et Bernard Terrisse

Les tendances actuelles de l'intervention précoce en Europe

MARDAGA

Original title : Frühförderung in Europa
by Franz Peterander and Otto Speck (editors)
© 1996 by Ernst Reinhardt Verlag München/Basel
Kemnatenstr. 46
D-80639 München

Pour l'édition en langue française :

© Pierre Mardaga, éditeur
Hayen 11 - B-4140 Sprimont (Belgique)
D. 1999-0024-1

Sommaire

AVANT-PROPOS
Franz Peterhander, Otto Speck, Gérard Pithon et Bernard Terrisse

PRÉFACE
Jean-Pierre Pourtois, Université de l'État, Mons, Hainaut, Belgique

CHAPITRE 1
L'INTÉGRATION D'ENFANTS ATTEINTS DE PARALYSIE CÉRÉBRALE DANS DES ÉCOLES ORDINAIRES GRÂCE À UN SERVICE UNIVERSITAIRE DE SOUTIEN
Jean-Jacques Detraux, Université Libre de Bruxelles, Belgique

Le centre de formation en enseignement spécialisé (CEFES) est intégré à l'Université Libre de Bruxelles en tant que service du département de psychopédagogie. Depuis sept ans, un service de soutien pour les enfants handicapés et leur famille y a été développé afin de permettre l'intégration de ces enfants dans les garderies et dans les classes ordinaires des écoles maternelles et primaires.

Le centre a adopté une perspective d'intervention systématique reposant sur deux principes :

– les parents doivent apprendre à « négocier » avec les experts et à se libérer de plus en plus de leur dépendance envers les spécialistes ;

– les intervenants du centre doivent agir en tant que médiateurs entre les éducateurs, les thérapeutes et les familles.

L'auteur définit les concepts de « négociation » et de « médiation » puis aborde les différents problèmes qui se posent dans la pratique. Ainsi, les intervenants risquent de transformer les parents en « super-parents » dans une société où l'intégration est une lutte quotidienne et difficile. Il conclut ce chapitre en proposant un troisième concept, celui de « qualité de vie », terme qui prend de plus en plus d'importance dans le domaine de l'intervention et de l'éducation des personnes handicapées.

CHAPITRE 2
LE DIAGNOSTIC ET L'INTERVENTION PRÉCOCES : UNE NOUVELLE APPROCHE DANS L'ÉDUCATION DES ENFANTS HANDICAPÉS EN GRÈCE
Antonios Kypriotakis, Université de Crète, Rethymnon, Grèce

Après avoir retracé brièvement l'historique des services d'éducation spéciale en Grèce depuis le début du siècle, l'auteur décrit l'organisation des services d'intervention précoce auprès des jeunes enfants handicapés et de leur famille dans le cadre des politiques d'intégration. Il expose ensuite quelques recherches montrant les effets positifs de l'intervention précoce auprès d'enfants présentant différents types de handicaps et conclut en insistant sur l'importance que celle-ci doit jouer dans les années à venir dans une perspective de prévention.

CHAPITRE 3
QUELQUES REPÈRES PSYCHO-SOCIAUX DE L'INTERVENTION ÉDUCATIVE EN MILIEU FAMILIAL
Willie Lahaye, Huguette Desmet et Jean-Pierre Pourtois,
Université de l'État, Mons, Hainaut, Belgique

Le Centre de développement par l'éducation familiale (CeDEF) a été créé dans le cadre des activités du Centre de recherche et d'innovation en sociopédagogie familiale et scolaire (CERIS) de l'Université de l'État à Mons. Il offre un support à tous les parents et intervenants impliqués dans les activités de formation en éducation parentale se déroulant dans les cellules d'éducation familiale implantées en particulier en milieux socio-économiquement faibles. Les formations en éducation parentale ont pour but de favoriser le développement des compétences parentales dans une perspective de prévention primaire en suscitant les processus d'appropriation et de responsabilisation des parents et s'inscrivent sur le plan axiologique du paradigme des douze besoins.

CHAPITRE 4
LE RÔLE DU THÉRAPEUTE EN INTERVENTION PRÉCOCE AUX DIFFERENTES PHASES DU DÉVELOPPEMENT DE L'ENFANT HANDICAPÉ
Martha Maristany, Centre hospitalier universitaire Sant Juan de Deu, Barcelone, Espagne

Les qualités de disponibilité et de flexibilité sont indispensables pour les thérapeutes afin d'assister les parents et leurs enfants dans leur processus mutuel d'adaptation, de respect et d'acceptation. L'acquisition de l'autonomie, dès la naissance, peut être difficile chez les enfants handicapés. La collaboration des parents, du thérapeute et de l'enfant doit amener celui-ci à atteindre, selon ses capacités individuelles, le statut de « personne autonome » dans le plus grand nombre de situations.

CHAPITRE 5
LA TRANSFORMATION DES TÂCHES MÉDICALES DANS L'INTERVENTION PRÉCOCE : ÉVOLUTION ET PERSPECTIVES
Gerhard Neuhäuser, Université Justus-Liebig, Giessen, Allemagne

D'après l'auteur, bien que le rôle du médecin dans l'intervention précoce paraisse clairement défini, les données actuellement disponibles montrent que de nouvelles orientations sont nécessaires pour tenir compte des changements des conditions actuelles en intervention précoce. Les expériences antérieures indiquent qu'il est indispensable de préciser davantage les exigences du diagnostic, d'améliorer l'intégration et les statuts dans l'équipe interdisciplinaire ainsi que de définir le type et le mode de consultation des parents ou des éducateurs.

CHAPITRE 6
LES CENTRES D'INFORMATION ET DE CONSULTATION ET LA RÉORGANISATION DE L'ÉDUCATION DES ENFANTS HANDICAPÉS EN NORVÈGE
Thomas Nordahl, Institut norvégien de recherche sociale, Oslo, Norvège

L'auteur décrit d'abord les services offerts aux enfants handicapés et à leurs familles dans les centres de ressources. Ceux-ci ont pour objectif principal de proposer à ces enfants des moyens qui leur permettent de s'intégrer de façon positive dans la société. Ces enfants sont déjà intégrés dans des écoles maternelles et primaires normales. Les intervenants de ces centres proposent au personnel des écoles, aux enseignants et aux familles des consultations et des informations dans le milieu. Ce qui parait le plus important, c'est que les spécialistes doivent aller vers les enfants et leur famille plutôt que de faire venir les enfants dans les institutions où travaillent les spécialistes.

CHAPITRE 7
LE DIAGNOSTIC DÉVELOPPEMENTAL ET L'INTERVENTION PRÉCOCE EN FONCTION DE L'ORGANISATION CÉRÉBRALE
Barbara Ohrt, Centre hospitalier universitaire pour enfants, Université Ludwig-Maximilians, Munich, Allemagne

L'auteur, à partir des récentes connaissances sur l'organisation cérébrale de l'apprentissage moteur et cognitif, situe la contribution de la neurologie développementale dans les approches thérapeutiques interdisciplinaires. Après un bref aperçu sur la complexité de l'organisation cérébrale de l'activité sensori-motrice volontaire chez l'adulte, elle décrit la maturation structurelle et le développement fonctionnel de l'enfant. Elle définit ensuite ce que doit être une évaluation neurologique et développementale du très jeune enfant dans la perspective d'une intervention de soutien auprès de ce dernier. Pour conclure, elle insiste sur l'importance de ce type d'évaluation et sur le rôle du thérapeute afin d'aider les parents à accompagner activement leur enfant dans l'actualisation de son potentiel.

CHAPITRE 8
LES NOUVELLES TECHNOLOGIES DANS L'INTERVENTION PRÉCOCE : PERSPECTIVES POUR LA RECHERCHE ET LA PRATIQUE
Franz Peterander, Université Ludwig-Maximilians, Munich, Allemagne

Les nouvelles technologies prennent de plus en plus d'importance dans le domaine de l'intervention précoce, en particulier par l'utilisation de systèmes d'analyse, d'apprentissage et de diagnostic réalisés à l'aide d'ordinateurs. L'objectif est de soutenir dans la pratique, grâce à ces moyens perfectionnés, la professionnalisation du travail en intervention précoce ainsi que de mettre à la disposition des parents les informations importantes qu'ils souhaitent avoir sur les différentes possibilités d'orientation et d'intégration de leurs enfants.

L'auteur explique diverses utilisations des nouvelles technologies. Il souligne l'importance des procédures de diagnostic s'appuyant sur l'ordinateur, le développement des systèmes de consultation et d'information des parents, la procédure d'auto-évaluation des organismes d'intervention précoce et les concepts relatifs au recueil des données pour la recherche dans le cadre des études à long terme.

CHAPITRE 9
UNE RECHERCHE APPLIQUÉE EN ÉDUCATION PARENTALE : CONCEVOIR, ANIMER ET ÉVALUER UNE FORMATION POUR DES MÈRES VULNÉRABLES

Gérard Pithon, Université de Montpellier III, France;
Bernard Terrisse, Université du Québec à Montréal, Québec, Canada;
et Olivier Prévôt, Université de Franche-Comté, Belfort

Les auteurs exposent le contexte et les résultats d'un dispositif d'évaluation diagnostique en comparant deux populations, des mères monoparentales « à risques » et des mères « sans risques particuliers » dont les enfants fréquentent des crèches. Ce dispositif avait pour but de dégager leurs profils moyens en ce qui concerne le sentiment de compétence, les attitudes et les pratiques éducatives parentales. À partir de ces données, un modèle de formation fondé sur des contrats pédagogiques individualisés, puis sur une évaluation formative systématique des apprentissages et, enfin, sur des séances de formation collective, a été réalisé en vue d'actualiser le potentiel éducatif des mères « à risques ». Une évaluation informative tente de dégager les effets de ce modèle de formation. Pour terminer, les auteurs exposent les pistes à explorer à partir de cette expérience.

CHAPITRE 10
LA MÉTHODE CERCLE : UNE APPROCHE INNOVATRICE DE COOPÉRATION INTERDISCIPLINAIRE EN INTERVENTION PRÉCOCE AVEC LA PARTICIPATION DES PARENTS

Ines Schlienger, Centre universitaire spécialisé de pédagogie thérapeutique, Zurich, Suisse; Hedi Jantsch, Institut de ressources pour les centres d'intervention précoce hessois, Cassel; et Klaus Hasemann, Université de Bonn, Allemagne

Les auteurs expérimentent depuis plusieurs années en Allemagne et en Suisse, dans le cadre de rencontres entre des professionnels et des parents de jeunes enfants handicapés, la méthode CERCLE, destinée à favoriser la coopération interdisciplinaire entre les divers professionnels et entre ceux-ci et les parents. Après avoir décrit les objectifs de ce projet, les auteurs exposent les fondements théoriques de leur démarche, puis les caractéristiques de leur méthode et ses effets. Ils présentent ensuite les modalités d'application pratique, et les caractéristiques de l'animation des groupes de discussion, pour dégager enfin leurs observations préliminaires à cette étape du projet.

CHAPITRE 11
LES TENDANCES DE L'INTERVENTION PRÉCOCE
AU DÉBUT DU XXe SIÈCLE AUX ÉTATS-UNIS
Robert Sheehan, Université de Cleveland, Ohio;
Scott Snyder, Université de l'Alabama, Birmingham, Alabama;
et Heather Sheehan, Services de la recherche «Quick Count»,
Cleveland, Ohio, États-Unis

Pour les auteurs, l'intervention précoce au début du XXIe siècle ressemblera davantage aux programmes d'éducation des XVIIIe et XIXe siècles qu'à ceux d'aujourd'hui. Les théories actuelles sur l'intervention précoce mettent de plus en plus l'accent sur l'individu pris dans sa totalité, s'intéressent autant aux forces qu'aux besoins de l'enfant et tiennent compte de l'ensemble du système écologique (famille, amis, environnement). Les auteurs constatent avec regret, qu'à la fin du XXe siècle, les besoins de l'enfant, dans le domaine de la santé, ont été longtemps ignorés alors qu'aujourd'hui ces aspects de la qualité de vie doivent être intégrés dans les programmes d'intervention précoce. Au siècle prochain, ils estiment que les résultats des divers programmes devront être mis clairement en évidence afin de mieux évaluer les différents systèmes d'intervention précoce.

CHAPITRE 12
L'INTERVENTION PRÉCOCE AUPRÈS DES ENFANTS
PRÉSENTANT DES RETARDS DE DÉVELOPPEMENT :
UNE APPROCHE ÉCOLOGIQUE ET INTÉGRATRICE
Otto Speck, Université Ludwig-Maximilians, Munich, Allemagne

Un important travail de recherche s'effectue dans les centres régionaux d'intervention précoce qui existent en Bavière depuis 20 ans. L'auteur expose d'abord la structure interne des services interdisciplinaires et les mécanismes de coopération entre les experts et les parents. Il met ensuite en évidence les fonctions des types d'interactions entre le système familial et l'environnement, basées sur les principes d'autonomie interdépendante et d'intérêts communs en vue d'accroître l'efficacité de l'intervention précoce.

CHAPITRE 13
LES FACTEURS FAMILIAUX ASSOCIÉS À LA RÉUSSITE DES ENFANTS DE MILIEU SOCIO-ÉCONOMIQUEMENT FAIBLE DANS LES PROGRAMMES D'INTERVENTION ÉDUCATIVE PRÉCOCE
Bernard Terrisse, Marie-Louise Lefebvre, Nathalie Martinet, Université du Québec à Montréal et François Larose, Université de Sherbrooke, Québec, Canada

Les auteurs présentent d'abord le contexte d'une recherche actuellement en cours visant à évaluer les effets à moyen terme des programmes québécois d'intervention éducative précoce sur l'adaptation scolaire et sociale d'enfants de milieu socio-économiquement faible. Ils décrivent ensuite leur programme de recherche qui s'inscrit dans un cadre d'analyse de type écosystémique. Cette approche doit permettre d'étudier les liens entre chacun des sous-systèmes qui génèrent les conditions d'adaptation ou d'inadaptation d'un enfant, d'identifier les facteurs de résilience (protection) dans l'environnement familial en milieu socio-économiquement faible et de prévoir les stratégies de formation et d'intervention visant la prévention des difficultés d'adaptation scolaire et sociale.

CHAPITRE 14
LA VARIABILITÉ DES FONCTIONS MOTRICES ET SA SIGNIFICATION EN INTERVENTION PRÉCOCE
Bert Touwen, Centre hospitalier universitaire de Groningen, Pays-Bas

L'auteur définit le concept de variabilité spécifique selon l'âge caractérisant le développement neurologique de l'enfant. Chez le nourrisson, l'organisme développe différentes stratégies qui permettent de réaliser des modèles moteurs fonctionnels : c'est la variabilité primaire ou non différenciée. Ensuite, pendant la petite enfance, l'individu sélectionne des stratégies en rapport avec son environnement, puis il automatise ces modèles de comportements sélectionnés : c'est la variabilité secondaire ou d'adaptation.

Les séquelles d'une lésion cérébrale peuvent être identifiées par une perturbation dans le développement de ces types de variabilité. Ils peuvent être inadaptés ou absents selon les tranches d'âge. Ces constats permettent, dans la plupart des cas, de détecter dès le plus jeune âge une défaillance fonctionnelle, une capacité fonctionnelle insuffisante ou une fonction inadaptée. La découverte précoce d'un trouble de la variabilité indique, en temps utile, la nécessité d'une intervention.

CHAPITRE 15
LA STIMULATION PRÉCOCE DE LA PENSÉE OPÉRATOIRE CHEZ LES ENFANTS HANDICAPÉS MENTAUX OU AYANT DES DIFFICULTÉS D'APPRENTISSAGE : LE PROJET « MS 4-8 »
Renzo Vianello, Université de Padoue, Italie

L'auteur expose une recherche sur le développement de la pensée opératoire dont la maîtrise est très importante pour des enfants handicapés mentaux ou ayant des difficultés d'apprentissage afin qu'ils puissent acquérir de meilleurs systèmes de comportement et utiliser des stratégies d'apprentissage de façon efficace. L'objectif principal du projet « MS 4-8 » (« *Mental structures* », « Structures Mentales », chez des enfants de 4 à 8 ans d'âge réel ou d'âge mental) est de faciliter le passage de la pensée intuitive à la pensée opératoire. Le rapport entre la pensée et le langage trouve ses bases théoriques dans la théorie de Piaget, dans les travaux plus récents sur la métacognition de Flavell et, enfin, dans les réflexions de Vygotsky sur les rapports entre la pensée et le langage. Dans cette recherche, deux tests diagnostiques sont utilisés (« opérations logiques et conservations » et « correspondances et fonctions ») ainsi que trois méthodes d'entraînement (« symétrie de rotation », « correspondance et fonctions » et « concepts d'espace et de temps »). Les enseignants, les éducateurs et les parents ont été intégrés de façon appropriée dans ce processus de formation. Le but de cette intervention est d'éveiller la curiosité et l'activité intellectuelle de l'enfant et de l'exposer à des situations qui génèrent des conflits cognitifs facilitant l'usage du langage et la pensée logique.

CHAPITRE 16
L'INTERACTION COMPENSATOIRE :
UN MODÈLE EXPLICATIF DE LA VULNÉRABILITÉ
ET DE L'INVULNÉRABILITÉ (RÉSISTANCE) AUX FACTEURS
ENVIRONNEMENTAUX DÉFAVORABLES
CHEZ DES ENFANTS AYANT DES PROBLÈMES
SPÉCIFIQUES
Klaus Wedell, Université de Londres, Royaume Uni

Selon l'auteur, la découverte de la complexité des causes engendrant des besoins éducatifs particuliers chez les jeunes enfants constitue l'un des plus grands progrès dans la réflexion sur l'intervention précoce au cours de ces dernières années. Il était en effet simpliste de considérer les difficultés de l'enfant comme lui étant spécifiques. Ces difficultés sont le résultat de différents facteurs qui doivent être recherchés non seulement chez l'enfant mais également dans son environnement. La famille peut aussi avoir des besoins qui sont le résultat des difficultés de l'enfant et de leurs répercussions dans le contexte social. L'interaction compensatoire permet de mieux cerner la vulnérabilité non prévisible et la résistance des enfants à des conditions défavorables de leur environnement. L'auteur montre, en conclusion, que cette vision des choses a des conséquences sur le développement des enfants chez qui il faut identifier et satisfaire des besoins éducatifs particuliers.

Avant-propos

Franz Peterander*, Otto Speck*, Gérard Pithon**
et Bernard Terrisse***
Université Ludwig-Maximilians, Munich, Allemagne,
*Université de Montpellier III, France**,
*Université du Québec à Montréal, Québec, Canada****

Dans cet ouvrage, nous avons tenté de présenter un bref aperçu des orientations actuelles en intervention précoce dans divers pays européens. L'intervention précoce est une intervention socio-éducative, psychosociale ou médicale qui s'exerce avant l'âge où elle se déroule habituellement et qui s'adresse à des enfants qui présentent soit des déficiences, soit des difficultés appréhendées en raison des conditions défavorables prévalant dans leur milieu de vie. Dans le premier cas, elle vise le développement maximal des capacités du jeune enfant ayant une déficience (physique, sensorielle, mentale) afin de pouvoir ultérieurement l'intégrer dans les milieux scolaires les plus normaux au plan socioculturel. Dans le deuxième cas, elle vise à prévenir les éventuelles difficultés d'adaptation et d'apprentissage chez les jeunes enfants issus des groupes sociaux vulnérables et il s'agit alors de prévention primaire.

En aucun cas, l'intervention précoce ne doit être confondue avec l'éducation précoce qui consiste à susciter chez l'enfant des apprentissages avant l'âge où ils se font habituellement (par exemple, lui apprendre à lire à trois ans).

D'abord presque exclusivement centrée sur l'enfant, l'intervention précoce s'est ensuite orientée vers les relations parents-enfants dans le microsystème familial, puis, surtout durant les dix dernières années, vers l'ensemble des relations enfants-parents-communauté.

Les difficultés, actualisées ou appréhendées, les déficiences et les handicaps sont pris en compte dans l'ensemble de l'écosystème de l'enfant, d'où le rôle considérable qu'occupent les parents dans ce type d'intervention et le souci des professionnels d'adapter leurs rôles à ces nouvelles approches en vue de développer un réel partenariat avec ceux-ci. Reconnaissance mutuelle des savoirs et des connaissances des différents acteurs, parents et professionnels, auto-responsabilisation parentale, approches interdisciplinaires dans un cadre systémique, utilisation des nouvelles technologies, telles sont les tendances actuelles de l'intervention précoce que l'on retrouve sous-jacentes dans l'ensemble des textes présentés dans cet ouvrage. Il ne prétend pas être exhaustif, mais nous espérons qu'il suscitera chez le lecteur de nouveaux questionnements sur ce sujet.

Nous tenons à remercier ici tous ceux qui ont facilité la publication de cet ouvrage. D'abord, les auteurs des 10 pays européens ayant participé à sa rédaction, ainsi que les auteurs de deux pays nord-américain qui y ont également collaboré (il nous a paru en effet intéressant de présenter en parallèle dans cet ouvrage les tendances actuelles outre-Atlantique dans ce domaine). Ensuite, les différentes instances qui en ont permis la réalisation par leur soutien matériel et leur encouragement : la Direction générale XXII pour l'éducation, la formation et la jeunesse de la Commission européenne (programme *Helios II*), le ministère allemand de la Culture, des Sciences, de la Recherche et de la Technologie, le ministère bavarois du Travail, des Affaires sociales, de la Famille, des Femmes et de la Santé, le ministère bavarois de l'Éducation, du Culte, des Sciences et des Arts, le Secrétariat d'état bavarois ainsi que les universités Ludwig-Maximilians de Munich (Allemagne), Paul-Valéry (Laboratoire de Psychologie Sociale) de Montpellier (France) et du Québec à Montréal (Canada).

Préface

Jean-Pierre Pourtois
Université de l'État, Mons, Hainaut, Belgique

L'action communautaire prend aujourd'hui de plus en plus ses lettres de noblesse et, dans ce contexte, l'intervention précoce apparaît nettement comme une approche incontournable. Il résulte de cette nouvelle perspective sociale un nombre croissant de théories et de pratiques qui constituent une ressource inestimable pour les chercheurs et les intervenants de terrain. Encore fallait-il que celle-ci soit mise à la disposition de tous. C'est ce que réalise le présent ouvrage. Il nous livre une quantité importante de démarches innovantes et pluridisciplinaires qui nous placent devant la complexité du sujet à traiter mais aussi devant sa richesse. Il ouvre aussi le champ à de multiples interrogations ou remises en question et propose des résultats de recherche. Ces apports, émanant d'horizons divers, constituent autant d'éléments qui permettent de progresser dans l'action et d'évoluer vers d'autres paradigmes qui deviennent de plus en plus affinés, réfléchis et soucieux de l'éthique.

Les propos qui seront tenus ci-après concernent les interrogations que les chercheurs et les praticiens se posent face à l'intervention précoce. Elles sont certes trop nombreuses pour qu'elles puissent toutes être examinées. Celles qui sont ici présentées émanent de la réflexion qui surgit à la lecture des travaux développés dans cet ouvrage et méritent d'être examinées.

Si la pertinence de l'intervention précoce apparaît nettement dans les textes qui sont ici proposés, nous ne pouvons toutefois omettre de constamment nous interroger sur cette approche. Est-il utile d'intervenir précocement? Le faut-il vraiment? Voire plus, n'est-ce pas parfois nocif? Rappelons-nous ici les travaux de Mc Cord (1988) sur les effets négatifs de certains programmes d'intervention précoce. Il n'est pas question de faire n'importe quoi, n'importe comment dans ce domaine! Par contre, si certaines conditions sont respectées, les résultats peuvent se révéler extraordinairement positifs. Pensons ici aux travaux de Heber (1977) qui ont montré que les enfants de mères considérées comme déficientes mentales pouvaient accéder à un quotient intellectuel normal à la suite d'une intervention portant sur le milieu de vie. Songeons aussi aux résultats positifs (affectifs, cognitifs et sociaux) à long terme engendrés par l'intervention précoce que nous révèlent les évaluations de Schweinhart et Weikart (1988). Ces deux exemples nous incitent à poursuivre dans la voie ainsi tracée et stimulent notre optimisme. Pour autant — et cela relève aujourd'hui d'un consensus général — que les familles soient intégrées activement, en tant que partenaires, dans le processus éducatif de leur enfant et que l'action se centre sur les sujets dans leur système écologique. Les recherches et évaluations montrent que tout individu, à tout âge, peut changer. Nous sommes de nos jours fort loin de l'idée qui, longtemps, a imprégné les esprits et empêché la conception même de l'intervention précoce, à savoir celle de la permanence de l'intelligence dans une société immuable.

Aujourd'hui, sur la base des évaluations effectuées, nous privilégions une valeur centrale : celle de la perfectibilité de l'homme et de son évolutivité dans l'acte pédagogique qu'il pose (Hannoun, 1996). Nous affirmons qu'il dispose d'un potentiel positif qu'il est possible de mobiliser et de faire progresser. Certes, il ne s'agit pas ici de renier le monde vécu antérieur des sujets puique nous savons, à présent, que c'est dans le couple permanence-altérité que se construit l'identité. L'intervention précoce constitue cette ouverture susceptible d'articuler l'évolution des choses et la pérennité du sens. Ne pas envisager le changement, c'est se fixer dans un système dogmatique fait de principes éducatifs immuables donnant lieu à des pratiques pauvres et figées qui se reproduiront de génération en génération.

Ainsi, il apparaît de plus en plus clairement que l'intervention précoce est une démarche éminemment indispensable pour autant qu'elle prenne en compte la complexité des situations de vie de ses bénéficiaires et ne néglige en aucune façon la réflexion, notamment en ce qui concerne la vision de l'homme qu'elle sous-tend.

Si, donc, les notions de changement et de précocité de l'intervention recueillent de nos jours l'adhésion de la plupart des chercheurs et des praticiens, encore faut-il s'interroger sur les différentes conceptions de l'intervention précoce. À cet endroit, deux options s'offrent à nous. D'une part, il y a celle de la prévention et, d'autre part, celle de l'optimisation du développement.

La prévention émane d'une société de type sécuritaire qui a pour ambition d'éviter les problèmes susceptibles de surgir dans le futur. Elle vise donc une population «à risque» et défend l'idée de l'identité des chances pour tous, ou, en d'autres termes, de discrimination positive. Elle est sous-tendue par une perspective causaliste (par exemple, un enfant issu d'un milieu dit difficile risque davantage de devenir un délinquant), ce qui implique la mise en place d'un traitement préalable ayant pour but d'éliminer les causes du problème prévu. Cette orientation tend à considérer comme pathologique une frange de la société.

Par contre, l'optimisation du développement vise l'épanouissement de toute la population. Elle recherche la qualité de vie pour chacun. Pour cela, elle tente, au maximum, de répondre de façon satisfaisante aux besoins de tous les individus. Son concept-clé est la bien-traitance qui doit, selon elle, immanquablement s'imposer dans toute société en développement. Soulignons que plusieurs textes proposés dans cet ouvrage insistent beaucoup sur ces aspects, longtemps ignorés, de la qualité de vie.

Après s'être interrogés sur l'utilité puis sur la conception de l'intervention précoce, les chercheurs et praticiens vont être amenés à poursuivre leur questionnement sur les méthodes à utiliser et plus particulièrement sur la relation entre les intervenants et les bénéficiaires de l'action. En ce qui concerne ce point, l'évolution des conceptions est très manifeste. L'optique actuelle considère que les différentes «éconiches» (Bronfenbrenner, 1979) dans lesquelles s'insère l'enfant sont complémentaires et doivent être en perpétuelle interrelation. Dans ce contexte apparaissent les concepts de «médiation», de «collaboration» ou encore de «négociation» entre l'enfant, sa famille, l'institution et la société. C'est ici aussi que s'examine l'intensité de l'engagement des acteurs. Celui-ci sera-t-il un simple consentement, une participation, une coopération ou une véritable implication? Aujourd'hui — et divers chapitres de cet ouvrage le prouvent — la perspective s'oriente vers la coopération, voire l'implication et le partenariat. Le temps des experts omnipotents et des programmes imposés en externalité est révolu. Pour l'heure, la recherche du partenariat est privilégiée et la place laissée à l'agir communicationnel (Habermas, 1987). Dans ce cas, chaque proposition émanant des acteurs est soumise à la discussion : pour un temps, l'intention d'agir est suspendue et se situe dans un contexte de communication. Celle-ci va permettre de juger de la validité des propositions et de leur reconnaître une certaine légitimité. Par la suite, elles seront coordonnées pour donner naissance à l'action. Ici, les mondes vécus se confrontent dans l'optique d'une démocratie impliquante. De sujets soumis (« agis »), les bénéficiaires deviennent des sujets-acteurs, voire mieux des sujets-auteurs de leur propre développement. Cette mutation profonde de la vision des personnes est celle de la nouvelle modernité qui voit l'émergence du concept de « sujet », longtemps ignoré au profit du seul principe de la raison. Les divers chapitres de ce livre illustrent parfaitement bien cette nouvelle perspective qui renvoie, en même temps, à la notion d'éthique tellement indispensable dans le contexte de l'intervention précoce.

Enfin, une autre interrogation doit retenir l'attention des chercheurs et des praticiens. Elle concerne le cadre théorique sur lequel repose l'intervention. Trop longtemps, celui-ci a été négligé ou n'a pas fait l'objet d'une présentation explicite. Dans le présent ouvrage, des auteurs mettent bien en évidence cette lacune. Que recouvre, théoriquement, le concept de « qualité de vie » dont nous faisions mention précédemment ? De quels repères disposons-nous qui permettent d'envisager l'enfant dans sa totalité ? Quels sont les besoins affectifs, cognitifs, sociaux et idéologiques de l'enfant, certes, mais aussi des adultes ? Quels courants pédagogiques peuvent nous aider à choisir les pratiques éducatives appropriées ? Pour répondre à ces questions, le recours à la multiréférentialité s'impose. L'intervention précoce doit aujourd'hui se construire au pluriel. Dans le contexte de la nouvelle modernité, toute orientation unidimentionnelle est illusoire. Il s'agit, de nos jours, d'emprunter des concepts et des modèles théoriques à la psychologie clinique, à la psychologie sociale, à la sociologie, à la linguistique, à l'économie... Penser le complexe est devenu une approche indispensable car elle est la seule susceptible de satisfaire les besoins multiples qu'impose, dans la société contemporaine, le développement d'un enfant, quel qu'il soit.

En fin de compte, qu'implique, pour les chercheurs et les praticiens, la mise en place d'une intervention précoce ? Sans nul doute, nous répondrons qu'elle requiert de multicompétences tant de la part des intervenants, des parents que de la société dans son ensemble. Une intervention précoce ne s'improvise pas. Elle exige une réflexion théorique et pratique qui prend en compte les aspects systémique, économique, temporel et axiologique qui émanent de toute action sur le terrain. En d'autres termes, celui-ci est avant tout un écosystème, un producteur de sens et de création, un espace où se côtoient l'histoire (le passé) et l'«à-venir» (le futur) ainsi qu'un lieu où les valeurs sont omniprésentes car elles déterminent les finalités et le déroulement du projet. C'est cela, entre autres, le terrain de l'action, dont nous savons qu'il est actif et réactif. C'est de cela, aussi, qu'il convient de tenir compte. La psychanalyse soulignerait volontiers qu'une telle tâche est impossible et ajouterait toutefois : « il faut oser agir ». Alors, agissons puisque la démarche est pertinente, mais tout en sachant qu'il est indispensable de faire le deuil d'une action parfaite et fixée une fois pour toute. L'intervention précoce évoluera toujours grâce à des innovations permanentes qui viendront s'intégrer aux approches existantes et qui leur feront prendre de nouvelles orientations. C'est dans un tel contexte que s'inscrit le présent ouvrage, ressource indispensable pour un travail qui se veut en perpétuel dépassement. Nous pensons qu'effectivement c'est par «l'énaction» (Varela, 1989), c'est-à-dire par une synthèse de l'action et de la pensée que se développera encore et toujours l'intervention précoce. La conception initiale d'un projet est souvent remise en cause par l'action entreprise. Il se produit alors une création innovante de l'interaction constante et circulaire entre la théorie et la pratique. Un tel processus est sans fin; il est toujours en train de se construire. Et c'est bien là l'objectif que cet ouvrage poursuit afin que, de mieux en mieux, soient cernées et mises en scène les trois valeurs fondatrices de la société, à savoir la liberté, l'égalité et la fraternité.

BIBLIOGRAPHIE

BRONFENBRENNER, U. (1979), *The Ecology of Human Development. Experiments by Nature and Design*, Cambridge, Mass. : Harward University Press.
HABERMAS, J. (1987), *Théorie de l'agir communicationnel*, t. 1 et 2, Paris : Fayard.
HANNOUN, H. (1996), *Les paris de l'éducation*, Paris : PUF.
HEBER, F.R. (1977), «Recherche sur la prévention du retard socioculturel par une prévention précoce, Les Cahiers de l'Union internationale de protection de l'enfance», n° spécial, Le retard mental, l'enfant et son milieu, Ostende : Groupe consultatif de l'UIPE.
MC CORD, J. (1988), «L'évaluation des interventions : en premier lieu, ne pas nuire», p. 211-222, dans *Éducation familiale -Un panorama des recherches internationales*, sous la direction de P. Durning, Paris : MIRE-Matrice.
SCHWEINHART, L.J. et WEIKART, D.P. (1988), «The High/Scope Perry Preschool Program», p. 53-65, dans *Fourteen Ounces of Prevention : A Casebook for Practitioners*, sous la direction de R.H. Price, E.L. Cowen, R.P. Lorion et J. Ramos Mackay, Washington, DC : American Psychological Association.
VARELA, F. (1989), *Connaître les sciences cognitives - Tendances et perspectives*, Paris : Le Seuil.

Chapitre 1
L'intégration d'enfants atteints de paralysie cérébrale dans des écoles ordinaires grâce à un service universitaire de soutien

Jean-Jacques Detraux
Université libre de Bruxelles, Belgique

Le Centre d'étude et de formation pour l'éducation spécialisée (CEFES) a été créé en 1982 sous la forme d'une association à but non lucratif, reconnue par l'Université libre de Bruxelles (ULB). Il est implanté dans le Service de psychologie différentielle et d'étude des handicaps à la Faculté des sciences psychologiques et de l'éducation.

Sa mission principale est de développer des liens entre pratique institutionnelle et recherche universitaire. C'est pourquoi, en plus d'offrir un service de documentation et un secrétariat, le CEFES poursuit des activités dans trois domaines conjointement : la recherche, la formation et la consultation auprès d'enfants, d'adolescents et d'adultes handicapés mentaux ou physiques, ainsi qu'auprès d'élèves rencontrant des difficultés d'apprentissage et de leur famille. L'expertise auprès d'institutions et de services ainsi que l'aide au développement de nouveaux projets font également partie des préoccupations du CEFES. Les recherches menées portent sur trois domaines :

– Sur l'intégration de la personne handicapée et l'amélioration de sa qualité de vie : intégration pendant la période préscolaire (impact psychologique et social chez les parents à l'annonce précoce d'une fœtopathie, annonce du handicap chez le nouveau-né, intégration au crèche), intégration au niveau scolaire (évaluation du processus, aspects méthodologiques liés à l'accueil de l'enfant handicapé dans une classe ordinaire, développement de liens fonctionnels entre enseignement spécial et enseignement ordinaire, etc.) et, enfin, à l'âge adulte, insertion sociale. Ces études, menées dans une optique développementale, mettent l'accent sur la personne en interrelation avec divers acteurs (parents, spécialistes, éducateurs professionnels).

– Sur le développement cognitif et de la personnalité chez des personnes infirmes motrices cérébrales ou polyhandicapées sévères. Dans le domaine cognitif, des stratégies d'apprentissage chez l'adulte handicapé, permettant d'accroître son autonomie sociale, sont actuellement en cours.

– Sur la planification des services et sur la mise en place de méthodologies permettant d'évaluer les besoins des personnes handicapées.

Le CEFES ne reçoit aucune subvention régulière et assure son fonctionnement par des contrats de recherche, de formation, d'expertise et grâce aux cotisations de ses membres.

LE CENTRE D'ÉTUDE ET DE FORMATION POUR L'ÉDUCATION SPÉCIALISÉE

Historique

Le CEFES a été sollicité, il y a dix ans, par divers thérapeutes qui, après avoir accompagné de jeunes enfants présentant une déficience motrice, se demandaient comment conseiller les parents qui voulaient inscrire leurs enfants dans une école ordinaire (non spécialisée). Plusieurs de ces enfants avaient bénéficié ou bénéficiaient d'une intégration en crèche et, tout naturellement, à l'âge de deux ans et demi ou trois ans, la question de leur orientation vers une structure scolaire se posait. Nous avons donc écouté ces parents, analysé leur projet de vie pour leur enfant et nous avons appris non seulement à mieux connaître celui-ci, mais aussi les ressources de sa famille. Peu à peu, une méthodologie a été mise au point pour permettre aux parents d'engager un dialogue constructif avec l'école ordinaire et pour les former à devenir de véritables « négociateurs » d'un projet pédagogique. Par la suite, nous avons été sollicités par d'autres parents qui désiraient intégrer dans le milieu scolaire ordinaire leur enfant présentant une trisomie 21. Du fait de notre collaboration de plus en plus importante avec les responsables du programme européen Hélios, nous avons été amenés à rencontrer des parents venant de divers pays (Espagne, Italie, Portugal), qui ne comprenaient pas pourquoi il était aussi difficile d'inscrire un enfant handicapé dans une école ordinaire en Belgique. Peu à peu, d'autres parents se sont présentés : parents d'enfant hyperkinétiques, en difficulté d'apprentissage, d'adolescents et d'adultes handicapés mentaux ou moteurs.

L'équipe s'est consolidée et renforcée à la fois dans la maîtrise de techniques d'évaluation et dans le soutien pédagogique apporté aux puéricultrices en crèche, aux enseignant(e)s du niveau maternel, puis du niveau primaire et, aujourd'hui, des niveaux secondaire et supérieur.

Des étudiants stagiaires ont été intégrés dans la consultation et dans l'accompagnement des familles. À l'instar d'autres chercheurs tels que Bouchard (1987) et Bouchard (1989), nous avons constaté que le statut particulier de l'étudiant (quelqu'un qui apprend et apparaît comme plus « accessible » aux parents que des professionnels experts) a été plusieurs fois utilisé comme facilitateur. Aujourd'hui, des enseignants en exercice, poursuivant des études universitaires en formation continue, suivent de manière individuelle plusieurs cas.

De plus en plus de thérapeutes, de médecins et de psychologues nous réfèrent des familles à la recherche d'une alternative à des structures conventionnelles spécialisées. Depuis 1985, le CEFES est habilité à autoriser l'admission dans des institutions d'enseignement spécialisé et aux services de l'aide sociale.

Les fondements théoriques de l'action du CEFES

Trois présupposés théoriques sous-tendent le travail de consultation et d'accompagnement :

– Le premier présupposé, issu de l'approche systémique, considère la famille comme le système de base pour le développement affectif et cognitif de l'enfant. L'intervention précoce doit faciliter ce processus permettant à la « personne » de l'enfant de grandir et de s'affirmer en tant qu'être social à part entière. Ce courant affirme que les professionnels doivent respecter les capacités qu'ont les parents à éduquer leur enfant handicapé et à faire les choix adéquats le concernant. À partir de ce principe, nous pensons que l'action du professionnel consiste à aider les parents à devenir de véritables négociateurs de projets, les rendant ainsi pleinement actifs dans le processus éducatif. Cela suppose, notamment, que les parents disposent, à tout moment, de toute l'information utile concernant leur enfant (rapports écrits, participation à toutes les réunions de concertation et de coordination, etc.). Le professionnel devient un médiateur permettant un dialogue constant et constructif entre tous les acteurs concernés.

– Le deuxième présupposé est inspiré des divers courants idéologiques prônant l'intégration des personnes handicapées dans la société : il affirme qu'il s'agit de construire pas à pas des relations « intelligentes » entre les personnes handicapées et les personnes ordinaires, en s'attachant à résoudre, avec les acteurs concernés, les difficultés qui ne manquent pas de surgir dans le quotidien. Ce faisant, il nous faut prendre en considération les peurs (souvent très archaïques) liées à la notion de déficience aussi que l'influence constante des représentations du handicap sur les attitudes, tant chez la personne ordinaire que chez la personne handicapée. En d'autres termes, il s'agit d'apprendre à vivre ensemble, à gérer des relations humaines dans le sens d'une meilleure qualité de vie possible pour tous. Cette approche suppose que l'on s'attache à définir la notion de « besoin », de manière dynamique, en prenant en compte simultanément les besoins des uns et des autres. Pour nous, le besoin est le sentiment d'inadéquation entre les attentes de la personne et celles de son entourage, sentiment qui s'exprime le plus souvent sous la forme d'un conflit d'intérêt. Nous distinguons ici la notion de « besoin » de la notion de « demande » qui exprime une formalisation des besoins exprimés et reconnus sur le plan social.

– Le troisième présupposé soutient que la construction d'une identité chez toute personne en situation de handicap prend son origine dans l'établissement d'une relation de partenariat entre parents et professionnels. Cette relation est basée sur un respect et une confiance réciproque. La confiance, concept développé par Guyonnet, Le Cardinal et Pouzouillic (1997), est fonction de la capacité des acteurs de mettre en place une communication efficace, en abordant le problème des peurs à engager une collaboration, les attraits liés à celle-ci, les tentations de trahir l'autre pour s'approprier un maximum de bénéfices, trois forces toujours présentes dans toute coopération.

L'organisation du CEFES

Le CEFES est très directement impliqué dans les travaux européens en matière d'intervention par le biais du groupe EURLYAID, groupe de travail centré sur les pratiques en intervention précoce réunissant des parents, des professionnels et des chercheurs universitaires provenant des 15 pays de l'Union Européenne et patronné par une organisation non gouvernementale européenne, l'ALEFPA-Europe. Il adhère à la démarche actuelle des services d'aide précoce, mais s'y inscrit d'une manière quelque peu originale.

– En premier lieu, comme dans les autres centres, l'équipe de consultation est interdisciplinaire et se compose actuellement d'un neuropsychiatre, de deux psychologues cliniciens, de deux psychopédagogues et d'une assistante sociale. Elle fait sans cesse appel à des collaborateurs extérieurs (kinésithérapeutes, logopèdes, psychologues, enseignants indépendants ou travaillant en institution, autres spécialistes), privilégiant ainsi le travail en réseau. En effet, comme nous l'avons mentionné précédemment, notre objectif est d'optimaliser le développement cognitif et affectif de l'enfant ainsi que son intégration dans son milieu de vie et dans la société, en concertation avec la famille et les différents intervenants qui gravitent autour de lui, tels que les enseignants, les médecins, les thérapeutes, etc.

– En deuxième lieu, notre intervention ne se limite pas à la petite enfance. Nous voulons en effet garantir une continuité et rester disponibles tout au long du parcours scolaire de l'enfant, avec tous les changements de prises en charge, les réorientations inévitables et les ruptures qu'il peut comporter. Il est important d'agir en tant que référents pour les familles qui le souhaitent. Cependant, nous sommes très attentifs à ne pas créer des liens de dépendance des familles à l'égard de professionnels ou de services « spécialisés ». C'est pourquoi nous nous interdisons tout ce que nous considérons comme démarche intrusive : ainsi, nous n'allons pas à domicile ni ne relançons les parents qui ne donnent pas signe de vie. En revanche, nous favorisons à tout moment les relais possibles vers d'autres services non spécialisés (par exemple, les centres psycho-médico-sociaux).

– En troisième lieu, notre insertion au sein de l'ULB nous permet de mettre à disposition de la consultation les outils d'investigation les plus adéquats pour l'analyse des processus mentaux, basés sur les recherches menées en psychologie cognitive. De plus, notre souci est de lier l'évaluation et l'intervention pédagogique, et enfin, les consultants sont impliqués dans des programmes de recherche et de formation développés par le CEFES.

LES ÉTAPES DE L'INTERVENTION

Nous définissons les étapes suivantes en adaptant à notre pratique de consultation l'approche théorique de Le Cardinal, Guyonnet et Pouzouillic (1997) :

– « L'invitation à la rencontre » est *une première étape* au cours de laquelle les acteurs vont jouer à un premier « jeu » qui aura toute son importance par la suite : « Qui demande quoi à qui ? », « Qui propose quoi à qui ? ». Notre expérience nous indique que les parents ne viennent pas « par hasard » dans un service d'aide précoce : ils sont déjà inscrits dans une filière et leur rencontre avec les professionnels de notre centre est déjà marquée par une série d'expériences antérieures. Idéalement, la première invitation est toujours faite à l'ensemble du système familial, et parfois aussi à un cercle plus large de personnes proches de la famille (par exemple des amis ou d'autres professionnels) dont les parents souhaitent la présence. Cette invitation aboutit à une première rencontre pour se voir, s'entendre et se connaître un peu. Elle ne doit pas être cependant une invitation « éclatée » entre plusieurs professionnels. Les parents peuvent rencontrer deux professionnels en même temps.

– La « mise en présence » des acteurs constitue *la deuxième étape* : il s'agit de se réunir dans un même lieu, mais en gardant chacun la possibilité de se rapprocher ou de s'éloigner, de gérer la distance interpersonnelle. Une relation se crée si chacun découvre aussi son identité respective. À cet égard, insistons sur l'importance, pour tous les membres de la cellule familiale, de l'usage de la parole ainsi que du geste et du regard, y compris pour l'enfant handicapé. Celui-ci a un nom, mérite d'être salué comme une personne à part entière, a le droit d'être respecté en tant qu'être humain et non pas d'être considéré comme un simple « objet » de traitement. Cette attitude détermine la dynamique qui s'installe immédiatement entre les futurs partenaires. Elle constitue souvent, pour les parents, une rupture par rapport aux expériences vécues antérieurement avec d'autres professionnels. La reconnaissance d'un enfant en tant que personne permet un investissement affectif de celui-ci. Il nous paraît primordial de lui laisser la parole et qu'il soit, tout au long du travail, considéré comme un partenaire à part entière et non comme un élément passif ayant à subir les décisions et les actions d'autrui. Il est important que l'enfant sache qui nous sommes et pourquoi il est là. De même devons-nous savoir ce qu'il pense et ce qu'il souhaite dans cette démarche. Il est indispensable de prendre tout le temps nécessaire pour que cette rencontre puisse se faire. L'enjeu de cette étape est d'établir une relation solide basée sur la confiance. Un indicateur de cette confiance naissante est la plus ou moins grande facilité avec laquelle les acteurs vont pouvoir se fixer un nouveau rendez-vous.

— «L'écoute active», non sélective, mais nécessitant souvent un support est la *troisième étape*. À cet égard, nous nous intéressons à la création d'outils pouvant permettre aux parents et aux personnes handicapées elles-mêmes d'exprimer leurs besoins. Nous sommes en effet frappés par le comportement passif ou faussement actif de certains systèmes familiaux, peut-être trop habitués à répondre à des questions plutôt qu'à présenter d'emblée leurs préoccupations. L'écoute est d'abord celle de la vie quotidienne des membres de la famille et nous nous centrons sur la dynamique originale de ce système en tentant de comprendre ses valeurs, ses priorités et son organisation. Les besoins de l'enfant handicapé ne sont jamais compris comme étant des besoins isolés de ceux de ses parents et de sa fratrie. Nous cherchons à mettre en évidence les conflits d'intérêt entre les parents, entre les parents et les enfants, entre les enfants, entre la famille et l'entourage social proche, entre la famille et d'autres professionnels, etc. Ainsi, nous cherchons à recueillir des informations dans les domaines suivants :

- le diagnostic et le traitement : ce qu'en connaissent les parents, l'enfant ou l'adulte handicapé (la possession par exemple de documents écrits par les parents nous semble un point important);

- l'adaptation dans les activités de la vie quotidienne;

- les ressources résidentielles;

- le transport;

- la communication;

- les services éducatifs (accueil, projet, possibilité de dialogue);

- les services complémentaires (garde temporaire, internat);

- les loisirs et la culture;

- le soutien émotionnel à la personne et à la famille.

— «L'explication du projet et des limites de l'équipe professionnelle» à la famille vient en *quatrième étape*. La philosophie, les objectifs, les services qu'il sera effectivement possible de rendre sont détaillés. Des écrits sur ces divers éléments sont laissés aux parents. Un centre de documentation est mis à leur disposition.

— L'élaboration d'un cadre de référence commun» correspond à *la cinquième étape*. «Quel sens donnons-nous aux mots?», «À quelles valeurs faisons-nous référence?», «Quels sont nos référents théoriques?». Sur ces sujets, le personnel du CEFES peut aussi parler de sa propre situation et de son expérience en tant que parents, en faisant référence à ses propres enfants. Parents et personnel peuvent aussi décider de lire un article scientifique ou un rapport, de faire un parallèle avec leur propre expérience. Les frères et sœurs de l'enfant handicapé peuvent aussi montrer quelles activités ils proposent pour l'aider. Nous insistons sur l'importance des rapports écrits : si nous voulons considérer les parents comme des partenaires, ceux-ci doivent disposer de toute l'information écrite concernant leur enfant. Ils doivent avoir accès, selon nous, à tout rapport d'évaluation, sans exception, ainsi qu'aux explications correspondantes. La possibilité de relire les rapports à domicile joue un rôle majeur dans la vision positive que la famille a d'elle-même. Cette possibilité permet aussi l'autonomisation de la cellule familiale qui peut prendre des décisions par elle-même, en meilleure connaissance de cause, et non pas simplement en se fondant sur ce qu'elle a pu « attraper au vol » lors d'un entretien. Les professionnels doivent rédiger leurs rapports de manière à ce que les parents les comprennent. Les termes scientifiques ne sont pas bannis, mais doivent être expliqués et commentés. Par exemple, l'objectif précis de l'usage de telle ou telle épreuve en psychologie sera expliqué. En pratique, nous sommes encore très loin de cette réalité. Comment, en effet, pouvons-nous nous attendre à ce que des parents travaillent en collaboration avec des médecins, des psychologues, etc., s'ils ne l'ont jamais fait ?

– « La définition du travail » à effectuer ensemble constitue *la sixième étape*. Les deux parties se mettent d'accord sur la date, l'heure et l'objet des rencontres futures ; les points communs et les divergences d'opinion entre parents et thérapeutes ; la définition des tâches à accomplir et des moyens pour y arriver et, enfin, sur leur comportement les uns envers les autres, de manière à prendre en considération les besoins de chacun. Il s'agit d'une étape fondamentale car, bien menée, elle donne une idée aux parents de la manière dont un projet est élaboré, mis en œuvre et évalué. En d'autres termes, les parents apprennent à négocier un projet, c'est-à-dire à définir les objectifs et les moyens de les atteindre, à prendre part à la progression du projet et, finalement, au succès de l'entreprise. Cette étape réussie, chaque partenaire va pouvoir, à la fois de manière individuelle et à la fois par rapport au système auquel il appartient, évaluer jusqu'à quel point il peut collaborer avec ses partenaires à la réalisation de ce projet. Cette acceptation des autres a toujours lieu, à la fois de manière consciente et de manière inconsciente, si chacun est capable d'écouter les points de vue des autres. Il s'ensuit soit un renforcement de la confiance mutuelle, soit le maintien du statu quo, soit une perte de confiance.

– « La mise en absence », étape trop souvent négligée, importante pour la suite, vient *en dernière étape*. Elle constitue un « temps gratuit » durant lequel chacun peut évoquer, sans objectif particulier, les temps forts du projet, mais surtout les rêves et les peurs. La durée accordée à cette « mise en absence » témoigne aussi de la réelle disponibilité des acteurs (qui ont toujours de bonnes raisons de se quitter dans la précipitation). Elle ouvre la voie vers une découverte d'identité, non pas simplement d'identité fonctionnelle, mais au-delà, d'une identité profonde contribuant à l'unicité de son être et permettant une cohérence dans le temps (ce qui se fait aujourd'hui se relie à ce qui se fera demain ensemble).

L'équipe évalue le fonctionnement cognitif de l'enfant en mettant l'accent sur ses compétences, ses potentialités, ses démarches cognitives, ses points forts et ses faiblesses, ainsi que sa capacité à apprendre. La réflexion permanente, la recherche et les rencontres régulières avec d'autres équipes nous aident à actualiser nos connaissances et à affiner nos évaluations grâce à des instruments de testage et à des méthodes adaptées à ces populations.

Nous procédons également à des investigations de la personnalité et du développement affectif des enfants et des adolescents en consultation. Nous veillons aussi à leur offrir une écoute attentive : nous souhaitons qu'ils puissent apprendre à parler de leur handicap et des difficultés qu'ils rencontrent. Nous appuyant sur les travaux de recherche concernant la personnalité et la construction de l'image du corps qu'ont les enfants handicapés, nous proposons un soutien destiné à aider les enfants, les adolescents et les adultes handicapés à construire une image de soi positive et à pouvoir gérer leur situation de handicap. Nous abordons également la dynamique intra-familiale. Nous nous efforçons de trouver les lignes de force permettant aux différents membres du système familial des adaptations multiples, en établissant ou en renforçant les échanges autour du handicap : « Que nous arrive-t-il ? », « Quels sont les sentiments, parfois violents, que nous éprouvons les uns envers les autres ? », « Comment pouvons-nous trouver une nouvelle identité ? ».

En effet, certaines recherches montrent que l'équilibre peut être fragilisé lorsqu'un enfant « autre » apparaît dans la cellule familiale et que les parents ont le sentiment d'être perçus comme des parents pathologiques, par le simple fait d'avoir un enfant déficient. Nous sommes sensibles, et à l'écoute, de la souffrance des parents et de la fratrie. Sans vouloir supprimer cette souffrance, nous tentons de donner à celle-ci une enveloppe qui puisse la contenir. En mettant en évidence et en valorisant les potentialités et le savoir de chaque famille, basé sur le contact quotidien avec l'enfant, nous contribuons sans doute à créer cette « enveloppe » pouvant servir de contenant à leurs angoisses, à leurs peurs, liées à la blessure narcissique provoquée par la naissance d'un enfant handicapé et maintenues en éveil par les difficultés rencontrées durant le parcours scolaire de leur enfant.

L'AIDE AUX FAMILLES ET AUX ÉQUIPES ÉDUCATIVES LORS DE L'INTÉGRATION D'UN ENFANT HANDICAPÉ EN MILIEU NON SPÉCIALISÉ

L'équipe du CEFES a acquis, peu à peu, une expérience de l'intégration d'enfants présentant une infirmité motrice ou un handicap mental dans une crèche et dans les écoles ordinaires. Dans ce cadre, nous proposons à l'enfant un accompagnement pédagogique et affectif, ainsi qu'un soutien aux parents et aux équipes éducatives concernées. Lors de l'analyse du projet avec les parents, nous insistons sur quelques « principes » qui sont, au fil de la pratique, devenus des points de repères incontournables :

– Nous veillons à ce que les parents ne construisent pas un projet d'intégration en milieu ordinaire en réaction « contre » l'enseignement spécialisé, mais, au contraire, en connaissant son fonctionnement et ses possibilités. Connaître un peu mieux l'enseignement spécialisé permet aux parents de faire un choix plus « éclairé ».

– Nous ne donnons jamais d'adresses de « bonnes » crèches ou de « bonnes » écoles : celles-ci n'existent pas et il s'agira toujours de créer une nouvelle histoire à partir d'une rencontre entre les parents et une équipe éducative. Nous nous basons sur la capacité des parents à engager un dialogue constructif (souvent difficile et ambigu) avec les professionnels : si les parents ont le sentiment qu'un dialogue peut se nouer avec telle ou telle équipe, nous pourrons alors intervenir pour aider au développement de celui-ci en y apportant des éléments plus « techniques ».

– Nous pensons (et en informons les parents) que non seulement le directeur doit être concerné par l'accueil de l'enfant, mais aussi le titulaire de la classe et même toute l'équipe de professionnels concernés (en effet, les collègues, à défaut d'apporter une aide technique, devront apporter un soutien moral).

– Nous demandons, bien entendu, que tous les acteurs concernés puissent se rencontrer régulièrement : les membres de l'équipe, la direction, les premiers spécialistes à être intervenus et les parents eux-mêmes. La présence de ceux-ci (ou au moins de l'un d'entre eux) à toutes les réunions nous paraît indispensable, non seulement pour que tout le savoir utile puisse se partager, mais aussi pour que leur réflexion puisse évoluer avec le développement du projet. Nous savons que l'intégration « sauvage » sans préparation ni réflexion n'est génératrice ni d'adaptation ni d'apprentissage. Partant du principe que les parents et l'équipe de la crèche ou de l'école doivent formaliser conjointement un projet visant l'intégration de l'enfant, notre rôle est alors celui de médiateurs entre la famille et l'école.

– Nous sommes à l'écoute des peurs que la présence d'un enfant « autre » peut créer chez les enseignants, chez les autres enfants et chez les parents. À tout moment, nous axons notre discours sur les compétences de l'enfant pour amener un autre regard sur lui. Le personnel de la crèche ou de l'école n'est, en général, pas préparé professionnellement à recevoir des enfants handicapés dans son groupe. Cependant, nous avons appris qu'une préparation consistant en des informations précises (par exemple un exposé sur la déficience) renforce souvent de manière négative les représentations que les professionnels peuvent avoir sur l'enfant. Certes, les professionnels qui l'accueillent doivent arriver à maîtriser des stratégies d'apprentissage en adéquation avec le fonctionnement particulier de l'enfant handicapé. Mais il s'agit de ne pas les infantiliser et de ne pas les mettre dans une situation de dépendance à notre égard, situation engendrant à la fois une passivité et une non-implication dans la tentative de résolution des problèmes surgissant au jour le jour. Au contraire, tout comme pour les parents, il s'agira de valoriser leur savoir et de les mobiliser dans la recherche de méthodologies et d'approches les plus adaptées possible à tout le groupe-classe et pas seulement à l'enfant handicapé. À l'instar de nos collègues, notamment anglo-saxons, nous pensons que les premiers problèmes à résoudre dans l'accueil d'un enfant handicapé au sein du groupe-classe concernent la gestion et l'organisation de celui-ci. Actuellement, ce travail de soutien des personnels se réalise à partir de deux modalités :

- une réunion périodique (variant d'une fois par semaine à une fois tous les trois mois, parfois tous les six mois) regroupant les acteurs concernés (enseignant ou puéricultrice, direction, thérapeutes extérieurs, parents, agents de centres psycho-médico-sociaux et parfois l'enfant lui-même);

- des réunions de travail plus techniques, soit dans le groupe de vie, soit en classe, soit au moment où le personnel peut se rendre disponible. Récemment, plusieurs parents, dont nous suivons l'enfant intégré en milieu non spécialisé, nous ont demandé d'organiser des rencontres. Ce groupe est à présent constitué et discute des difficultés particulières rencontrées lors de la démarche d'intégration. Les professionnels concernés seront invités également à participer à ces échanges.

Le CEFES offre également d'autres modalités de consultation. Né de la mise en commun des ressources de deux associations, l'Association de parents et de professionnels autour de la personne polyhandicapée (AP3) et le CEFES, un centre de ressources est ouvert à tout professionnel confronté aux problèmes d'apprentissage chez l'enfant. Il doit permettre l'accès à des ressources (informations, documents, personnes), à des programmes de recherche, à la création de matériel. Il est appelé à devenir un outil complémentaire au travail mené avec les éducateurs, puéricultrices, enseignants qui accueillent dans leur groupe un enfant avec des difficultés spécifiques d'apprentissage.

Par ailleurs, un service de soutien pédagogique aux étudiants fréquentant l'enseignement supérieur non universitaire et universitaire a été développé. Grâce à des services spécialisés dans les domaines de la déficience auditive et de la déficience visuelle, le CEFES offre un service centré sur la sensibilisation à l'accueil d'étudiants handicapés et à la mise en place d'une aide pédagogique complémentaire.

LES PERSPECTIVES ET L'ÉVALUATION DES ACTIVITÉS DU CEFES

Au cours des premières années de fonctionnement du service de consultation, nous avons limité volontairement le nombre de familles suivies à 15 par an et le nombre annuel d'examens psychologiques pratiqués à une centaine. Ces nombres ont à présent augmenté et sont passés à environ 300 examens et séances de consultation par an, à 20 familles suivies en intégration et à une soixantaine de visites par an dans les écoles. Le travail de soutien pédagogique se déroule essentiellement dans la ville de Bruxelles et dans la région Brabant Wallon située au sud de cette ville. Nous développons la consultation selon trois axes :

– Le développement des examens psychopédagogiques approfondis avec de jeunes enfants, des enfants d'âge scolaire et des adolescents présentant des difficultés d'apprentissage plus ou moins sévères. L'objectif principal est de mettre au point des techniques d'évaluation dont les fondements théoriques soient, le plus possible, en accord avec les théories cognitives et avec les connaissances en neurologie infantile les plus récentes. Elles donnent lieu à des propositions d'intervention pédagogique ou, plus largement, éducative.

– Le développement d'un travail d'aide précoce pour des jeunes enfants polyhandicapés sévères en collaboration avec l'Association de parents et de professionnels intéressés par le polyhandicap (AP3). Nous avons acquis une bonne expertise dans ce domaine et partageons, depuis plusieurs années déjà, nos connaissances avec des collègues de huit pays européens, regroupés dans un réseau permanent.

– La poursuite et le développement du soutien permettant l'intégration d'enfants handicapés neuro-moteurs et mentaux ou présentant une déficience sensorielle, dans le cadre de structures non spécialisées (maisons d'accueil de la petite enfance, écoles maternelles, primaires, secondaires et supérieures). Pour ce faire, nous voulons former des professionnels de soutien (puéricultrices, enseignants et psychopédagogues) et permettre aux éducateurs qui accueillent un enfant handicapé de trouver un lieu de référence pour réfléchir aux problèmes posés afin d'évaluer leur travail.

Nous avons eu l'occasion, dans le cadre d'une recherche menée par l'Organisation de coopération et de développement économiques (OCDE, 1995), d'évaluer plusieurs unités d'intégration en Belgique francophone. Une équipe externe a ainsi réalisé l'évaluation de l'unité composée du CEFES et des diverses crèches et écoles ordinaires accueillant un enfant handicapé moteur (Di Luca et Montulet, 1992). Nous pouvons synthétiser ainsi les conclusions de cette évaluation :

– Tout est mis en œuvre pour que les parents gardent le contrôle sur ce qui se passe et sur ce qui est décidé. Le dynamisme des parents qui cherchent à intégrer leur enfant en milieu ordinaire est évident et constitue une étape dans le processus d'autonomisation de la famille et de l'enfant handicapé par rapport au seul circuit spécialisé.

– L'analyse du vécu des parents montre cependant que le risque d'un entraînement mutuel (parents et équipe du CEFES) est présent lors d'une collaboration intense : tout devient possible aux yeux des parents en terme de développement et d'intégration de leur enfant, ce qui retarde parfois la confrontation avec les limites réelles de ce développement. Les chercheurs insistent donc sur la nécessité de maintenir un équilibre entre une certaine forme d'illusion (moteur du dynamisme) et la réalité du handicap.

– Les parents peuvent se trouver parfois piégés dans un rôle de «super-parents» amenés alors à résoudre un ensemble de problèmes pratiques qui ne sont pas pris en charge par les services d'intervention précoce. De plus, ils expriment leur découragement face à une ambiance générale assez démoralisante en milieu scolaire, les autres parents et les autres membres de l'équipe ne se sentant pas directement concernés par le processus d'intégration. Par conséquent, ils pensent qu'il serait bon de travailler au niveau de l'ensemble du système institutionnel et non pas seulement dans la classe accueillant l'enfant handicapé.

Suite à cette évaluation, nous avons intégré les aspects suivants dans notre travail d'accompagnement et de médiation :

– Nous devons veiller à ce que la nature du handicap de l'enfant et des problèmes qui y sont liés soit abordée au sein du système familial.

– Nous insistons pour que les parents et l'enfant soient plus amplement informés du travail réalisé en enseignement spécialisé.

– Nous veillons à ce que l'enfant ait des rencontres avec d'autres enfants handicapés afin qu'il se forge, peu à peu, une identité personnelle qui tienne compte de toute la dimension de la déficience. Ces rencontres peuvent se faire soit au sein de l'école elle-même, si plusieurs enfants handicapés y sont accueillis en même temps, soit en dehors de l'école, lors de diverses activités (troupe de scouts, activités socio-culturelles, vacances, etc.).

– Notre discours porte davantage sur les responsabilités de l'école d'accueil : les rôles de la direction, des enseignants, etc., sont davantage définis (par exemple, l'engagement éventuel d'un bénévole incombe à l'école et non aux parents).

– Nous essayons de préciser également le rôle que les parents peuvent (et doivent) jouer utilement, en complément du travail réalisé en classe (par exemple, lui faire revoir ce qu'il a appris à l'école). Pour ce faire, nous proposons des pistes d'intervention aux parents pour stimuler les aspects cognitifs de manière intégrée aux activités extrascolaires.

– Nous augmentons, enfin, notre disponibilité afin d'écouter régulièrement, tant l'enfant que les parents, dans leur vécu de l'ensemble du processus.

CONCLUSION

En guise de conclusion, nous présenterons la figure 1.

Cette figure montre trois « bulles » de plus en plus grosses. Il s'agit des trois périodes du développement : la petite enfance, la période scolaire, la vie adulte. L'espace rectangulaire autour de la personne handicapée (PH) s'agrandit, témoignant d'une place de plus en plus grande prise dans le milieu social, donc d'un espace de liberté mais aussi de reconnaissance et d'identité de soi en tant qu'acteur social.

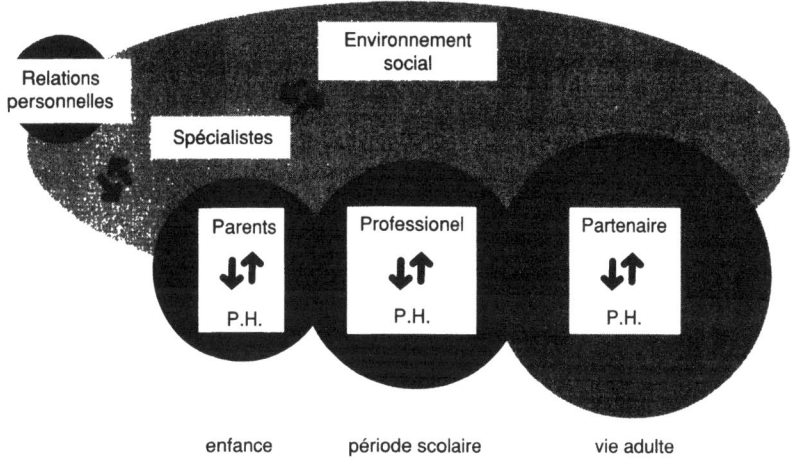

Figure 1 — Trois périodes du développement dans un environnement social.

Dans la première « bulle », nous retrouvons le couple parents-enfant ; dans la seconde, le couple éducateur professionnel-élève ; dans la troisième, le couple partenaire privilégié-personne adulte handicapée. Ces trois bulles sont elles-mêmes incluses dans le macrosystème (représenté dans un ovale) un environnement social plus large qui délègue une équipe de spécialistes pour s'occuper de ces personnes. Par cette figure, nous souhaitons mettre en évidence :

– La nécessité d'adopter une perspective développementale. Nous oublions trop souvent que ce que nous construisons chez le jeune enfant et autour de lui aura un impact important dans le futur. Il n'échappe à personne que le statut de personne handicapée se construit pas à pas. Nous retrouvons des adultes ayant bien assimilé les liens de dépendance que suppose ce statut, et, pourtant, qui n'utilisent pas les ressources dont ils disposent.

– La nécessité d'adopter une perspective systémique. Elle permet à tout moment de situer où, en tant que professionnels, nous allons porter notre effort, tout en sachant que cette action à un endroit du système (par exemple au niveau des interrelations parents-professionnels spécialisés) agit aussi aux autres niveaux. En d'autres termes, apprendre aux parents à ne pas installer de relations de dépendance avec les premiers spécialistes qui se présenteront inévitablement après la découverte de la déficience aura comme conséquence de renforcer la cellule familiale et de lui donner à la fois confiance en elle-même et en la maîtrise des opérations. Même si le parcours de la famille apparaît comme cahotique, celui-ci aura un impact positif sur le développement de l'enfant.

BIBLIOGRAPHIE

BOUCHARD, J.M. (1987), «La famille : impact de la déficience mentale et participation à l'intervention», p. 99-114, dans *L'intervention en déficience mentale*, sous la direction de S. Ionescu, vol. 1, Mardaga : Bruxelles.

BOUCHARD, C. (1989), «Perspectives écologiques de la relation parent(s)-enfant : des compétences parentales aux compétences environnementales», *Apprentissage et socialisation*, 4, 1, 4-23.

DI DUCA, M. et MONTULET, I. (1992), *L'intégration scolaire de jeunes élèves handicapés : recherche évaluative de quatre unités en Communauté française de Belgique*, Rapport final de recherche, Bruxelles : CEFES, Université libre de Bruxelles.

LE CARDINAL, G., GUYONNET, J.F. et POUZOUILLIC, B. (1997), *La dynamique de la confiance. Construire la coopération dans les projets complexes*, Paris : Dunod.

ORGANISATION DE COOPÉRATION ET DE DÉVELOPPEMENT ÉCONOMIQUES (1995), *L'intégration scolaire des élèves à besoins particuliers*, Paris : OCDE.

Chapitre 2
Le diagnostic et l'intervention précoce : une nouvelle approche dans l'éducation des enfants handicapés en Grèce

Antonios Kypriotakis
Université de Crète, Rethymnon, Grèce

L'éducation spéciale, nouveau maillon du système scolaire de notre pays, a rapidement évolué ces dernières années et est devenue une préoccupation de premier plan pour les associations, la société et l'État. Les programmes ainsi que les expériences menés dans d'autres pays tels que les États-Unis, l'Allemagne, le Danemark et la France, qui connaissent une longue tradition dans ce domaine, ont été à l'origine d'importants développements et de nouvelles perspectives favorables dans ce domaine. L'information et la sensibilisation du grand public par de nombreux séminaires et conférences, la diffusion des conceptions pédagogiques, psychologiques et sociales modernes ainsi que les nouvelles connaissances en médecine et en biologie ont amené un changement dans les mentalités ainsi qu'une diminution des préjugés par rapport aux enfants handicapés, ce qui a un impact favorable sur leur intégration à la société grecque. Cependant, jusqu'à ce jour, tout ce qui a été fait dans ce sens n'a pas permis une intégration complète dans une société qui accorde pourtant à chacun le droit de s'épanouir et de faire partie intégrante de son milieu social. Nous souhaitons donc apporter ici notre contribution à la politique d'intervention précoce en exposant quelques idées issues tant de nos expériences d'éducation précoce auprès des jeunes enfants handicapés que de notre travail avec les familles qui représentent un élément important dans la perspective de l'intervention précoce.

LE CADRE LÉGAL DE L'ÉDUCATION SPÉCIALE EN GRÈCE

L'éducation spéciale en Grèce a connu diverses étapes. La première, qui a débuté avec la création de l'État grec en 1828 et a continué jusqu'au début du XXe siècle, reflète surtout un souci d'hygiène scolaire et de prévention sociale ainsi qu'un effort pour protéger la mère et l'enfant. Durant cette époque, le développement de l'éducation spéciale est influencé par les conceptions et expériences d'autres pays, en particulier par les expériences de prise en charge des personnes handicapées qui se déroulaient en Allemagne. C'est également une conséquence de la réunion de ces deux pays lorsque Otto devint roi de Grèce (Stasinos, 1991).

La deuxième étape, durant la première moitié du XXe siècle, se caractérise par le développement des premières institutions et écoles spéciales issues d'initiatives privées et souvent à caractère caritatif. L'État les soumet alors à un encadrement légal, puis met en place des mesures d'aide pour les enfants handicapés.

L'étude de la *Loi 453 sur l'obligation de fréquentation scolaire* (1937) nous permet de constater qu'elle fait une différence entre les enfants «normaux» et ceux retardés mentalement ou «anormaux». Cette distinction amène alors la création d'écoles spéciales qui, en écartant l'idée d'intégration sociale, entraîne l'isolement et la prise en charge ségrégationniste des enfants handicapés.

Le recensement de 1951 marque le début de la troisième étape. Suite à la pression exercée par différentes associations et par des citoyens, l'État a été sensibilisé à la question de la prise en charge des personnes handicapées. Les résultats du recensement de 1958 chiffrent le nombre d'habitants de la Grèce à 7 632 801, dont 21 651 handicapés visuels et 6 111 handicapés auditifs (Office de la statistique de la Grèce, 1958). La même année, l'État prend à sa charge l'école spéciale d'Athènes et crée un jardin d'enfants pour enfants handicapés.

Depuis les années 60, l'éducation spéciale connaît une importante évolution. Dans un cadre légal posé par l'État et grâce à des initiatives privées, des écoles et jardins d'enfants sont créés sur la base du principe de l'égalité. Cependant, ces écoles restent des institutions fermées. La création d'un Conseil éducatif spécial au sein du Ministère de l'Éducation et de la Religion (1969) a permis le développement d'une institution pour l'éducation spéciale.

Parallèlement sont créés, à Athènes et à Thessalonique, puis dans d'autres villes grecques, des centres d'aide médico-pédagogique qui ont comme objectifs le diagnostic et la consultation (Pirgiotakis, 1987 ; Stasinos, 1991). En 1970, l'école Maraslio offre des cours de formation pour les pédagogues et éducateurs œuvrant dans les institutions spéciales et, en 1972, des cours d'éducation spéciale sont organisés dans les académies et les écoles normales formant les instituteurs pour l'enseignement préscolaire. Le Conseil éducatif spécial, qui a supervisé l'organisation et l'intervention dans les jardins d'enfants, constate que l'éducation spéciale a pris une bonne direction (Ministère de l'Éducation et de la Religion, 1974). À cette époque ont également débuté, d'une part, la formation spécifique des professionnels en intervention précoce et des premiers psychologues pour enfants, d'autre part, la création des premiers centres de consultation, ainsi que des écoles et des classes spéciales qui devaient répondre aux besoins éducatifs des enfants handicapés.

Plusieurs lois et règlements ont permis d'adapter l'encadrement des enfants handicapés aux conceptions modernes (*Entente nationale, article 16, paragraphe 4 et article 21, paragraphe 2*, 1975). Ainsi, le Ministère de l'Éducation et de la Religion (1994) a, depuis les vingt dernières années, développé des programmes spéciaux de soutien à l'intégration scolaire des enfants handicapés. Cette intégration doit se faire dans des écoles ordinaires, fréquentées par tous les élèves, où l'accueil des enfants avec ou sans handicap est vécu comme une situation quotidienne et normale. Les enfants handicapés doivent y être accueillis favorablement, avec beaucoup de compréhension et de façon individualisée afin de leur garantir des chances égales à celles des autres enfants.

L'ORGANISATION PRATIQUE DU DIAGNOSTIC ET DE L'INTERVENTION PRÉCOCES

La fréquentation d'une école spéciale découle d'une décision d'un centre médico-pédagogique (*Loi sur l'éducation 1566, chapitre I, arti-*

cle 33, 1985). Il en existe quarante-deux en Grèce, dont vingt-cinq à Athènes, sept à Thessalonique et seulement dix dans les autres régions. Ces centres, qui offrent des services de diagnostic, de consultation et d'intervention précoce (Kypriotakis, 1989; Stasinos, 1991) accueillent non seulement les parents d'enfants d'âge scolaire, mais aussi ceux ayant des enfants handicapés d'âge préscolaire. Dans de nombreux cas, le diagnostic précoce des difficultés des enfants augmente les chances de réussite d'une intervention (Ministère de l'Éducation et de la Religion, 1994).

Les centres de consultation médico-pédagogique

L'engagement des professionnels pour les centres médico-pédagogiques est du ressort des préfectures. Des groupes itinérants de diagnostic sont chargés de détecter les éventuelles difficultés et d'encadrer les enfants déjà scolarisés ou qui vont l'être (au jardin d'enfants, à l'école primaire, au collège et au lycée). Ces équipes travaillent selon les besoins dans les préfectures. Les services du Ministère de la Santé et de la Sécurité Sociale appuyent le diagnostic et l'intervention par :

– des examens qui déterminent la nature et la gravité du handicap des enfants d'âge scolaire;

– des recommandations concernant l'orientation des enfants vers des classes spéciales ou vers des classes intégrées;

– des consultations auprès des parents, des enfants et des professionnels;

– des examens médicaux auprès des enfants des écoles ordinaires afin de dépister les éventuels handicaps et de mettre en place les mesures nécessaires (*Loi sur l'éducation 1566, chapitre I, article 33, paragraphe 1*, 1985).

Il existe également des centres privés de diagnostic et de consultation dans les institutions et les écoles spéciales. Ils assurent le réexamen régulier des enfants afin de :

– garantir leur intégration dans le milieu scolaire en leur offrant une prise en charge qui correspond à leurs besoins spécifiques;

– faciliter leur intégration sociale et professionnelle (*Décret présidentiel 472, article 9, paragraphe 1*, 1983).

L'intervention précoce

Pendant longtemps, il fut considéré que l'éducation ou la rééducation commençait au moment de la scolarisation des enfants, c'est-à-dire vers cinq ans et demi. Il a donc été difficile jusqu'à maintenant de persuader les responsables politiques de l'utilité d'une intervention précoce. Les jardins d'enfants sont un élément essentiel dans l'évolution de ces perceptions de l'importance de l'intervention précoce et de l'éducation préscolaire. Des instituts pédagogiques privés pour les enfants d'âge préscolaire et d'âge scolaire, à caractère caritatif, avec ou sans but lucratif, ainsi que des centres de recherche situés en milieu urbain accomplissent un travail d'une grande qualité dans le secteur de l'intervention précoce. Citons, par exemple, le centre de recherche « Spyros Doxiadis » et le centre de psychologie « Theotokos » situés dans le nord de la Grèce, l'Association grecque pour l'éducation des enfants handicapés (ELEPAAP) ainsi que les centres de consultation en santé mentale qui existent pratiquement dans toutes les villes de la Grèce. D'après Buchkremer et Emmerich (1993, p. 118), « dans le domaine du diagnostic et de la thérapie pour enfants handicapés, quelques institutions bien organisées se sont spécialisées dans un type de handicap. Certaines dépendent de l'État et la plupart sont soutenues par des moyens financiers publics ». Les autres centres de diagnostic et les écoles qui assurent une éducation spéciale n'ont pas obligatoirement toutes les ressources requises ou ne sont pas supervisés et gérés de façon adéquate. Cette absence de coordination entre les différents établissements qui œuvrent auprès des enfants handicapés peut avoir, surtout si ceux-ci sont très jeunes, des conséquences sur leur développement physique, mental et psychique.

Dans le cadre de la législation précisant les objectifs de l'intervention précoce, l'État a créé des institutions publiques spéciales pour les enfants handicapés dans de nombreuses villes, surtout dans les grandes villes : quarante-huit jardins d'enfants, cent quarante-quatre écoles, six cent soixante classes, huit collèges (gymnases), six lycées et trois lycées techniques accueillent ainsi les enfants handicapés.

La volonté d'intégration des enfants handicapés dans les écoles ordinaires sera concrétisée par l'adoption de la *Loi sur l'éducation des enfants handicapés* proposée en 1995 et actuellement discutée au parlement. La publication préalable du projet de loi a permis aux institutions concernées et aux professionnels en intervention précoce de donner leur point de vue. Ils se sont prononcés en faveur de la fréquentation des écoles normales par les enfants handicapés avec un encadrement spécifique par un thérapeute ou un pédagogue spécialisé dans le domaine des difficultés d'adaptation. Ceci représente, à notre avis, la réponse la plus adéquate au problème de l'éducation de ces enfants.

Pour un certain nombre d'enfants polyhandicapés, l'intervention, après les premières actions éducatives suivant le diagnostic dans un centre médico-pédagogique, se poursuit à domicile. Les parents, aidés par un spécialiste, sont « co-pédagogues » et appliquent, à la maison, les méthodes éducatives et rééducatives qu'ils ont apprises des professionnels de ces centres. L'efficacité d'une telle méthode d'intervention précoce a été démontrée.

LE DIAGNOSTIC ET L'INTERVENTION PRÉCOCES DANS LE CADRE DE LA PÉDAGOGIE SPÉCIALE

L'exemple suivant illustre parfaitement l'extrême nécessité du dépistage précoce. Il s'agit du cas d'un garçon qui, il y a une dizaine d'années, a été amené par sa mère dans un groupe de rééducation et de consultation. Âgé de sept ans, il avait un développement physique normal, mais donnait l'impression de présenter un retard intellectuel, social et psychique. Son apparence physique et les premières observations de son comportement laissaient penser qu'il s'agissait d'un enfant avec un retard mental moyen à profond, incapable de comprendre des consignes verbales et de parler. Un diagnostic médical a établi qu'il était atteint d'une grave surdité. Grâce au dépistage précoce de cette déficience et à une prise en charge adéquate, il aurait probablement connu un développement tout à fait normal.

De récentes recherches ont montré que la surdité est en général dépistée assez tard : 75,7 % des cas le sont entre sept et quinze ans et seulement 12,5 % avant quatre ans. D'une part, les parents amènent les enfants trop tard dans les centres de diagnostic et de rééducation, d'autre part, l'État, en raison d'un manque de structures médico-pédagogiques dans les régions rurales, se voit dans l'impossibilité de diagnostiquer la surdité efficacement chez les jeunes enfants. Le diagnostic et la rééducation tardive des enfants déficients auditifs ont des conséquences graves sur le développement en général et surtout sur celui du langage, ce qui peut amener des déficiences irréversibles (Lampropoulou, 1994). Les enfants déficients auditifs bénéficiant d'un diagnostic précoce, utilisant des appareils auditifs et recevant des mesures de rééducation précoce peuvent avoir un développement normal du langage. Afin de garantir un fonctionnement optimal des organes sensoriels, une stimulation précoce est indispensable.

La réussite d'une rééducation dépend de la spécificité des phases de développement des sens et de la plasticité du cerveau de l'enfant (Löwe, 1987; Sinz, 1987; Lampropoulou, 1994; Papadimitriou, 1994). En cas de difficultés sur le plan moteur, il est certain qu'une rééducation précoce des tout-petits peut conduire à des améliorations considérables ou même à une réhabilitation complète (Koutsouki-Koskina, 1994). Ainsi, les enfants atteint du syndrome de Down peuvent connaître une évolution très positive. Il a été démontré que les bébés trisomiques avaient des facultés cognitives plus grandes que les enfants plus âgés (Wishart, 1992) et que l'intelligence de ces enfants diminue avec l'âge. D'après Tsouriadou et Kolousia (1994, p. 547), «l'évolution rapide qu'ils connaissent durant l'âge préscolaire est interrompue par une évolution plus lente et s'arrête pendant la puberté». Ces résultats sont confirmés par nos propres interventions auprès de ces enfants, dont les parents avaient appliqué un programme d'intervention précoce. L'intervention précoce a d'ailleurs également des résultats positifs dans la prise en charge des enfants autistes (Cordes et Dzikowski, 1991).

Le programme d'intervention précoce *«Portage»*, pour les enfants d'âge préscolaire ayant des déficits du développement psychique et physique, a obtenu des résultats encourageants dans notre pays. Depuis deux ans, ce programme est implanté à l'hôpital pédiatrique universitaire d'Athènes. Il vise la rééducation d'enfants de onze mois à cinq ans qui présentent des retards du développement dus à des lésions cérébrales, à des anomalies chromosomiques ou des microcéphalies et des retards du langage. Après huit mois d'intervention, les enfants ont montré une nette amélioration ($p < 0.001$), surtout dans les domaines du comportement social, des habiletés cognitives et de la motricité fine (Stefou, Thomaidou, Margarit et Giouroukos, 1995).

Dans le domaine du développement du langage et de la rééducation de la parole, le diagnostic et l'intervention précoce jouent aussi un rôle très important (Papoulia-Tzelepi, 1994; Giannopoulou-Tsourti, 1994). L'intervention précoce favorise l'acquisition de nombreuses connaissances chez l'enfant et permet souvent d'éviter des handicaps surajoutés. Pour Papoulia-Tzelepi (1994, p. 537), «de nos jours, de nombreuses analyses montrent que le combat pour le développement et l'éducation de l'enfant est perdu ou gagné avant que le petit 'soldat' n'entre à l'école».

Le processus de développement du cerveau joue un rôle important dans l'intervention précoce. Le cerveau est la base physiologique des fonctions psychiques. À la naissance, les cellules du cerveau sont déjà très développées. Pendant les premières semaines ou mois après la naissance, le cortex, les centres du cerveau ainsi que les synapses se développent. La stimulation par l'environnement est alors très importante. Cette phase du développement est primordiale car le cerveau a alors une grande plasticité et une grande capacité de compensation des cellules endommagées. Pendant cette phase très sensible, l'intervention précoce peut aider à la stabilisation des synapses, au développement des premiers schèmes cognitifs ainsi qu'à la mise en place des structures fondamentales. Le développement ultérieur de l'enfant dépend en grande partie de cette première phase de développement du cerveau. Plusieurs recherches ont montré que des environnements différents influencent différemment la structure du cerveau du nouveau-né et la structuration future de ses fonctions (Changeux, 1984; Katsiou-Zofrana, 1982; Kypriotakis, 1986). Cependant, des stimulations spéciales et intensives sont nécessaires pour les enfants présentant des déficits afin d'optimiser le développement du cerveau. Grâce à la plasticité de ce dernier et grâce à une prise en charge précoce adéquate durant cette période de la vie, de nombreuses possibilités de réorganisation et de compensation s'offrent. Cette capacité du cerveau à compenser des déficits est à la base de la plupart des succès de l'intervention précoce.

Un autre point doit retenir notre attention : souvent, chez les enfants atteints de handicaps d'origine prénatale, périnatale ou postnatale, des déficits rendant leur développement plus difficile sont constatés. Il faut donc un diagnostic très précoce afin d'identifier ces déficits et d'établir des mesures visant à les réduire ou à les diminuer afin d'éviter des handicaps secondaires surajoutés.

CONCLUSION

Les concepts de diagnostic et d'intervention précoce ainsi que d'égalité dans la prise en charge des enfants déficients sont conformes à la constitution de la Grèce, aux déclarations des Nations Unies, aux décisions de l'Union Européenne et aussi aux résultats des recherches récentes. Les services de consultation dépendent souvent d'initiatives privées et leur qualité diffère suivant les responsables et les régions : les grandes villes telles qu'Athènes et Thessalonique disposent souvent de grandes institutions avec un personnel qualifié dans la prise en charge précoce, alors que d'autres villes n'ont que des institutions qui accueillent les enfants d'une façon peu stimulante, souvent hospitalisante.

Malgré une législation adéquate, l'État n'a pas su réaliser ses objectifs. Il existe ainsi de nombreux problèmes quant à la disponibilité de locaux, de matériel didactique adéquat pour les services d'intervention précoce, ainsi qu'au niveau de la formation des professionnels. Le soutien médico-pédagogique des instituteurs et des parents et la coordination des divers intervenants font souvent défaut. Pour Buchkremer et Emmerich (1993, p. 87), «le diagnostic précoce et la thérapie doivent être accessibles sur tout le territoire de la Grèce. Cependant, en réalité, il existe trop peu de places et seulement les parents habitant et travaillant en milieu urbain ont accès à tous ces services». Malgré ces difficultés, des progrès importants ont été accomplis, mais le soutien financier de l'État devrait se concentrer sur le développement des structures d'intervention précoce.

Mis à part l'engagement de l'État, d'autres facteurs peuvent influencer le succès de l'intervention précoce : une meilleure information, accessible à tous, concernant les possibilités de thérapie et d'intervention, une sensibilisation du grand public aux problèmes des personnes handicapées, la lutte contre les préjugés, le développement d'un sentiment de solidarité et de sympathie à leur égard.

Les premiers résultats d'une recherche dans le cadre de notre travail à l'université de Crète ont montré que les enfants des écoles ordinaires ne cherchent pas le contact avec les enfants handicapés et les instituteurs disent qu'ils ne se sentent pas prêts à les accueillir dans leur classe. Selon nous, l'État devrait non seulement mettre l'accent au niveau de l'information sur l'intervention précoce et l'éducation préscolaire des enfants handicapés, mais il devrait également veiller à l'application des nouvelles lois qui prévoient une éducation commune des enfants handicapés et des enfants sans difficulté dans les écoles ordinaires avec des éducateurs de soutien qui garantissent une même prise en charge pour tous.

BIBLIOGRAPHIE

BUCHKREMER, K.-J. et EMMERICH, M. (1993), *Rehabilitation in Griechenland*, Aix-la-Chapelle : Mainz Verlag.
CHANGEUX, J.-P. (1984), *Der Neurotische Mensch*, Athènes : RAPPA.
CORDES, H. et DZIKOWSKI, S. (1991), *Frühförderung autistischer Kinder*, Brême : Hilfe für das autistische Kind. E.v. Verlag.
DÉCRET PRÉSIDENTIEL 472 (1983), Article 9, paragraphe 1, *Gazette*, 181, 21 décembre, A'.
ENTENTE NATIONALE (1975), Article 16, paragraphe 4 et Article 21, paragraphe 2, *Gazette*, 110, 9 juin, A'.

ERZIEHUNGS- UND RELIGION MINISTERIUM (Ministère de l'Éducation et de la Religion) (1969), *Gazette*, 490, 1ᵉʳ août, B'.

ERZIEHUNGS- UND RELIGION MINISTERIUM (Ministère de l'Éducation et de la Religion) (1974), *Ergebnisse des Bildungsrates*, 1971-1973, Athènes : Erziehungs-und Religions Ministerium.

ERZIEHUNGS- UND RELIGION MINISTERIUM (Ministère de l'Éducation et de la Religion) (1994), *Informationschrift zur Sonderpädagogik : «Schulische und soziale Integration»*, Athènes : Erziehungs-und Religions Ministerium.

GIANNOPOULOU-TSOURTI, S. (1994), «Psychomotorische Probleme von Kindern mit Sprachentwicklungsstörungen in Form von Dysphasie», p. 539-545, dans *Personen mit Sonderbedürfnissen* sous la direction de Universität Ägäiou, Athènes : Universitätspresse.

KATSIOU-ZOFRANA, M. (1982), *Die Einwirkung der Umwelt auf die anatomische und funktionale Entwicklung des Gehirns*, Athènes : Neue Zeit.

KOUTSOUKI-KOSKINA, D. (1994), «Motorische Ungeschicklichkeiten und Vorschulalter», p. 482-490, dans *Personen mit Sonderbedürfnissen*, sous la direction de Universität Ägäiou, Athènes : Universitätspresse.

KYPRIOTAKIS, A. (1986), *Das Gehirn als physiologische Grundlage der Intelligenz*, Athènes : Zeitschrift «TREFFEN».

KYPRIOTAKIS, A. (1989), *Behinderte Kinder und ihre Erziehung*, Heracléion : Verlag Psychotechnic.

LAMPROPOULOU, B. (1994), «Probleme tauber Menschen in Griechenland», p. 464-472, dans *Personen mit Sonderbedürfnissen*, sous la direction de Universität Ägäiou, Athènes : Universitätspresse.

LOI 1566 SUR L'ÉDUCATION (1985), *Gazette*, 167, 30 septembre, A'.

LOI 453 SUR L'OBLIGATION DE FRÉQUENTATION SCOLAIRE (1937), *Gazette*, 28, 30 janvier, A'.

LÖWE, A. (1987), «Die Früherziehung hörgeschädigter Kinder muss bereits im ersten Lebensjahr beginnen», p. 36-42, dans *Kindertherapie*, sous la direction de O. Speck, F. Peterander et P. Innerhofer, Munich et Bâle : Ernst Reinhardt Verlag.

OFFICE STATISTIQUE DE LA GRÈCE (1958), *Recensement du 7 avril 1951*, Athènes : Office statistique de la Grèce.

PAPADIMITRIOU, D. (1994), *«Die Förderung blinder Kinder»*, p. 688-703, dans *Personen mit Sonderbedürfnissen*, sous la direction de Universität Ägäiou, Athènes : Universitätspresse.

PAPOULIA-TZELEPI, P. (1994), «Unterschiede in den ersten Lesefähigkeiten und die Rolle des Kindergartens bei der Prävention schulischer Misserfolge», p. 532-537, dans *Personen mit Sonderbedürfnissen*, sous la direction de Universität Ägäiou, Athènes : Universitätspresse.

PIRGIOTAKIS, J. (1987), «Griechenland», p. 444-455, dans *Vergleichende Sonderpädagogik*, sous la direction de K.J. Klauer et U. Mitter, Berlin : Carl Marhold Verlagsbuchhandlung.

SINZ, R. (1987), «Folgen und Prävention frühkindlicher Prägungsstörungen - das Konzept der primären und sekundären Prägung», p. 63-74, dans *Kindertherapie*, sous la direction de O. Speck, F. Peterander et P. Innerhofer, Munich et Bâle : Ernst Reinhardt Verlag.

STASINOS, D. (1991), *Die Sondererziehung in Griechenland*, Athènes : Gutenberg.

STEFOU, B., THOMAIDOU, L., MARGARIT, M. et GIOUROUKOS, S. (1995), *Frühintervention. «Portage» für Kinder mit schweren Entwicklungs- und organischen Problemen*, Athènes : Unveröffentlichte Studie.

TSOURIADOU, M. et KOLOUSIA, G. (1994), «Ist die Sprache geistig behinderter Kinder eine Folge des Zurückbleibens oder der Andersartigkeit?», p. 546-551, dans *Personen mit Sonderbedürfnissen*, sous la direction de Universität Ägäiou, Athènes : Universitätspresse.

WISHART, J. (1992), «Prozessvergleich der frühen kognitiven Entwicklung von Kindern mit Down Syndrom», p. 211- 223, dans *Fortschritte in der Entwicklungspsychologie der ersten Jahre*, sous la direction de G. Kugiumutzakis, Heracléion : Université de Crète.

Chapitre 3
Quelques repères psycho-sociaux de l'intervention éducative en milieu familial

Willie Lahaye, Huguette Desmet et Jean-Pierre Pourtois
Université de l'État, Mons, Hainaut, Belgique

À l'aube du XXIe siècle, nous entrons dans une époque de services en complète mutation où l'éducation, la santé, la recherche et l'intervention sociale apparaissent comme étant essentielles. L'essor d'une nouvelle société postindustrielle se fonde sur la productivité des services qu'elle offre. Or, tant l'éducation que la santé, la recherche ou l'intervention sociale ont été longtemps considérées comme improductives. Leur rôle traditionnel était compensateur, c'est-à-dire distributeur d'allocations. Les services d'assistance plaçaient le bénéficiaire en situation de demandeur passif, réduisant l'individu à l'état de client assisté. Cette forme d'État passif-Providence est aujourd'hui largement mise en cause. Son échec se marque entre autre par la désagrégation des principes organisateurs de la solidarité. Un tel effondrement constitue, pour Rosanvallon (1995), un des problèmes fondamentaux qui définissent la nouvelle question sociale.

L'État passif-Providence fait de nos jours place à un État actif-Providence dont les services cherchent à réinventer de nouvelles formes de solidarité. En tant que service, l'intervention socio-éducative est appelée à s'inscrire dans ce nouveau mouvement social. Elle met en œuvre des pratiques porteuses d'un message politique et citoyen. L'intervention vise l'insertion et combat l'exclusion. Elle permet de (re)considérer les individus comme membres d'une société dans laquelle ils ont le droit d'avoir une place. Contre le déclassement, il s'agit de donner à chacun les moyens spécifiques d'infléchir le cours d'une vie, de surmonter une rupture, d'anticiper une panne.

LES FONDEMENTS DE L'INTERVENTION

C'est dans ce vaste mouvement de socialisation que s'inscrivent les expériences menées au Centre de recherche et d'innovation en sociopédagogie familiale et scolaire (CERIS). Ces expériences privilégient la dimension de la prévention et de la fonction éducative et ont une finalité commune en point de mire : former des sujets à identité solide, responsables, autonomes, inventifs, aptes à assurer des rôles sociaux. Pour réaliser un tel objectif, elles se situent au niveau de l'intervention auprès des jeunes enfants et de leur famille à travers, entre autres, la création de « cellules d'éducation familiale ». Celles-ci constituent des lieux où les acteurs éducatifs (grands-parents, parents, enfants et professionnels) peuvent enrichir leurs compétences et valoriser leurs expériences. Ce type d'intervention met en œuvre une philosophie centrée sur le postulat de la perfectibilité de l'homme. Cette conception de l'être humain fait actuellement l'objet d'un large consensus au sein des politiques d'intervention. Cet accord sur le fondement philosophique laisse toutefois en suspend un ensemble de questions relatives à l'action proprement dite. Il reste à examiner et à définir les repères qui servent à guider les aspects théoriques et pratiques de l'action.

Dans cette perspective, nous nous interrogeons sur les différents courants de pensée qui fondent l'intervention. Le pragmatisme reste stérile lorsqu'il n'est pas accompagné d'un ancrage théorique. Toutefois, il ne s'agit pas d'injecter dans l'action une multitude d'aspects théoriques dans un esprit œcuménique. Une telle position ferait perdre de vue la pertinence de l'intervention mise en œuvre ainsi que sa philosophie d'ensemble. D'autre part, la question du fondement théorique de l'action ne peut être résolue de manière univoque : une théorie unique et englobante ne peut rendre compte de la complexité du champ humain et relationnel qui s'ouvre dans le cadre de l'intervention. Celle-ci prend ses sources dans un ensemble de courants de pensée soutenus par une philosophie axée sur le développement de l'homme.

Par ailleurs, il s'agit également de s'interroger sur les contenus de l'action. Comment agir? Quelles pratiques mettre en œuvre? Quels types d'outils utiliser? Ces questions nous conduisent à définir la structure pratique de l'intervention.

Un double questionnement à la fois théorique et pragmatique est au centre de notre intérêt. Le propos que nous tenons vise essentiellement à faire surgir quelques repères fondamentaux de l'action socio-éducative menée en milieu familial. Pourquoi et comment intervenir? Telles sont en somme les questions que nous abordons en dégageant les lignes directrices qui fondent et structurent l'action.

Afin de guider l'intervention, nous proposons douze repères exprimés en termes de besoins (Pourtois et Desmet, 1997). Ceux-ci permettent de clarifier les axes théoriques et pratiques qui sous-tendent l'action. Ces repères mettent l'accent sur les multiples aspects du développement de la personne considérée comme sujet de droit au sein d'une communauté de relations sociales. L'important est de signifier aux personnes (qu'elles soient enfants, parents ou professionnels) qu'elles ont un rôle actif, non seulement dans les «cellules d'éducation familiale» mais aussi dans la société.

Ainsi, les projets conduits par le CERIS visent à stimuler de nouvelles solidarités sociales qui favorisent la participation active des personnes impliquées. Les familles ne sont donc plus des bénéficiaires mais bien des acteurs du changement de leur vie au travers de leur épanouissement et de l'éducation de leurs enfants. Dans cette perspective, l'ensemble des services sociaux deviennent des lieux où l'action s'effectue avec et par les familles et non sur les familles. Ce sont des lieux où les parents et les enfants ont une action en retour sur les professionnels en modifiant leurs représentations et leurs pratiques. Ce sont donc des lieux qui stimulent une démocratie participative et impliquante. En somme, les activités menées par le CERIS abordent la nouvelle question sociale en privilégiant les axes de la prévention, de la fonction éducative et de la démocratie participative.

DE L'ÉDUCATION FAMILIALE À L'ÉDUCATION PARENTALE

La famille exerce une influence considérable sur le développement de l'enfant et ses performances scolaires. Il s'agit là d'un fait qui est unanimement reconnu.

Les recherches menées en éducation familiale tentent d'expliquer ce phénomène. Elles s'attachent à déterminer les variables et les mécanismes qui permettent de rendre compte du fonctionnement éducatif de la famille. Les analyses effectuées dans le domaine de l'éducation familiale ne constituent pas un phénomène nouveau. Déjà, en 1945, Baldwin, Kalhorn et Breese exploraient ce champ. Ils concluaient à l'influence positive d'un environnement familial démocratique sur le développement intellectuel de l'enfant et soulignaient que les environnements protecteurs ou restrictifs sont moins stimulants.

Depuis lors, de nombreuses recherches se sont développées afin d'examiner les liens existant entre les pratiques éducatives familiales et le développement de l'enfant. C'est le cas des études menées par le CERIS depuis 1969. Les résultats de ces études mettent en évidence l'impact déterminant qu'exerce la famille sur le développement de l'individu, ses acquisitions scolaires (Pourtois, 1979; Desmet et Pourtois, 1993), ainsi que son insertion sociale et professionnelle (Nimal et Lahaye, 1996).

Les études menées en éducation familiale rejoignent une littérature qui interroge ce qui se transmet (Bourdieu et Passeron, 1970; Bourdieu, 1979; Percheron, 1992). Dans cet ordre d'idées, nombreux sont ceux qui, à l'instar de Bourdieu (1994), reconnaissent la famille comme le lieu privilégié des stratégies de reproduction. La famille est considérée comme l'organe essentiel de transmission entre les différentes générations. Les parents transmettent à leur enfant un nom de famille, un ensemble de capitaux économiques, culturels et symboliques. Ce qui se transmet de la sorte par la famille d'une génération à l'autre joue un rôle déterminant dans l'histoire du développement de l'individu. Ajoutons que les parents transmettent également à leur enfant un potentiel pédagogique. Au sein de son milieu familial, l'enfant est imprégné des attitudes et des comportements parentaux. Par cette pédagogie de l'imprégnation (Pourtois et Desmet, 1997), l'enfant hérite d'un capital éducatif. Or, nous savons combien la qualité du potentiel pédagogique mis en œuvre par les parents joue un rôle important dans l'évolution de l'enfant.

Ces observations renforcent le principe de la reproduction socio-culturelle largement décrite dans la littérature. Les mécanismes de l'héritage socio-culturel peuvent être comptés parmi les facteurs principaux qui génèrent les processus d'exclusion. Ces mécanismes étant mis en œuvre au sein du groupe familial, nombreux sont ceux qui considèrent aujourd'hui la famille comme l'institution incontournable par laquelle doit passer la lutte contre l'exclusion. Ainsi, le «*Rapport général sur la pauvreté*» (Fondation «Roi Baudouin», 1994) insiste sur «la nécessité d'axer la lutte contre la pauvreté sur la famille» (p. 26).

La vie familiale est un lieu paradoxal. D'une part, la famille est la source des processus de reproduction. Elle favorise dans ce cas l'immobilisme socio-culturel. Mais, d'autre part, la famille constitue le principal centre d'intérêt pour lequel se mobilisent les personnes les plus pauvres. Dans ce cas, elles stimule les potentialités et les énergies individuelles qui peuvent favoriser le changement de tous les membres du groupe familial. Les interventions ancrées dans le domaine de l'éducation familiale s'inspirent de cette situation paradoxale qui caractérise la famille, source à la fois de reproduction et de changement. L'éducation parentale est le concept que nous utilisons pour qualifier ce type d'intervention.

Le concept d'éducation parentale implique l'idée d'intervention auprès des parents à des fins socio-éducatives. Il s'agit de faire prendre conscience aux parents de leur potentiel éducatif sachant que certaines conditions de développement et d'apprentissage sont plus bénéfiques que d'autres pour l'individu (Pourtois et Desmet, 1989). L'éducation parentale tente essentiellement de rompre le cercle de la reproduction socio-culturelle en essayant de provoquer un changement dans la situation familiale et environnementale et en stimulant les potentialités internes des individus (parents, grands-parents, adolescents, enfants et professionnels), des groupes, de la communauté.

Cette définition place l'éducation parentale du côté d'un développement global de tous les membres de la famille. L'éducation des parents débouche sur des activités éducatives qui suscitent le développement individuel sous des angles différents tels que la personnalité du sujet, ses valeurs, ses représentations, sa capacité relationnelle, ses pratiques éducatives, son vécu, son investissement dans l'avenir.

Contrairement à d'autres modes d'intervention, l'éducation parentale ne s'adresse pas uniquement à un public ciblé, défini par certains handicaps et qui est confronté à un problème spécifique. L'ambition fondamentale de l'éducation parentale est d'accroître chez tous les membres de la communauté leurs compétences et leurs habiletés par l'éducation (Pourtois, Forgione, Desmet, Houx, Linard, Awerdin, Delhaye, Agosti et Gallez, 1984). Ce but essentiel que poursuit l'éducation parentale traduit la visée préventive dans laquelle s'inscrivent les actions engagées. Ainsi, à la différence avec d'autres formes d'intervention, l'éducation parentale s'adresse à tous les types de public sans exception. Les recherches et les interventions que développe le CERIS depuis près de trente ans s'inscrivent dans la philosophie de l'éducation familiale et parentale. La création des cellules d'éducation familiale par le CERIS est une illustration concrète de l'application de cette philosophie.

LES CELLULES D'ÉDUCATION FAMILIALE (CEF) COMME LIEUX D'ACTIVITÉS ET DE PRODUCTIONS

Les cellules d'éducation familiales créées par le CERIS sont des lieux qui accueillent les acteurs de l'éducation parentale. Concrètement, les cellules permettent aux intervenants de réunir des groupes de parents (ou de futurs parents ou grands-parents) afin de développer avec eux un programme d'éducation parentale réalisé par le CERIS et présenté dans la partie intitulée : « Méthodologie générale de l'intervention ».

Les interventions socio-éducatives menées en éducation parentale nécessitent des activités en groupe. Le programme proposé par le CERIS amène les parents à s'interroger sur leurs valeurs, leurs attitudes et leurs comportements éducatifs face à leurs enfants. L'application de différents outils méthodologiques aide les parents et les intervenants à mener ces activités. Des séries de dessins et de photos stimulent la communication des acteurs. Les jeux de rôles et la technique des incidents critiques sont également utilisés. Des séquences filmées relatives à l'éducation sont visionnées en groupe puis cette projection est suivie d'un débat. Les parents qui le souhaitent photographient ou filment des situations familiales vécues dans leur foyer. Ces documents deviennent alors un matériau précieux que les parents présentent aux autres familles dans les cellules d'éducation familiale. Ils sont l'objet d'un partage d'expériences et d'analyses. C'est ainsi que le vécu familial fournit au programme sa dimension la plus concrète et la plus proche des acteurs. L'ensemble des activités menées en éducation parentale suscite des échanges de productions, d'analyses, d'expériences et d'évaluations entre groupes de parents. Ces derniers éprouvent le besoin de partager leur formation, leur vécu, leur changement. La parole des parents doit alors trouver un lieu pour se dire et pour avoir un écho.

De plus, dans l'éducation parentale, les parents ont souvent l'occasion de produire leurs propres outils éducatifs. Ils réalisent des documents photographiques, filmés ou écrits, des jeux éducatifs. Ils écrivent des contes, des historiettes qu'ils adaptent pour leur(s) enfant(s). Ce matériel pédagogique peut alors être partagé avec les autres parents. Afin de favoriser cet échange, il importe de créer un centre qui rassemble les productions réalisées par les familles. Ce lieu permet ainsi de faciliter et de gérer les échanges.

Par ailleurs, certaines actions éducatives peuvent être développées en groupe avec les intervenants et les parents. Un lieu de réunion est nécessaire afin de permettre le bon déroulement des activités qui rassemblent plusieurs participants. Les cellules d'éducation familiale constituent les endroits privilégiés qui accueillent les activités et les productions du groupe.

Les cellules d'éducation familiale peuvent trouver leur implantation au sein de services sensibilisés par l'intérêt que présente l'éducation parentale. Il s'agit d'institutions telles que les écoles, les crèches, les services d'accueil pour enfants et adolescents, les centres publics d'aide sociale, les foyers ruraux, les centres d'activités culturelles et les centres communaux où se déroulent des activités d'intervention et de prévention (contrats de sécurité). Tous ces endroits constituent des lieux propices au développement de projets éducatifs tenant compte de la famille comme partenaire intégré.

LA CRÉATION DU CENTRE DE DÉVELOPPEMENT PAR L'ÉDUCATION FAMILIALE (CeDEF)

Conçu par le CERIS, le Centre de Développement par l'Éducation Familiale (CeDEF) permet d'accompagner les différentes actions entreprises dans le domaine de l'éducation parentale. Plus précisément, ce centre de ressources soutient, encadre et diffuse les activités réalisées au sein des cellules d'éducation familiale.

Le CeDEF offre un support à tous les parents, y compris aux parents qui peuvent devenir des formateurs d'autres parents, et à tous les intervenants (enseignants, acteurs sociaux, psychologues, infirmiers...) qui souhaitent animer les cellules d'éducation familiale. Le CeDEF accompagne les projets menés au sein des cellules éducatives. Il fournit aux intervenants les supports, les contenus, les outils méthodologiques de formation et d'évaluation des actions.

Il doit également permettre la diffusion des expériences originales et importantes qui ont jalonné les interventions en éducation parentale. Les expériences qui réussissent doivent pouvoir être portées à la connaissance de tous pour deux raisons. D'une part, la visibilité d'une action a une répercussion positive sur le praticien et le groupe ou la famille qui l'ont menée. D'autre part, l'expérience rapportée constitue un stimulant et un modèle pour d'autres intervenants.

Pour ces raisons, le CeDEF organise des séminaires au cours desquels une large place est réservée aux intervenants et aux acteurs qui ont participé à l'action. Ces séminaires permettent l'échange des pratiques et des savoirs qui ont été élaborés par les intervenants et tous les membres des familles ayant pris part aux activités d'éducation parentale. Il joue ainsi un rôle de coordination et d'échange entre les praticiens, les acteurs et les différentes cellules d'éducation familiale.

MÉTHODOLOGIE GÉNÉRALE DE L'INTERVENTION

Afin de fournir un support concret aux intervenants et aux participants dans le cadre des activités du CeDEF et des CEF, un programme d'éducation parentale a été réalisé par le CERIS. Ce programme définit un cadre souple et structurant pour tout projet d'intervention socio-éducative.

La structure du programme d'intervention

Trois parties distinctes mais complémentaires composent le programme. Elles mettent l'accent sur les différents aspects de l'intervention.

– Un premier module est destiné aux intervenants et aux parents afin de les sensibiliser à l'éducation familiale et aux interventions réalisées dans ce domaine. Par exemple, un questionnaire est proposé aux adultes. Celui-ci présente dix items (cinq positifs et cinq négatifs) qui évoquent les différents besoins qu'exprime la personne au cours de son développement. Les réponses apportées par l'adulte lui permettent d'effectuer son propre bilan de développement en fonction des besoins qui se révèlent être plus satisfaits que d'autres. Au-delà d'une auto-évaluation, ce questionnaire permet surtout à la personne de s'interroger sur l'ensemble des besoins à satisfaire, en particulier au cours du développement de l'enfant. Ces besoins sont également évoqués à travers d'autres techniques telles les deux séries de dessins et de photos, les séquences filmées et les incidents critiques. Ces différentes méthodes constituent autant de moyens utilisés au cours de ce premier module en vue de sensibiliser le public aux questions qui sous-tendent l'éducation familiale.

– Un second module est destiné aux familles elles-mêmes. Ce module rassemble des activités socio-éducatives que les parents peuvent mener avec leur(s) enfant(s). Dans ce cas, parents et enfants sont les seuls maîtres du jeu. Quarante-cinq activités leur sont proposées. Elles permettent d'encourager les relations affectives, sociales et cognitives entre parents et enfants. Le rapport aux valeurs est également présent à travers l'ensemble des activités. Celles-ci sont suivies d'un ensemble de questions qui guident les acteurs dans leur auto-évaluation. Le questionnement permet aux personnes d'évaluer essentiellement la qualité des relations qu'elles développent à travers les activités socio-éducatives.

– Un troisième module comprend un ensemble de documents relatifs à l'éducation familiale et aux méthodes utilisées dans le programme d'éducation parentale. Ce troisième module est à l'usage de tous les participants de l'intervention socio-éducative. Deux parties constituent ce troisième module. D'une part, une première partie théorique présente les fondements scientifiques du paradigme des douze besoins (Pourtois et Desmet, 1997) qui structurent le programme d'éducation parentale. D'autre part, une partie méthodologique décrit les techniques utilisées à travers les différentes activités socio-éducatives du programme (par exemple, la technique du jeu de rôle, les incidents critiques et les photos-langage par lesquelles chaque participant illustre son vécu à partir de photographies qu'il a lui-même réalisées).

Les deux premiers modules constituent concrètement l'ensemble des activités du programme d'éducation parentale. Ces activités ont été aménagées selon la structure proposée dans un paradigme de besoins (Pourtois et Desmet, 1997). Ceux-ci orchestrent la méthodologie d'ensemble du programme d'éducation parentale élaboré.

Le paradigme des douze besoins

Comme nous l'avons déjà indiqué, les activités socio-éducatives des interventions avec les familles visent le développement de la personne au sein de sa famille, du groupe et de la communauté. Le paradigme des douze besoins (Pourtois et Desmet, 1997) organise un ensemble de repères qui permettent de caractériser les différents axes du développement de l'individu. Ces axes sont au nombre de quatre : affectif, cognitif, social et idéologique.

– La dimension affective est associée au besoin d'affiliation qu'exprime l'individu. Les liens que la personne développe se situent dans un contexte familial et social et décrivent un mouvement de continuité ou de discontinuité transgénérationnelle.

– La dimension cognitive répond au besoin d'accomplissement qui intervient dans le développement du sujet. L'homme exprime le besoin d'agir sur son environnement afin de le comprendre, de le maîtriser, voire de le transformer.

– La dimension sociale est un élément important dans la constitution de l'individu. Celui-ci recherche une autonomie sociale par un processus d'individuation par lequel la personne se distingue de son groupe d'appartenance. Toutefois, ce mécanisme doit être suffisamment souple pour éviter toute rupture, souvent dommageable pour l'individu par rapport au milieu d'origine.

– La dimension idéologique désigne l'ensemble des représentations et des valeurs dans lesquelles l'individu baigne tout au long de son développement. Dans ce cas, la famille peut être considérée comme le lieu principal de transmission des idéologies (telles la culture, les valeurs ou les idéaux).

Ces différents axes nous permettent de concevoir quatre dimensions dans le développement de la personne. En effet, le développement est à la fois une quête de liens (axe affectif : affiliation), de sens (axe cognitif : réalisation de soi), de pouvoir (axe social : autonomie sociale) et de valeurs (axe des valeurs : idéologie). Chacune de ces dimensions est définie par quatre types de besoins :

– la dimension affective recouvre les besoins d'attachement, d'acceptation et d'investissement ;

– la dimension cognitive regroupe les besoins de stimulation, d'expérimentation et de renforcement ;

– la dimension sociale comprend les besoins de communication, de considération et de structure ;

– la dimension idéologique comporte les besoins de valeurs que sont le beau, le vrai, le bon (le bien).

Le paradigme des douze besoins nous permet de structurer notre champ d'intervention en éducation parentale. Les activités socio-éducatives qui forment notre programme d'intervention s'articulent autour du paradigme des besoins. Chaque besoin soulève un ensemble de questions spécifiques liées au développement de la personne. Ces questions sous-tendent les activités socio-éducatives réalisées avec les membres de la famille. Elles permettent ainsi aux sujets d'aborder des problématiques différentes du développement en fonction du besoin envisagé. La dimension affective pose la question des liens et de l'affiliation ; la dimension cognitive soulève la question du sens ; la dimension sociale est liée à la question de l'autonomie de la personne ; enfin, la dimension idéologique est associée à la question des valeurs recherchées.

Par ailleurs, les activités qui sont associées à chaque besoin caractérisent différents courants de pensée et d'action en pédagogie. Ainsi, par l'intermédiaire de ces activités, le modèle des douze besoins stimule l'usage de pédagogies variées au sein de la famille. C'est donc une multidimensionnalité des relations qui est stimulée à travers le groupe familial. Nous présentons, ci-après, les différents courants pédagogiques associés aux besoins respectifs.

Domaine affectif
– attachement : pédagogie des expériences positives
– acceptation : pédagogie humaniste individualiste
– investissement : pédagogie du projet

Domaine cognitif
– stimulation : pédagogie du développement
– expérimentation : pédagogies actives
– renforcement : pédagogie de maîtrise

Domaine social
– communication : pédagogie interactive
– considération : pédagogie du chef-d'œuvre
– structures : pédagogie institutionnelle

Domaine idéologique
– valeurs : pédagogie de l'imprégnation

Ce domaine comprend les besoins de valeurs que sont le beau, le vrai, le bon (le bien). Ces valeurs se mettent en scène dans toutes les pratiques, attitudes et représentations qui sont à l'œuvre dans la vie de tous les jours et dès la naissance de l'individu. Cette mise en œuvre quotidienne des valeurs correspond à une pédagogie de l'imprégnation qui renvoie à l'apprentissage des habitus, notamment dans le milieu familial.

Nous ne devons toutefois pas limiter la pédagogie de l'imprégnation à un pur processus de reproduction. Ce type de pédagogie peut s'ouvrir sur de nouveaux contenus ou de nouvelles formes d'apprentissage. Une telle ouverture peut être provoquée par le développement et l'expérimentation d'autres pratiques pédagogiques correspondant aux besoins mentionnés précédemment. Il s'agit de stimuler le milieu familial à rencontrer et à pratiquer d'autres formes de pédagogies afin de provoquer un changement et une ouverture au sein des habitus inscrits dans la pédagogie de l'imprégnation. C'est dans cette transformation de la pédagogie initiale des familles que nous établissons le point de départ de la dynamique du changement.

Ainsi, le paradigme des douze besoins permet d'organiser et de structurer les activités socio-éducatives de l'intervention autour de la notion du développement de la personne et des besoins qui s'y rapportent. Par ailleurs, les différents axes et besoins qui constituent le modèle de référence permettent de diversifier les activités de l'intervention et de stimuler ainsi les familles par une grande variété de pédagogies afin d'ouvrir le processus du développement des individus sur différents champs éducatifs.

LA CONCEPTION DE L'HOMME DANS LES INTERVENTIONS

Toute pratique en éducation parentale doit tenir compte des dangers qu'elle peut engendrer et des réticences qui peuvent s'exprimer à son égard. Afin de se prémunir au mieux des excès et des risques qu'elle peut induire, l'intervention en milieu familial doit rendre explicite la conception qu'elle véhicule à propos de l'homme et de son environnement.

Cette précision doit permettre aux différents acteurs impliqués dans l'éducation parentale de concevoir clairement les valeurs du projet d'intervention. Parmi celles-ci, deux conceptions fondamentales sous-tendent l'intervention socio-éducative : la première vise à tenir compte des finalités de l'acteur; la seconde favorise l'historicité du sujet.

Les finalités des acteurs

Les interventions en éducation parentale sont conçues dans le contexte du partenariat. Cette idée est développée par des auteurs tels que Morgan et Ramirez (1983), Bouchard (1985, 1989), (Pourtois, Forgione, Desmet, Houx, Linard, Awerdin, Delhaye, Agosti et Gallez, 1984). Il s'agit avant tout de considérer les parents comme étant susceptibles d'être les véritables partenaires des intervenants. Dans cette situation partenariale, les parents ne sont plus les clients passifs de l'intervention, mais des personnes qui participent à un échange de savoirs et de pratiques. Les parents possèdent en effet des ressources éducatives qui seront utilisées et qui peuvent enrichir l'intervenant lui-même. Dans un tel contexte, le sujet devient l'acteur et l'auteur de l'intervention au même titre que le professionnel. Une forme de réciprocité peut alors s'installer entre les parents et les intervenants.

Dans l'éducation parentale, l'option partenariale qui est privilégiée s'inscrit dans ce qu'Habermas (1976) appelle une «rationalité communicationnelle». Il s'agit d'un mode de relation dans lequel se manifeste un rapport de sujet à sujet («je»-«tu»). Dans ce cas, les parents sont considérés avec leurs fins, leur langage, leur culture propres. Intervenants et parents tentent de partager les valeurs véhiculées par les uns et les autres afin de mieux se comprendre. Les interventions se déroulent donc dans un contexte d'intersubjectivité. Chacun est porteur de fins. L'essentiel est de ne pas soumettre l'autre à ses propres valeurs, à son propre projet.

Par ailleurs, nous suscitons aussi une rationalité communicationnelle de type émancipatoire (Habermas, 1976) qui se caractérise par un rapport de réflexivité du sujet sur lui-même («je»-«je»). Dans ce cas, l'intervenant ne domine pas les parents, ce sont ces derniers qui, par eux-mêmes, par un travail de conscientisation personnel, peuvent aboutir au changement émancipatoire.

L'historicité du sujet

Bourdieu (1987) s'est attaché à l'étude des conditions de l'activité humaine et a bien montré l'importance du pré-réflexif comme «habitus», c'est-à-dire comme dépôt latent de significations qui rend possible l'action. L'auteur met en évidence le fait que ces habitus sont le produit de l'histoire de l'individu qui les a «incorporés». Il souligne l'existence d'invariants de la perception, des régularités objectives et communes à tout un groupe auxquels le sujet est subordonné. Ainsi, l'habitus d'un groupe s'exprime au travers d'un système de schèmes de perceptions, de pensée et d'appréciation commun à tout le groupe. Ce mécanisme va constituer chez les sujets un système de dispositions inconscientes et durables.

Tout intervenant doit être conscient de ce système d'habitus commun au groupe avec lequel il travaille et doit en tenir compte. Il prendra appui sur lui pour former des personnes en connexion avec leur passé, leur histoire; des personnes qui gardent leurs stratégies d'enracinement et de continuité identitaire.

Toutefois, faire prendre conscience au sujet de la façon dont ses «choix» (ses habitus) sont conditionnés par l'histoire peut l'amener à les modifier en comprenant dans quelle mesure il a été en quelque sorte «obligé» de se construire de telle façon (de Gaulejac, 1987). Favoriser l'historicité, c'est-à-dire stimuler la prise de conscience de sa propre histoire, c'est donc inciter le sujet à créer un changement au sein des schémas de conduites stéréotypés. En fait, une «émancipation des normes» est visée ici, en vue de permettre l'instauration dynamique de nouvelles normes répondant mieux à la spécificité propre des personnes, du groupe, de la communauté. Agir de la sorte, c'est considérer que l'histoire de l'individu est dynamique et évolutive.

Cette stimulation de l'historicité chez la personne rejoint le concept de «reconstruction» développé par Ferry (1991). Le stade reconstructif constitue une étape du discours à travers lequel la personne reconnaît l'origine historique des arguments, des raisons ou des idées qu'elle invoque. Par cette démarche, l'individu redéfinit le contexte historique dans lequel s'est élaborée sa propre vision du monde. Le stade reconstructif du discours permet ainsi au sujet de rendre compte de l'évolution de sa pensée et de se réapproprier son histoire.

La prise en compte de l'historicité est un élément essentiel de l'éducation parentale. Les interventions socio-éducatives stimulent l'individu à se réapproprier son identité historique. Toute personne est ainsi considérée comme étant capable d'être à la fois l'agent et l'auteur conscients de l'histoire que le sujet subit et met en œuvre.

CONCLUSION : L'ENGAGEMENT POLITIQUE DE L'ÉDUCATION PARENTALE

Articulée aux études sur la famille, l'éducation parentale propose des modalités d'intervention avec l'accord et l'engagement des familles. Ce type d'intervention vise essentiellement à stimuler les potentialités socio-éducatives des familles afin de promouvoir le développement de tous les membres du groupe familial et de favoriser leur insertion sociale. Cette finalité permet de comprendre la démarche préventive qui caractérise l'éducation parentale. L'ambition majeure des interventions socio-éducatives est de soutenir la dynamique positive des familles les plus fragilisées.

Au-delà du soutien apporté aux familles, l'éducation parentale s'inscrit véritablement dans un projet social et politique. Tout d'abord, l'éducation parentale vise à sensibiliser non seulement les parents mais également les acteurs professionnels et autres personnes qui travaillent directement ou indirectement avec les familles. Dans cette perspective, il s'agit d'ouvrir l'ensemble des services (notamment les services liés à l'enfance et aux familles) aux enjeux de l'éducation familiale et parentale. Cette ouverture associant les multiples partenaires éducatifs permettra à long terme de créer de nouvelles solidarités. Elle favorisera la participation active des familles aux projets sociaux et éducatifs véhiculés par les différents services. La reconnaissance de la famille comme partenaire dans des projets d'action sociale accordera au groupe familial une légitimité politique. Ainsi, la famille exercera un rôle de citoyenneté active et responsable.

Certes, comme l'exprime Simon dans la préface de l'ouvrage «*Éduquer les parents*» (Pourtois, Forgione, Desmet, Houx, Linard, Awerdin, Delhaye, Agosti et Gallez, 1984), l'éducation parentale ne peut, à elle seule, modifier la société. Toutefois, les interventions dans le domaine familial, associées à la dynamique des services présents, peuvent contribuer à un meilleur avenir en favorisant le développement de la citoyenneté au sein même de la famille.

BIBLIOGRAPHIE

BALDWIN, A.L., KALHORN, J. et BREESE, F.H. (1945), «The Appraisal of Parental Behavior», *Psychological Monographs*, 58, 268 (en entier).
BELL, D. (1995), «La dynamique des sociétés», *Sciences humaines*, 56, déc. 95, 32-35.
BOUCHARD, J.-M. (1985), «L'intervention éducative en milieu familial», *Apprentissage et socialisation*, 8, 1, 41-51.
BOUCHARD, J.-M. (1989), «De l'institution à la communauté. Les parents et les professionnels : une relation qui se construit», p. 157-184, dans *Éducation familiale*, sous la direction de P. Durning, Paris : Mire-Matrice.
BOURDIEU, P. (1979), *La distinction. Critique sociale du jugement*, Paris : Les Éditions de Minuit.
BOURDIEU, P. (1987), *Choses dites*, Paris : Les Éditions de Minuit.
BOURDIEU, P. (1994), *Raisons pratiques*, Paris : Le Seuil.
BOURDIEU, P. et PASSERON, J.-C. (1970), *La reproduction*, Paris : Les Éditions de Minuit.
DESMET, H. et POURTOIS, J.-P. (1993), *Prédire, comprendre la trajectoire scolaire*, Paris : PUF.
FERRY, J.-M. (1991), *Les puissances de l'expérience*, Paris : CERF.
FONDATION ROI BAUDOUIN (1994), *Rapport général sur la pauvreté*, Bruxelles : auteur.
GAULEJAC, V. (de) (1987), *La névrose de classe*, Paris : Hommes et Groupes Éditeurs.
HABERMAS, J. (1976), *Connaissance et intérêt*, Paris : Gallimard.
MORGAN, G. et RAMIREZ, R. (1983), «Action Learning : a Holographic Metaphor for Guiding Social Change», *Human Relations*, 37, 1, 1-28.
NIMAL, P. et LAHAYE, W. (1996), «Trajectoires familiales», *Apprentissage et socialisation*, 17, 1 et 2, 61-75.
PERCHERON, A. (1992), «La transmission des valeurs», p. 183-193, dans *La Famille, l'état des savoirs*, sous la direction de F. de Singly, Paris : La Découverte.
POURTOIS, J.-P. (1979), *Comment les mères enseignent à leur enfant*, Paris : PUF.
POURTOIS, J.-P. et DESMET, H. (1989), «L'éducation familiale», *Revue française de pédagogie*, 86, janvier-février-mars, 61-101.
POURTOIS, J.-P. et DESMET, H. (1997), *L'éducation postmoderne*, Paris : PUF.

POURTOIS, J.-P., FORGIONE, A., DESMET, H., HOUX, M., PINARD, A., AUVERDIN, J., DELHAYE, G., AGOSTI, J.L. et GALLEZ, M. (1984), *Éduquer les parents ou comment stimuler la compétence en éducation*, Bruxelles : Labor.

ROSANVALLON, P. (1995), *La nouvelle question sociale. Repenser l'État-Providence*, Paris : Seuil.

Chapitre 4
Le rôle du thérapeute en intervention précoce aux differentes phases du développement de l'enfant handicapé

Martha Maristany
Centre hospitalier universitaire Sant Juan de Deu,
Barcelone, Espagne

La naissance d'un enfant apporte un changement radical dans les habitudes de vie de tous les membres d'une famille et exige d'eux une grande volonté et une grande capacité d'adaptation. Ce sont surtout les mères qui investissent tous leurs espoirs et leurs attentes dans la venue du nouveau-né. Si l'enfant naît handicapé ou s'il est diagnostiqué un handicap dans les premiers mois suivant sa naissance, il surgit, dans de nombreux cas, une grave perturbation de l'équilibre au sein de la famille, mais celle-ci tente alors de retrouver des manières de vivre le quotidien de façon harmonieuse. De nombreux auteurs ont étudié de près les différentes phases du processus d'adaptation des parents à ce type de situation. Klaus et Kennell (1982) ont ainsi identifié différentes phases successives caractérisées par :

- l'incrédulité
- le désespoir
- le refus
- la dépression
- l'adaptation à la nouvelle situation.

La durée de ce processus d'adaptation peut être plus ou moins longue (Patterson, 1991), mais l'intervention auprès de la famille devrait, sans aucun doute, commencer le plus tôt possible.

En Espagne, l'intervention précoce vise les enfants dès la naissance jusqu'à l'âge de six ans et est offerte dans des centres d'intervention précoce. L'équipe interdisciplinaire de ces centres se compose en général de professionnels relevant de disciplines variées : psychologues, ergothérapeutes, neuro-pédiatres, pédagogues, travailleurs sociaux et orthophonistes. L'Espagne compte 17 régions autonomes, chacune d'entre elles ayant sa propre législation et ses propres formes d'organisation en intervention précoce. Ainsi, la Catalogne, qui a 6 millions d'habitants, dispose de 44 centres d'intervention précoce, dont 9 à Barcelone, dans lesquels environ 650 enfants sont suivis. Ces établissements sont soutenus par le gouvernement catalan et par les administrations municipales ou par les deux.

L'INTERVENTION PRÉCOCE DANS SA PHASE INITIALE

De nombreux parents d'enfants handicapés se rendent au centre d'intervention précoce sans avoir vraiment clarifié leurs émotions. Le premier contact entre eux et le service de consultation s'effectue en général par le biais d'un psychologue qui, dès ce moment, sera pour des mois ou des années un compagnon de route important pour toute la famille. C'est pourquoi il existe souvent entre les parents, l'enfant et le thérapeute une relation bien plus étroite qu'avec d'autres membres de la famille. Dès le début de l'intervention, le thérapeute prend en charge non seulement les mesures spécifiques d'intervention nécessaires adaptées au handicap de l'enfant, mais il assume aussi la responsabilité de la réussite du processus d'adaptation des parents. Il doit pour cela tenir compte des détails de leur vie privée et de la situation particulière de chaque membre de la famille.

Les premières expériences d'une mère avec son nouveau-né constituent le fondement du lien mère-enfant. Cette relation a une importance capitale pour le développement ultérieur de l'enfant. De nombreux parents ont, avant même le début de l'intervention, une bonne relation émotionnelle avec leur enfant. Il arrive cependant quelquefois que des parents prononcent des phrases telles que : «Je ne sais pas si je vais pouvoir aimer cet enfant» (Cox et Lambrenos, 1992). Dans une telle situation, le psychologue et l'ergothérapeute prennent l'enfant dans leurs bras, lui parlent, lui sourient et le caressent. Souvent, les parents ne sont pas en mesure d'en faire autant. Ainsi, certains d'entre eux dont l'enfant a séjourné en couveuse pendant une longue période après la naissance ont même peur de le prendre dans leur bras. À cette occasion, le thérapeute doit veiller tout particulièrement à ce qu'ils ne se sentent pas incompétents. La façon dont le thérapeute interagit et communique avec l'enfant exerce indubitablement une grande influence sur les parents. C'est surtout au début de l'intervention que cela risque de susciter des sentiments ambigus et contradictoires chez eux. D'une part, ils lui confient leur enfant en pensant qu'il agira de son mieux dans l'intérêt de ce dernier et nourrissent de l'admiration à son égard. D'autre part, ils peuvent développer des sentiments de jalousie ou de déception parce qu'il est apte à se mettre au niveau de l'enfant et à agir avec lui alors qu'ils croient ne pas en être eux-mêmes capables. Malgré cette ambiguïté de sentiments, les parents observent avec intérêt ce que le thérapeute fait avec leur enfant afin de pouvoir ensuite l'imiter à la maison. Lors des premières visites, le thérapeute joue pour les parents le rôle de « miroir ». Témoins des relations que le thérapeute établit avec l'enfant et de sa façon de prendre en compte ses handicaps spécifiques, les parents découvrent les potentialités de leur enfant. Peu à peu, ils n'ont plus peur de l'embrasser et de lui témoigner leur amour. En règle générale, les parents se rassurent et se laissent convaincre plus par ce qu'ils voient que par ce qu'ils entendent. Ceci illustre bien un dicton espagnol qui paraît très bien convenir dans ce cas : « Une image vaut bien mille mots ».

LES DIFFÉRENTS RÔLES DU THÉRAPEUTE

Au cours des premiers mois de la vie de l'enfant, les parents ne savent pas trop à quoi s'en tenir en raison de la masse d'informations souvent contradictoires qu'ils reçoivent de la part des médecins. Par ailleurs, les visites médicales ont lieu à des intervalles plus ou moins longs ; alors que les rencontres organisées par le centre d'intervention précoce ont lieu une fois par semaine. Il est donc aisé de comprendre qu'ils profitent de ces visites hebdomadaires pour parler de leurs doutes et de leurs incertitudes. Le thérapeute peut très souvent répondre à leurs questions, mais il lui arrive quelquefois de devoir aussi jouer le rôle de médiateur entre la famille et le médecin. Il aide alors les parents à reformuler les questions qui n'ont pas été élucidées durant l'entretien précédent avec le médecin afin qu'ils puissent les reposer lors de la prochaine rencontre. En général, les parents sont tendus et anxieux lorsqu'ils sont en présence du médecin qui peut leur communiquer une bonne ou une mauvaise nouvelle concernant les possibilités de développement de leur enfant. En

Espagne, comme sans doute dans d'autres pays, les parents accordent au médecin un grand pouvoir de décision dans ce domaine.

Pour la plupart des enfants suivis en intervention précoce, il n'existe, au sens strict, aucune thérapie médicale capable de guérir le handicap ou de le supprimer. Le rôle du médecin se réduit donc à vérifier l'état de santé général de l'enfant et à traiter les maladies qui peuvent être liées à son handicap. Par ailleurs, en raison de sa compétence professionnelle et du pouvoir que les parents lui accordent, il lui incombe d'agir dans l'intérêt de l'enfant. Des parents d'enfants handicapés devenus adultes se rappellent souvent les mots que le médecin a prononcé des années auparavant, au moment du diagnostic, lorsqu'il leur a dit par exemple que leur enfant ne pourrait jamais marcher. C'est pourquoi de nombreux parents lui sont encore, après des années, reconnaissants pour la façon dont il a su leur communiquer ces informations bouleversantes. Certains d'entre eux, par contre, se rappellent aussi ce qui a été dit sans réflexion et sans tenir compte de leur état psychologique dans ces circonstances, ce qui a souvent eu pour conséquence qu'ils n'ont rien compris de ce qu'on leur disait (Bensoussan, 1989 ; Sloper et Turner, 1993).

Au fur et à mesure que l'intervention avance, le thérapeute se voit confronté à une nouvelle tâche : aider les parents à interpréter les comportements et les progrès de leur enfant. Certaines mères disent par exemple : « Je ne sais pas ce que veut mon enfant » ou « Je ne comprends pas mon enfant ». Lorsqu'une mère est en mesure d'interpréter un geste ou un son de l'enfant et de dire : « Il a faim » ou « Il est fatigué », la moitié du chemin est déjà faite. C'est un signe qu'elle commence à accepter le handicap de son enfant et devient capable de reconnaître ses désirs, de telle sorte que la communication entre eux s'améliore. Ceci transforme également de façon positive la relation du parent avec l'enfant et avec le thérapeute. Il est même parfois possible de déterminer à quel moment une telle transformation s'est produite chez eux. Ainsi, des parents qui négligeaient souvent de se présenter aux visites s'y rendent plus régulièrement, d'autres deviennent plus ponctuels ou désirent participer plus activement à l'intervention. Ils demandent par exemple pour la première fois au thérapeute : « Laissez moi aussi essayer ». À partir de là, leur façon de se comporter avec leur enfant change.

Toutes ces considérations permettent de définir le rôle du thérapeute au début de l'intervention comme celui de « miroir », de médiateur (rôle qu'il joue également entre les membres de l'équipe d'intervention précoce) et d'interprète. Il aide aussi les parents à accepter leur enfant handicapé.

Les centres d'intervention précoce reçoivent des enfants légèrement handicapés, par exemple atteints d'hémiparesie, mais également des enfants polyhandicapés. L'état psychologique négatif des parents et le sentiment de culpabilité dont ils souffrent souvent ne sont pas toujours liés à la gravité du handicap de l'enfant. Sans en être conscients, certains essaient de compenser leur malaise, leur angoisse et leur sentiment de culpabilité en adoptant des comportements surprotecteurs vis-à-vis de l'enfant. D'autres, par contre, nient pendant longtemps le handicap, même lorsque celui-ci est irréversible et, dans ce cas, en raison de leurs attentes, ils exigent l'impossible de la part des thérapeutes.

De nombreux thérapeutes ont observé que le deuil de l'enfant idéal tel que les parents l'avaient désiré et l'acceptation de l'enfant né avec des handicaps est un processus long et toujours douloureux pour eux. Les frères et sœurs doivent également passer à travers cette épreuve. Dans cette situation, il incombe au thérapeute d'identifier les difficultés du processus d'adaptation de la famille et de l'aider à modifier ses attentes en fonction de la situation réelle (Leonard, 1991 ; Ferrari, Crochette et Bouvet, 1988).

Un autre aspect important à ne pas négliger par le thérapeute lors de l'intervention concerne les activités ludiques entre les parents et l'enfant. Le jeu doit être considéré comme une source de plaisir et de joie entre eux. L'observation de leurs jeux permet de rassembler des informations importantes sur la façon dont les parents voient leur enfant et sur leurs interactions. Ils sont souvent en mesure de jouer à un jeu créatif avec un enfant non handicapé, où il n'y a ni gagnant ni perdant, où rien n'est bien ou mal et dont le seul but est de s'amuser ensemble. Dans le cas d'enfants handicapés, par contre, ce jeu « gratuit » est remplacé trop souvent par des jeux éducatifs qui visent à ce que l'enfant apprenne « quelque chose ». Naturellement ces deux types de jeux peuvent être pratiqués judicieusement en complémentarité. Mais lorsque les parents d'un enfant handicapé ne pratiquent avec lui que des jeux psycho-éducatifs orientés vers l'apprentissage, il est, à notre avis, nécessaire d'établir un dialogue pour les convaincre qu'il serait préférable qu'ils jouent plus souvent avec leur enfant uniquement pour le plaisir et qu'ils laissent au thérapeute le soin des jeux éducatifs. De ce point de vue, le thérapeute se trouve toujours dans un rôle d'« arbitre » qui se doit d'établir un équilibre entre les comportements surprotecteurs des parents et leurs attentes irréalistes vis-à-vis de l'enfant, l'enfant idéalisé et l'enfant « réel », le jeu gratuit et le jeu éducatif.

Le thérapeute est aussi un conseiller. En effet, parmi les professionnels qui participent à l'intervention précoce, il est souvent la personne de référence pour les parents, avec laquelle, dans la plupart des cas, ils établissent un rapport de confiance particulier et à qui ils demandent conseil. Il joue à la fois le rôle de thérapeute et de conseiller. Ils le consultent également pour des questions n'ayant pas un rapport direct avec l'intervention précoce (l'école, l'organisation des loisirs, l'éducation des frères et sœurs, etc.).

Un autre rôle important que le thérapeute doit jouer concerne la découverte de nouvelles aptitudes chez l'enfant. Il doit, indépendamment de l'âge de l'enfant et du degré de son handicap, être capable de discerner ou de découvrir ce qu'un enfant est capable de faire (et de faire facilement), ce dont il est fier et dans quelles situations il se sent à l'aise.

Il est tout à fait envisageable que les parents puissent avoir des difficultés à se rendre compte des progrès de leur enfant et à les intégrer dans leur comportement habituel vis-à-vis de celui-ci. Dans ce cas, le thérapeute doit leur faire découvrir les nouvelles aptitudes de leur enfant et ainsi leur permettre d'identifier les progrès dans son développement. C'est l'une des raisons majeures pour lesquelles la coopération entre les ergothérapeutes, psychologues et médecins est si importante dans la formation des parents, et ce, pendant toute la durée de l'intervention.

L'objectif de l'intervention précoce est, dès le départ, de susciter l'intérêt des parents et des frères et sœurs pour la personne de l'enfant handicapé, condition qui augmente les chances de succès de l'intervention. Afin d'atteindre ce but, les parents doivent accepter la réalité ce qui n'est, certes, pas simple et apprendre à cette occasion que leur enfant handicapé est un individu avec ses qualités propres qui désire être aimé. Ils doivent voir que vivre avec cet enfant peut constituer un enrichissement pour eux ainsi que pour les frères et sœurs. Il est clair que ce but n'est pas toujours facile à atteindre en raison des attentes souvent trop élevées et parfois irréalistes des parents (et quelquefois aussi des professionnels).

Malgré l'importance capitale accordée à une relation positive entre la mère et l'enfant, il ne faut à aucun moment négliger l'autonomie du nourrisson ou du jeune enfant. Le processus qui mène à l'indépendance s'avère souvent très difficile chez les enfants handicapés. En général, cet objectif est déjà limité, ne serait-ce que par le fait des handicaps physiques ou mentaux. Dans ce contexte, il faut rappeler qu'un comportement surprotecteur des parents ou des thérapeutes agit comme une barrière dans le développement de l'enfant et conduit souvent à une dépendance de celui-ci. Ceci semble expliquer pourquoi des enfants atteints uniquement d'un handicap physique sont souvent incapables de développer une autonomie mentale. Dans ce cas, il est donc souhaitable que les thérapeutes discutent avec les parents de ce sujet à un stade précoce du développement de l'enfant afin de les aider à adopter un comportement adapté à ses besoins et visant à développer son autonomie.

CONCLUSION

Il y a évidemment au cours des différentes phases de l'intervention précoce des moments où les parents sont préoccupés par des problèmes particuliers. Lors des premiers mois, il s'agit par exemple de savoir si l'enfant pourra marcher un jour. Plus tard se pose la question de savoir s'il pourra parler et, finalement, s'il pourra développer ses aptitudes intellectuelles. Dans ces moments, le thérapeute doit accorder aux parents le soutien dont ils ont besoin. Cependant, il ne faut pas penser qu'il ne doit agir que dans certaines situations précises. En réalité, les différents rôles du thérapeute tels que nous les avons présentés ci-dessus ne dépendent pas seulement du niveau de développement de l'enfant. Il doit plutôt remplir en alternance des rôles différents adaptés aux situations auxquelles il est confronté, afin d'assurer aux parents et aux enfants la meilleure assistance et le meilleur soutien possibles.

Pour conclure, nous voudrions préciser ce que le thérapeute ne doit faire en aucun cas : se substituer aux parents, même si, dans certaines situations, il semble que ce soit eux qui le lui demandent.

BIBLIOGRAPHIE

BENSOUSSAN, P. (1989), «L'annonce faite aux parents», *Neuropsychiatrie de l'enfance et de l'adolescence*, 37, 8-9, 429-440.

COX, A.D. et LAMBRENOS, K. (1992), «Childhood Physical Disability and Attachment», *Developmental Medicine and Child Neurology*, 34, 3, 1037-1046.

FERRARI, P., CROCHETTE, A. et BOUVET, M. (1988), «La fratrie de l'enfant handicapé : approche clinique», *Neuropsychiatrie de l'enfance*, 33, 3, 19-25.

KLAUS, M.H. et KENNELL, J.H. (1982), «*Parent-Infant Bonding*», St-Louis, Ill. : C.V. Mosby.

LEONARD, B.J. (1991), «Siblings of Chronically Ill Children : a Question of Vulnerability Versus Resilience», *Pediatric Annals*, 20, 3, 501-506.

PATTERSON, J. (1991), «Family Resilience to the Challenge of a Child's Disability», *Pediatric Annals*, 20, 3, 491-499.

SLOPER, P. et TURNER, S. (1993), «Determinants of Parental Satisfaction with Disclosure of Disability», *Developmental Medicine and Child Neurology*, 35, 3, 816-825.

Chapitre 5
La transformation des tâches médicales dans l'intervention précoce : évolution et perspectives

Gerhard Neuhäuser
Université Justus-Liebig, Giessen, Allemagne

Grâce à des mesures de prévention primaire, telles que les vaccinations, la pédiatrie a énormément participé au cours des dernières décennies à l'amélioration de l'état de santé et à la prolongation de l'espérance moyenne de vie. De plus, le traitement des infections bactériennes et la diminution des troubles nutritionnels ont permis de réduire considérablement deux causes principales de mortalité infantile. Enfin, les progrès réalisés dans le domaine des soins intensifs ont amené non seulement un recul important de la mortalité néonatale, mais également la survie de plus en plus d'enfants prématurés. Par contre, les problèmes liés aux maladies chroniques, aux troubles du développement ou aux déficiences physiques se sont accentués et occupent le premier plan des interventions dans ce domaine, où la pédiatrie a, depuis toujours, une compétence et une mission spéciales, par son apport à la compréhension des bases des processus de développement et à la signification des facteurs constitutionnels dans l'adaptation de la personne à son environnement et aux conditions psychosociales dans lesquelles elle évolue.

Le champ d'activités des pédiatres a beaucoup changé au cours du siècle dernier. Alors qu'en clinique une spécialisation intense, comportant des méthodes différenciées de diagnostic et de thérapie, est devenue nécessaire, la pratique quotidienne exige de bonnes connaissances sur les processus de développement et sur les conditions psychosociales. Dans ce domaine, c'est la prévention et le dépistage précoce qui viennent au premier plan (Neuhäuser, 1989a) et la raison pour laquelle la pédiatrie est depuis toujours attentive aux mesures d'intervention précoce. La très grande capacité d'adaptation de l'être humain pendant ses toutes premières années représente un fondement solide pour garantir l'efficacité d'un soutien précoce afin de contrecarrer en temps utile d'éventuels troubles secondaires. C'est ce que nous allons exposer ainsi que les problèmes et les perspectives qui y sont liés pour les futures tâches.

L'INTERVENTION PRÉCOCE

Le dépistage précoce de troubles de développement ou de troubles fonctionnels est la condition préalable à toute mesure d'intervention précoce. Ceci nécessite non seulement des méthodes de diagnostic adaptées mais aussi des conditions telles que tous les enfants, ou presque tous, en bénéficient. Le but est de déceler les troubles avant qu'ils ne provoquent des symptômes apparents, une exigence à laquelle il n'est pas toujours facile de répondre. Le test de Guthrie permet ainsi de diagnostiquer une paresse cérébrale ou un retard mental causé par un désordre métabolique, tel que la phénoglycétonine.

Dès le début du siècle, des centres de prévention pour le nourrisson ont été mis en place par le biais des centres d'information et de consultation pour les mères de famille afin de suivre régulièrement le développement et la croissance des enfants, contrôler les soins et la nutrition et prendre des mesures de prévention. Au cours des 25 dernières années, parallèlement à l'intérêt manifesté pour les troubles chroniques et les troubles fonctionnels handicapants, un souci de les traiter par des mesures adaptées en physiothérapie s'est développé, par exemple par la méthode de Bobath et Bobath (1975). Le fait que celles-ci aient été rapidement utilisées à large échelle témoigne de leur nécessité. Afin d'établir un diagnostic précoce sur les désordres moteurs, nous nous sommes servi, en plus de l'analyse neurologique, de l'observation de « situations à risque ». Des « registres de risques » ont ainsi été établis, permettant de recenser, le plus tôt possible, tout enfant susceptible de présenter des troubles du développement. Dans presque toutes les grandes cliniques, des services de consultations pour les enfants « à risques » ont été implantés, pour contrôler et soigner régulièrement les prématurés ou ceux ayant subi des complications périnatales, qui nécessitaient par conséquent des soins intensifs. La technique de l'analyse neurologique de l'enfant a pu être considérablement améliorée grâce à l'accroissement des connaissances dans le domaine de la neurologie du développement. Ainsi, de nombreux tests ont été utilisés pour évaluer le développement, en particulier sur la base des travaux de Gesell et Amatruda (1941). Il est toutefois apparu clairement que le « concept de risque » ne permettait pas d'identifier tous les enfants qui pouvaient présenter ultérieurement des difficultés. Par ailleurs, l'approche physiothérapeutique souvent ne suffisait pas à répondre aux problèmes existant au sein du groupe familial (Neuhäuser, 1989b). Il fallait donc trouver d'autres solutions.

Le problème du dépistage de la plupart des enfants ayant des difficultés a été en partie résolu en République Fédérale d'Allemagne, en 1970, par l'introduction de la *Loi sur les visites médicales de prévention*. Nous disons en partie seulement car certains parents ne saisissent pas cette occasion et la fréquence de participation à ces visites s'espace de plus en plus entre la période du nourrisson et l'âge de la scolarisation. L'un des buts de ces visites est d'identifier précocement les troubles du développement. Certaines critiques ont été émises relativement aux méthodes, aux critères d'évaluation et à la compétence des évaluateurs.

Un dépistage précoce devrait être suivi d'une aide immédiate. Chez les enfants atteints de déficience mentale ou motrice, l'intervention devra comporter non seulement des séances de physiothérapie, mais également associer toute la famille à des mesures psychologiques et pédagogiques (Vereinigung für Interdisziplinäre Frühförderung, Association pour l'intervention précoce interdisciplinaire (1991). C'est sur ces bases qu'a émergé, il y a environ 25 ans, le champ de l'intervention précoce en Allemagne. (Il faut mentionner ici le nom d'Ingeborg Thomae, mère d'un enfant atteint du syndrome de Down, qui a été l'initiatrice d'une première initiative en ce sens à Bonn.)

Ce concept d'intervention précoce interdisciplinaire permettait de prendre en considération de façon réaliste les besoins des enfants handicapés ou susceptibles de présenter des handicaps. Il a ainsi conduit à la création continue d'institutions adaptées à travers le pays et présentant des formes d'organisation différentes d'un État à l'autre. Avec le temps, il y a eu de nombreuses réorientations (certains ont même parlé d'un changement de paradigmes), le modèle des non-professionnels ou des co-thérapeutes centrés sur l'enfant ayant été remplacé par une approche centrée sur le système familial dans le cadre d'un partenariat (Speck et Warnke, 1983; Vereinigung für Interdisziplinäre Frühförderung, 1991).

Quel rôle incombe-t-il au médecin dans ce système d'intervention précoce? Il établit les diagnostics, les communique aux parents et aux experts travaillant dans le domaine de l'intervention précoce; il prescrit les mesures thérapeutiques nécessaires et contrôle leur application ainsi que leur efficacité. Si un changement qui semble lui donner une certaine autorité s'est opéré dans ses fonctions, quelles sont les perspectives concernant son rôle dans ce contexte de changement des conditions de l'intervention précoce? Comment le rôle traditionnel du médecin peut-il s'accorder avec les exigences liées à une intervention orientée sur la famille?

LES TÂCHES DU MÉDECIN DANS L'INTERVENTION PRÉCOCE

La mission primordiale du médecin consiste à élucider la cause et l'histoire du développement (étiologie et pathogénèse) de troubles pathologiques. Ainsi, l'établissement d'un diagnostic aidera à «éclairer» et à connaître une situation donnée et permettra de la comprendre afin que des mesures de soutien indispensables et adaptées puissent être prises. Le diagnostic ne se fait pas uniquement au niveau médical, mais également par des psychologues et des pédagogues, mais nous ne parlerons ici que du diagnostic médical.

Afin de pouvoir établir un diagnostic, des connaissances sont nécessaires sur l'histoire antérieure du sujet (anamnèse) ainsi que sur le résultat de l'auscultation. Il est indispensable de poser des questions pertinentes pour recueillir des informations claires; ceci concerne les événements qui se sont produits aussi bien pendant la grossesse que lors de la naissance ou pendant la première phase de développement de l'enfant ainsi que les comportements actuels de l'enfant et les différentes démarches faites lors de l'examen clinique de ce dernier. L'anamnèse et le résultat de l'examen médical permettent déjà, dans un grand nombre de cas, d'établir le diagnostic; en tout cas, ils sont très utiles pour planifier des examens supplémentaires, par lesquels la cause du problème du développement peut être expliquée. Cependant, ceci n'est pas toujours possible car cela dépend aussi de nos connaissances et de nos moyens de diagnostic, qui sont encore insuffisants.

Chez les enfants nécessitant une intervention précoce, il faut d'abord constater s'il y a présence d'un problème du développement (Ohrenberg-Antony et Neuhäuser, 1989). Le diagnostic peut être simple si différents résultats d'examens médicaux l'indiquent, comme, par exemple, chez les enfants présentant le syndrome de Down. Le diagnostic peut aussi ne formuler qu'une supposition ou une interrogation quand, par exemple, il ne permet pas de déterminer la limite entre un problème de développement et une variation de norme. Dans ce cas, des contrôles réguliers s'imposent afin d'infirmer ou de confirmer le doute. Il s'ensuit une période d'incertitude chez les parents qui ont fortement besoin d'un accompagnement régulier de soutien. Lorsqu'un problème de développement a été diagnostiqué, il faut immédiatement s'interroger sur l'existence éventuelle d'un polyhandicap car le cas n'est pas rare, et il faut chercher systématiquement à déceler l'existence d'autres symptômes, par exemple ceux liés à des syndromes.

Enfin, il faut pouvoir déterminer l'étiologie du problème parce qu'elle a de l'importance pour pouvoir, par la suite, se prononcer sur un pronostic du développement et sur la situation génétique. Ce faisant, il faudra prévoir l'utilisation intelligente et à bon escient de méthodes spécifiques d'examen (diagnostic représentatif, procédés neurophysiologiques, analyses biochimiques et de génétique moléculaire, etc.).

Il faudra informer, dans la mesure du possible et d'une façon claire et compréhensible, les parents ainsi que le personnel travaillant en intervention précoce. Le médecin, par les constatations faites lors du diagnostic, représente le point de vue biomédical. Il est en mesure d'esquisser l'arrière-plan devant lequel l'évolution de l'enfant se réalise; il doit mentionner les limites de l'intervention qui pourraient résulter du handicap fonctionnel, mais il peut également exposer les possibilités de développement.

Pour le médecin, son travail au sein d'une équipe dans un centre d'intervention précoce représente un nouveau défi qui entraîne de grands changements, car il ne s'agit plus d'assurer seulement une consultation particulière, mais d'établir un dialogue interdisciplinaire qui exige une grande faculté d'intuition. Il dispose, dans une certaine mesure, d'informations privilégiées qui lui confèrent une certaine autorité, mais il ne doit pas espérer occuper une place spéciale au sein du groupe ou, pire, vouloir le dominer. Il s'agit bien davantage de discuter, dans un souci commun du bien de l'enfant et de sa famille, des aspects fondamentaux de la situation. Ceux-ci englobent aussi bien des éléments psychodynamiques que psychosociaux qui peuvent être précisés par le médecin en raison de ses connaissances sur la famille.

Au cours de l'intervention précoce, la responsabilité du médecin s'étend à de nombreux problèmes de médecine préventive (nutrition, soins, vaccins, etc.). Des visites de contrôle nécessaires devraient avoir lieu régulièrement et le personnel de l'équipe d'intervention précoce devrait, dans la mesure du possible, être invité à y assister. Les mesures thérapeutiques doivent faire l'objet d'un suivi minutieux et, éventuellement, être modifiées. Ceci concerne les traitements spécifiques (régimes diététiques, hormones, médicaments, etc.) souvent utilisés pour développer des conditions psychologiques et pédagogiques favorables. aussi bien que la prescription et l'administration des soins thérapeutiques des professionnels paramédicaux comme les physiothérapeutes, ergothérapeutes, orthophonistes et thérapeutes de la motricité. Ces interventions devraient avoir été au préalable discutées dans le cadre de l'intervention précoce lors d'un dialogue interdisciplinaire. C'est seulement à ce moment là que doit être prise en considération la situation de l'enfant et de sa famille : comme de nombreuses recherches l'ont démontré, cette prise en compte de la situation familiale joue un rôle important dans l'efficacité de ces méthodes.

D'autres tâches peuvent incomber au médecin travaillant dans le domaine de l'intervention précoce : la supervision, les groupes «*Balint*» (groupes de discussion de cas pluridisciplinaires en psychothérapie et médecine psychosomatique), les activités de formation continue, la coopération avec d'autres institutions du système de santé, le contact avec les cliniques et hôpitaux, etc. Le médecin peut être intégré à l'équipe du centre d'intervention précoce parce qu'il assiste régulièrement aux séances de discussion. Plus rarement, il y exercera son activité professionnelle médicale. La coopération à titre de conseiller a fait ses preuves, notamment avec les centres sociopédiatriques situés sur le territoire desservi par un centre d'intervention précoce (Schlack, 1993).

LES PERSPECTIVES

Nous avons déjà attiré l'attention sur le fait que tous les enfants ne bénéficient pas des visites médicales préventives gratuites et que les techniques d'examen ne sont pas toujours suffisantes. Ce sont surtout les familles « à risques » multiples qui ne saisissent pas l'occasion de bénéficier de ces visites. C'est, en particulier, dans le dépistage des troubles émotionnels et des troubles du développement mental que les méthodes utilisées sont inadéquates, et c'est dans ce domaine que nous devons nous efforcer d'apporter des améliorations pour, par exemple, normaliser avec plus de précision l'évaluation du comportement dans certaines situations. La formation continue et les exercices pratiques doivent servir à améliorer la compétence de ceux qui procèdent aux examens.

Quant à la collaboration du médecin à une équipe d'intervention précoce, il faudrait trouver des modalités qui garantissent une plus grande continuité dans les interventions et une présence plus importante. Certes, il n'y a pas de « solution miracle » en ce domaine. Toutefois, les centres sociopédiatriques devraient avoir la possibilité de donner le soutien nécessaire afin qu'aucun centre d'intervention précoce ne soit obligé de travailler sans « son » médecin, « son » pédiatre ou « son » psychiatre pour l'enfance ou l'adolescence. Tout médecin appartenant à une équipe d'intervention précoce doit se familiariser avec les problèmes spécifiques du développement du jeune enfant et doit être ouvert à de nombreuses questions auxquelles il doit pouvoir répondre de façon claire.

Ces aspects sont, jusqu'à présent, à peine effleurés. Dans le cycle des études médicales, l'accent devrait être mis davantage sur la prévention et le dépistage précoce, ainsi que sur le traitement et les autres types de soutien. Ceci suppose évidemment des connaissances fondamentales sur les processus de développement et sur les interactions au niveau de la petite enfance. Ces aspects devraient se situer également au premier plan de la pratique ultérieure du médecin généraliste et du médecin de famille.

Afin d'améliorer les visites préventives, les médecins devraient jouer un rôle plus important, par exemple dans le cadre de discussions spécialisées, durant lesquelles ils pourraient développer certaines stratégies et les expérimenter dans leur pratique. Ces stratégies doivent non seulement présenter des fondements scientifiques reconnus mais aussi être facilement applicables et peu onéreuses. Ceci peut, à son tour, avoir un effet rétroactif sur la formation. Par ailleurs, les systèmes de visites préventives existant dans les différents pays devraient faire l'objet d'une étude comparative dans le but de sélectionner celles qui présentent le maximum de fiabilité.

En ce qui concerne la formation des pédiatres, il faudrait considérer que, dans la structure actuelle très spécialisée des cliniques, où beaucoup de résidents passent plus de la moitié de leur temps dans les services de soins intensifs, il n'est pas possible de les préparer suffisamment aux tâches qu'ils auront à assumer ultérieurement dans la pratique courante. Ceci est particulièrement évident dans les domaines de la prévention et de l'intervention précoce. Les formateurs se préoccupent trop peu des méthodes relatives à la façon de conduire un entretien entre le médecin et le patient ainsi que des aspects psychologiques de cette relation. Dans ce domaine aussi la recherche n'en est qu'à ses balbutiements. Les cours de perfectionnement proposés en neurologie du développement par l'*Académie allemande de pédiatrie et de médecine juvénile* sont très fréquentés par les collègues désireux d'améliorer leur pratique et ceci confirme combien la demande est grande.

De nombreuses recherches s'intéressant aux enfants ayant survécu à des complications périnatales montrent clairement l'importance de l'influence des facteurs psychosociaux sur le développement (Laucht, Esser, Schmidt, Ihle, Löffler, Stöhr, Weindrich et Weinel, 1993). Celui-ci n'est pas uniquement déterminé par des conditions biologiques, mais est aussi le résultat d'un jeu interactif complexe. C'est dans ce domaine que se situe l'une des chances fondamentales de l'intervention précoce. Même si dans le cas de lésions du système nerveux qui limitent les fonctions, il n'y a pas de guérison possible, les conditions psychosociales peuvent aider l'enfant à développer ses possibilités (Neuhäuser, 1988, 1992). Il va de soi qu'ici la coopération de toutes les disciplines impliquées est nécessaire. Le médecin doit réfléchir sur son rôle et en tirer les conséquences pour agir véritablement de façon interdisciplinaire.

CONCLUSION

Toutes les instances gouvernementales ne parlent aujourd'hui que de sauvegarder la qualité des services. L'intervention précoce est, dans une certaine mesure, également concernée. L'évaluation de notre action est certainement importante et nous devons nous assurer que nous sommes sur la bonne voie. Nous avons le droit de nous questionner sur l'existence de méthodes capables d'évaluer les mesures utilisées en intervention précoce en les quantifiant et en les jugeant de façon comparative. Nous devrions essayer de faire face le plus tôt possible à cette tendance qui se dessine du côté des instances gouvernementales et même d'aller au devant. Pour ce faire, il nous faut chercher des méthodes qui nous permettront de démontrer que l'intervention précoce, dans sa forme actuelle, a fait ses preuves, qu'elle répond aux besoins de l'enfant et de sa famille (ce dont témoignent nos expériences dans la pratique quotidienne) et qu'elle prend en considération ces besoins et les attentes des enfants et de leurs parents (Jaehne, Malzan et Neuhäuser, 1995). Nous devons arriver à réagir avec souplesse aux nouvelles exigences, avec d'autant plus de chances de succès qu'il y aura une coopération interdisciplinaire confiante en ses nouvelles tâches, y compris avec le médecin.

BIBLIOGRAPHIE

BOBATH, B. et BOBATH, K. (1975), *Motor Development in the Different Types of Cerebral Palsy*, Londres : Heinemann.

GESELL, A.L. et AMATRUDA, C.S. (1941), *Developmental Diagnosis*, New York : Hoeber.

JAEHNE, N., MALZAN, S. et NEUHÄUSER, G. (1995), «Frühförderung aus der Sicht der Eltern und kindliche Entwicklung», *Frühförderung interdisziplinär*, 14, 3, 11-17.

LAUCHT, M., ESSER, G., SCHMIDT, H.H., IHLE, W., LÖFFLER, W., STÖHR, R.M., WEINDRICH, D. et WEINEL, H. (1993), «Risikokinder : Zur Bedeutung biologischer und psychosozialer Risiken für die kindliche Entwicklung in den Beiden ersten Lebensjahren», *Praxis der Kinderpsychologie und Kinderpsychiatrie*, 41, 3, 274-285.

NEUHÄUSER, G. (1988), «Entwicklungsneurologie und Psychosoziale Bedingungen», *Pädiatrische Praxis*, 36, 3, 207-213.

NEUHÄUSER, G. (1989a), «Frühförderung im medizinischen Bereich. Bisherige Entwicklung, gegenwärtiger Stand, Perspektiven», p. 47-63 dans *Fortschritte der Frühförderung entwicklungsgefährdeter Kinder*, sous la direction d'O. Speck et M. Thurmair, Munich/Bâle : Ernst Reinhardt.

NEUHÄUSER, G. (1989b), «Development of Infants 'at Risk' and Psychosocial Conditions : Results of a Prospective Study», p. 39-52 dans *Early Influences Shaping the Individual*, sous la direction de S. Dioxadis, New York : Raven Press.

NEUHÄUSER, G. (1992), «Ärztliche Beiträge zur Frühförderung behinderter und von Behinderung bedrohter Kinder», *Deutsches Ärzteblatt*, 89, 3, 2792-2799.

OHRENBERG-ANTONY, G. et NEUHÄUSER, G. (1989), «Früherkennungsuntersuchung für Kinder. Theoretischer Anspruch und Praktische Möglichkeiten», *Kinderarzt*, 20, 3, 729-732.

SCHLACK, H.G. (1993), «Sozialpädiatrische Zentren : Aufgaben und Pespektiven», *Therapiewoche Pädiatrie*, 6, 3, 224-230.

SPECK, O. et WARNKE, A. (1983), *Frühförderung mit den Eltern*, Munich/Bâle : Ernst Reinhardt.

VEREINIGUNG FÜR INTERDISZIPLINÄRE FRÜHFÖRDERUNG (1991), *Familienorientierte Frühförderung*, vol. 1, Munich/Bâle : Ernst Reinhardt.

Chapitre 6
Les centres d'information et de consultation et la réorganisation de l'éducation des enfants handicapés en Norvège

Thomas Nordahl
Institut norvégien de recherche sociale, Oslo, Norvège

Rien n'a une influence aussi persistante sur l'évolution d'un pays que son système éducatif. En raison de l'importance capitale accordée en Norvège à l'idée de démocratie, il est logique que les idéaux qui constituent les fondements de notre société se reflètent aussi dans notre système éducatif. C'est pourquoi le système scolaire et d'éducation s'appuie sur des éléments à perspective sociale, sur la solidarité sociale et culturelle, sur le caractère démocratique des processus de prise de décision au sein de l'école, sur la décentralisation, sur l'égalité des chances pour tous en matière d'éducation, sur une participation active des citoyens et sur leur pouvoir de décision dans les domaines les concernant.

Ces éléments font partie intégrante du système éducatif qui joue un grand rôle dans la société norvégienne et qui sera aussi dans l'avenir un facteur essentiel du développement d'un État providence moderne. Dans une telle perspective, l'État assume un soutien social, ce qui signifie que tous les services offerts aux enfants handicapés, incluant l'intervention précoce, sont financés par celui-ci. Il n'existe pas d'organisme privé dans le domaine social.

L'un des principes fondamentaux de la politique norvégienne relative aux enfants handicapés consiste à accueillir ensemble les enfants handicapés et non-handicapés dans des jardins d'enfants ordinaires ainsi qu'à leur dispenser un enseignement de même qualité dans des classes ordinaires des écoles communales (Giangreco et Putnam, 1991). L'école pour tous est une idée déjà ancienne de la politique scolaire norvégienne qui, depuis la nouvelle loi sur l'école primaire de 1975, prévoit aussi l'intégration des enfants lourdement handicapés qui fréquentaient jusqu'alors des institutions spécialisées. La loi sur l'école maternelle accorde un traitement de faveur aux enfants handicapés lors de leur inscription et la loi sur l'école primaire garantit, quant à elle, des mesures d'éducation spéciale pour les jeunes enfants et leur participation à des programmes d'intervention précoce. L'intervention précoce en Norvège consiste à intégrer des jeunes enfants handicapés dans des classes maternelles ordinaires, dans lesquelles ils reçoivent une assistance individuelle supplémentaire dispensée par un personnel formé en éducation spécialisée. L'intégration est facilitée par un faible ratio éducateur-enfants et par un plus grand nombre d'éducateurs chargés de répondre aux besoins spécifiques de ces derniers. Les nouvelles dispositions légales à ce sujet ne s'appliquent pas uniquement aux enfants handicapés, mais à toute la population. Tous les citoyens norvégiens ont droit aux mêmes prestations sociales (principe de normalisation). Il a fallu attendre, toutefois, la réorganisation des services destinés aux enfants handicapés pour voir la disparition des écoles spécialisées et l'apparition, puis le développement des centres d'information et de consultation. C'est dans ce contexte que l'on doit considérer la réorganisation de l'éducation des enfants handicapés en Norvège.

DES ÉCOLES SPÉCIALES AUX CENTRES D'INFORMATION ET DE CONSULTATION

La disparition des écoles spéciales pour les enfants handicapés en Norvège a conduit à la création de centres d'information et de consultation qui poursuivent le même objectif : transformer les institutions spécialisées existantes en des centres de services ouverts et innovateurs, orientés vers des services externes et dans lesquels sont mis à la disposition d'un plus grand nombre d'utilisateurs, en particulier des parents et des intervenants, le savoir, les compétences professionnelles ainsi que les dernières nouveautés en terme de recherche. Ces centres proposent des cours et des séances de consultation qui concernent souvent une forme spécifique de handicap. Ils travaillent en collaboration avec les organisations qui défendent les intérêts des personnes handicapées. Les parents et les intervenants y reçoivent des informations concernant les jeux et le matériel éducatif destinés à stimuler les apprentissages chez les enfants. Ils peuvent s'y procurer les adresses d'autres institutions spécialisées afin d'établir des contacts. Des séminaires de perfectionnement de plusieurs jours pour les éducateurs y sont organisés, etc. Très souvent, les parents représentant des associations d'enfants handicapés participent à l'organisation de ces séminaires.

Dans le cadre de la réorganisation des services destinés aux enfants handicapés, le personnel (enseignants, psychologues, médecins, thérapeutes) des institutions et écoles spécialisées qui existaient auparavant se sont vus confier de nouvelles fonctions. Beaucoup d'entre eux ont été mutés dans des établissements ordinaires, d'autres travaillent dans les centres d'information et de consultation ou dans des écoles maternelles, primaires, secondaires et des hôpitaux. Après la dissolution des institutions spécialisées, les centres d'information et de consultation ont eu de nouvelles tâches à assumer, en particulier celles qui résultent de la scolarisation des enfants handicapés dans les écoles ordinaires. En outre, il semble plus rationnel que le personnel intervienne là où ses connaissances sont les plus utiles, soit dans les écoles, les hôpitaux, au domicile des parents, etc.

LE RÔLE DE L'ÉCOLE DANS LA SOCIÉTÉ NORVÉGIENNE

La formation sociale est considérée comme un élément essentiel dans l'éducation en Norvège à partir du principe selon lequel les enfants et les adolescents bénéficient d'un développement optimal si leur éducation s'effectue au sein d'une communauté culturelle et sociale la plus naturelle possible et reposant sur des principes démocratiques. Le système éducatif est décentralisé à tous les niveaux afin que tous les citoyens aient des chances égales de recevoir une bonne instruction. Conformément à l'objectif national en matière d'éducation, des écoles intégratrices («comprehensive schools») ont été créées pour la période qui succède à l'école primaire afin de ne pas exclure les enfants handicapés mentaux.

Les écoles communales ordinaires doivent aussi dispenser des programmes éducatifs adaptés aux élèves handicapés et aux élèves ayant des besoins spécifiques. Cet objectif repose sur l'idée que l'éducation de l'enfant doit avoir lieu dans l'environnement qui lui est le plus proche. Il faut aussi considérer ce principe comme la conséquence logique de la faible densité de population et de l'éloignement des communes les unes des autres. Bien qu'elle ait une superficie comparable à celle de la Grande-Bretagne, de la Pologne ou de l'Italie, la Norvège ne compte que 4 millions d'habitants et s'étend sur 2 540 kms du nord au sud (la distance entre la Mer du Nord et la Méditerranée). Les agglomérations sont dispersées à travers le pays et il y a très peu de centres urbains.

L'un des principaux objectifs du système éducatif norvégien est de permettre à tous les enfants, y compris ceux qui nécessitent un soutien particulier, d'effectuer et de terminer leur éducation secondaire sans avoir à quitter leur famille. Ceci explique la prolifération des écoles à faibles effectifs en Norvège. Dans de nombreuses communes, et probablement dans la moitié des écoles primaires et secondaires de premier cycle, il y a si peu d'élèves que l'enseignement est dispensé à des élèves de différents niveaux dans la même salle de classe. En 1990, le nombre d'élèves par classe était de 18 dans les écoles primaires et de 22 dans les écoles secondaires. Le nombre moyen d'élèves par professeur s'élevait à 10 en 1993, ce qui constitue évidemment une situation idéale pour l'intégration des enfants handicapés.

Il va de soi que cette politique de soutien et d'éducation suppose un vaste système de consultation et d'assistance pour les enfants et leurs familles. Les centres d'information et de consultation ainsi que les services psychopédagogiques disponibles, dans de nombreuses communautés, pour les enfants de tous âges, ont pour mission de soutenir les communes et les écoles régionales dans leur rôle éducatif et de soutien auprès des enfants ayant des besoins spécifiques, et ce, dès le plus jeune âge. En principe, c'est le service psychopédagogique qui décide dans quelle mesure un jeune enfant nécessite une intervention particulière. En raison de l'importance accordée à la psychologie et à la pédagogie spécialisée en intervention précoce auprès des enfants handicapés, aucun diagnostic médical n'est exigé lors de la prise de décision.

LA STRUCTURE DU SYSTÈME ÉDUCATIF

Le système éducatif norvégien est divisé en quatre niveaux : *l'école primaire et secondaire de premier cycle* pour les élèves de 6 à 16 ans, *l'école secondaire supérieure de deuxième cycle* pour les élèves de 16 à 19 ans, où ceux-ci peuvent acquérir une formation scolaire, professionnelle ou mixte (les élèves handicapés ont la possibilité de prolonger cette période de formation de 3 ans à 5 ans), le *collège et l'université*, et le *centre d'éducation aux adultes* qui offre des cours de tous les niveaux. Les écoles primaires et secondaires de premier cycle sont administrées par les communes, alors que les écoles secondaires supérieures de deuxième cycle dépendent des comtés.

Dès le début de la réorganisation des services, le gouvernement s'est attaché tout particulièrement à compenser les différences régionales existant entre les écoles communales et celles des différents comtés par des mesures économiques additionnelles, afin que chaque municipalité et chaque comté soit en mesure d'offrir un enseignement de qualité égale. En 1986, ce système a été réorganisé et amélioré. L'influence du gouvernement a diminué et les communes se sont vues confier une plus grande responsabilité puisqu'elles sont à présent responsables de tout ce qui concerne la scolarité obligatoire.

Parallèlement, le gouvernement, par le biais de lois et de décrets, garantit un standard national. D'après la loi, les enfants handicapés ont droit aux mêmes possibilités scolaires que les enfants non-handicapés et les administrations communales sont tenues de mettre à leur disposition les mêmes moyens de formation. Depuis qu'elles assument la responsabilité en matière d'éducation au niveau primaire et secondaire de premier cycle, leur budget pour l'éducation spéciale a été augmenté. Dans la mesure du possible, les programmes de soutien et de formation doivent être disponibles pour les élèves handicapés dans leur propre commune et tout doit être mis en œuvre pour leur assurer un enseignement adapté dans les écoles ordinaires.

Tel que mentionné précédemment, la loi sur les écoles maternelles garantit aux enfants handicapés la priorité lors de l'inscription dans les jardins d'enfants et la loi concernant l'éducation primaire et secondaire accorde aux enfants de moins de 7 ans le droit de bénéficier de mesures spéciales de soutien. Le système est conçu afin que les premières mesures d'intervention soient prises dès qu'un handicap a été diagnostiqué. Dans ce cas, les services psychopédagogiques et les centres d'information et de consultation assurent un soutien tant aux écoles maternelles qu'aux écoles primaires et secondaires. Tous les enfants et adolescents, de la naissance à 19 ans, leurs parents ainsi que leurs professeurs peuvent y recevoir soutien et conseils.

L'INDIVIDUALISATION DES PROGRAMMES

Le concept d'école intégratrice revêt une importance capitale dans les politiques d'éducation en Norvège. En 1920, le parlement norvégien («Storting») a décidé que la réussite de la scolarité primaire et secondaire de premier cycle, sanctionnée par un examen de culture générale, était le critère d'accès à l'école secondaire supérieure de deuxième cycle. Bien que ce concept ait été à plusieurs reprises l'objet de controverses, la Norvège a toujours défendu le principe d'une éducation commune à tous les enfants et refusé de placer les élèves handicapés, même handicapés mentaux, dans des classes ou écoles spéciales. Conformément à l'idée que tous doivent avoir accès à la culture et que tous les enfants ont le droit de recevoir un enseignement adapté à leurs capacités et aptitudes individuelles, l'accent est mis sur une éducation adaptée aux besoins de l'individu (Nordahl et Overland, 1992). L'objectif est d'intégrer, dans la mesure du possible, les enfants handicapés physiques et mentaux ainsi que ceux ayant des difficultés d'apprentissage dans le système scolaire normal. Les élèves ayant des besoins spécifiques doivent pouvoir poursuivre leur scolarité dans les écoles ordinaires, situées à proximité de leur domicile. Chaque élève doit pouvoir trouver sa place et il appartient au professeur d'assister individuellement chacun d'entre eux.

En général, l'école établit un programme d'études et de soutien individuel pour chaque enfant, programme conçu d'après les capacités de l'élève et tenant compte des attentes des parents. Ce programme individuel pour les enfants handicapés devrait être comparable, du point de vue de la qualité, à celui de tout autre élève. Ceci implique que chaque programme doit tenir compte des besoins éducatifs particuliers de chaque élève et adapter le soutien scolaire en conséquence.

LA RÉORGANISATION DE L'ÉDUCATION DES ENFANTS HANDICAPÉS

La récente réorganisation de l'éducation spéciale en Norvège peut être résumée en trois points :
– L'objectif est d'offrir une formation et une éducation répondant aux besoins spécifiques et individuels des enfants, des adolescents et des adultes handicapés.
– Le principe fondamental est de garantir aide et assistance à chacun dans sa propre communauté.

– Le réseau national de ressources destiné à dispenser des informations et des moyens d'assistance dans tous les domaines de l'apprentissage et de l'éducation des handicapés est en cours d'implantation.

Le parlement (« Storting ») a, en juin 1991, voté la réorganisation de l'éducation des personnes handicapées sur la base de deux livres blancs, le n° 54 (1989-1990) et le n° 35 (1990-1991). À la suite de la restructuration et de la réorganisation de certaines anciennes écoles publiques spécialisées, 20 centres d'information et de consultation ont été créés dans le domaine de l'éducation des enfants handicapés, répartis en 13 centres nationaux consacrés aux enfants atteints de troubles de la vue, du langage oral et écrit, de la communication, du comportement et de la personnalité et 7 centres régionaux s'occupant des enfants ayant des difficultés graves de développement ou présentant une déficience mentale. Le gouvernement a créé deux administrations distinctes, l'une chargée des centres nationaux, l'autre des centres régionaux.

Les centres d'information et de consultation se sont vus confier toute une série de fonctions et de tâches à assumer. La plus importante consiste à informer, conseiller et assister les élèves ayant des besoins spécifiques jusqu'à la fin de leur scolarité et à soutenir leurs parents et leurs enseignants de tous les niveaux ainsi que les autres professionnels travaillant dans le domaine de l'éducation des enfants handicapés. Cette assistance peut être apportée directement aux enfants dans leur environnement habituel. Les parents et les éducateurs ont aussi la possibilité de fréquenter, pendant quelques jours, les centres. Ceux-ci proposent, aux différents groupes professionnels concernés, des stages et des programmes de formation et de perfectionnement. Ils peuvent également fournir une aide dans la conception de programmes d'études et de soutien individuel ainsi que dans l'élaboration des plans nécessaires à l'implantation des mesures d'intervention prévues. Ils travaillent également à l'échelon national en collaboration avec d'autres réseaux dont l'objectif est d'apporter un soutien aux enfants handicapés.

Les centres remplissent aussi une fonction importante en ce qui concerne le développement des connaissances relatives à l'éducation des enfants handicapés : établir le diagnostic des déficiences, développer des concepts de consultation et d'assistance, réaliser des mesures concrètes d'intervention pour le développement de l'enfant. Certains centres mettent des moyens à la disposition d'enfants déficients auditifs ou malentendants lorsqu'aucune autre ressource ne s'offre à eux dans leurs communes.

En outre, les administrations des écoles publiques municipales et régionales peuvent demander aux centres de leur fournir des informations et de les assister, sur la recommandation du service psychopédagogique local. Les services de santé et d'autres centres peuvent également requérir une telle assistance, à condition d'en informer l'administration scolaire.

Dans le cadre de la réorganisation du système d'éducation pour les personnes handicapées, un programme national de recherche et de développement a été implanté. Ce programme comprend deux volets : un programme national de recherche et un programme de développement de la décentralisation.

1. Le programme national de recherche doit être mis en place, de 1993 à 1998, par le Conseil de la recherche norvégien. Le but de ce programme est de fournir un cadre scientifique à la réorganisation du système d'éducation des handicapés et de mettre sur pied une politique nationale de l'enseignement que l'on peut définir par les termes de *normalisation*, *égalité* et *décentralisation* (Flynn et Nitsch, 1980). L'objectif central de ce programme est d'élargir les connaissances relatives aux mesures de prévention et aux services spécialisés en direction des enfants handicapés. Ces mesures sont indispensables pour leur assurer, dans leur propre communauté, une intervention et une éducation de qualité adaptées à leurs besoins. Dans ce contexte, une importance toute particulière est accordée à la recherche interdisciplinaire qui tient compte des différents apports des disciplines importantes à l'éducation des personnes handicapées (Nordahl et Overland, 1993).

2. Le programme de développement s'occupe des questions relatives à la décentralisation du système scolaire (éducation spécialisée et éducation ordinaire). Ce programme concernant les écoles locales et les services psychopédagogiques des communes et des cantons est sous la tutelle du «*Service de l'Éducation Nationale*». Pendant cette période de réorganisation, des programmes spécifiques ont déjà été établis dans certains domaines : un programme pour l'éducation des handicapés pour le nord de la Norvège, un service spécial d'intervention dans chaque canton pour soutenir les écoles locales dans leur mission auprès des élèves déficients visuels et/ou auditifs et un service central pour le personnel travaillant dans des groupes de consultation et d'intervention, dans les organisations concernées et au ministère de l'Éducation. Ce service est patronné par l'Association des organisations norvégiennes pour les handicapés.

CONCLUSION : LA TRANSPOSITION DE L'IDÉE D'INTÉGRATION DANS LA PRATIQUE, UN DÉFI POUR L'AVENIR

L'être humain a un besoin fondamental d'interaction et de communication avec d'autres personnes. Le fait d'être intégré dans une structure sociale, d'avoir des amis, de sentir que les autres l'apprécient en tant que personne et reconnaissent son action, est un élément capital pour le développement de la confiance en soi et de la qualité de vie (Meyer, Peck et Brown, 1991). Dans le cas contraire, la plupart des individus se sentent isolés, dévalorisés et leur qualité de vie en est affectée. C'est pourquoi il est nécessaire, dans la mesure du possible, de répondre aux besoins, sur le plan social et intellectuel, des enfants handicapés, que ce soit à la maternelle ou à l'école primaire et secondaire.

Nous ne pouvons pas vraiment parler d'intégration ou de l'école pour tous tant que ces besoins n'auront pas été satisfaits. Il est donc absolument essentiel de tenir compte des aspects sociaux dans l'éducation dispensée aux enfants handicapés. Si ce n'est pas le cas, ils risquent de se sentir de plus en plus isolés et mis à l'écart durant toute leur scolarité (Nordahl et Overland, 1993). Là réside le plus grand défi au niveau de l'application concrète du concept d'intégration. L'éducation et le soutien adaptés aux enfants handicapés fréquentant les écoles ordinaires est un processus au cours duquel un équilibre doit être maintenu entre la nécessité d'une formation individuelle adaptée à leurs besoins spécifiques et leurs besoins de contacts sociaux avec d'autres enfants. Dans notre volonté d'intégration des élèves handicapés, nous devons éviter de privilégier l'individualisation de l'enseignement aux dépens de la sphère sociale qui fait partie intégrante du curriculum. Dans l'avenir, en Norvège, nous devons développer des connaissances différenciées concernant les voies qui mènent à l'intégration, à l'enseignement et au soutien dans les structures communes d'une école unique. Nous devons en particulier approfondir nos connaissances des facteurs déterminants d'une intégration réussie des enfants handicapés dans toutes les écoles.

BIBLIOGRAPHIE

FLYNN, R.J. et NITSCH, R.J. (1980), *Normalization, Social Integration and Community Service*, Baltimore, Md : University Press.

GIANGRECO, M.F. et PUTNAM, J.W. (1991), « Supporting the Education of Students with Severe Disabilities in Regular Education Environments », p. 245-270, dans *Critical Issues in the Lives of People with Severe Disabilities*, sous la direction de L. Meyer, C. Peck et L. Brown, Baltimore, MD : Paul H. Brookes Publishing Co.

MEYER, L., PECK, C. et BROWN, L. (1991), *Critical Issues in the Lives of People with Severe Disabilities*, Baltimore, Md : Paul H. Brookes Publishing Co.

NORDAHL, T. et OVERLAND, T. (1992), *Individuelt lareplanarbeid. Planlegging og gjennomforing av opplaring for barn, unge og voksne med sarskilte behov*, Oslo : Ad Notam Gyldendal AS.

NORDAHL, T. et OVERLAND, T. (1993), *Participation or Social Isolation. A Study of Integration and Social Participation in the Primary School*, Kirke : utdannings- og forskningsdepartementet.

STORTING, Livre blanc n° 54 (1989-90), *Opplaring av barn, unge og voksne med sarskilte behov*, Kirke : utdannings- og forskningsdepartementet.

STORTING, Livre blanc n° 35 (1990-91), *Opplaring av barn, unge og voksne med sarskilte behov*, Kirke : utdannings- og forskningsdepartementet.

Chapitre 7
Le diagnostic développemental et l'intervention précoce en fonction de l'organisation cérébrale

Barbara Ohrt
*Centre hospitalier universitaire pour enfants,
Université Ludwig-Maximilians, Munich, Allemagne*

Les critères permettant d'évaluer le développement d'un enfant, ainsi que le choix d'une forme adéquate de son soutien, découlent de la conception qu'en ont l'évaluateur et l'intervenant. Nous nous rendons rarement compte à quel point notre façon de penser, d'observer et de sélectionner ce qui est enregistré et assimilé dépend de la conception individuelle que nous nous faisons de nous-mêmes et du monde. Nous devons croire, en quelque sorte, à l'illusion d'un jugement objectif. Toutefois, tous ceux qui interviennent précocement auprès des enfants, quelle que soit leur profession, exercent une influence significative sur ceux-ci et sur leur famille et, par conséquent, assument une importante responsabilité par rapport à ce qu'ils pensent, disent et font.

La diversité quasi infinie des approches thérapeutiques, des spécialisations et des nouveaux modèles théoriques, démontre qu'un concept simple du développement, et d'un soutien à l'enfant au cours de celui-ci, n'existe pas. Ceci s'explique par l'extrême complexité de l'ensemble des conditions qui président à la maturation et au développement. Inspirées par un besoin de clarté et d'assistance quant à l'action à entreprendre, les diverses approches proposées, assorties d'une solide argumentation théorique et d'une méthodologie facile à mettre en œuvre, sont en général bien accueillies. Nous pouvons cependant constater que les parents, qui viennent avec leur enfant chercher une aide auprès des spécialistes, se sentent mal à l'aise vis-à-vis de cette diversité des méthodes et de la multiplicité de leurs promesses, plutôt qu'encouragés à se servir de leurs observations et de leurs propres opinions pour prendre une décision.

La nature complexe du développement de l'enfant exige une approche interdisciplinaire de son étude en vue de dégager des connaissances et de mieux définir les actions à entreprendre. Cette situation constitue une occasion unique, mais aussi une tâche difficile, exigeant de trouver une entente sur le plan du langage et de la pensée en vue de repenser les différents concepts avec l'ouverture d'esprit requise par les objectifs communs. Comme Wolf (1983) le fait dire à Cassandre, «la vie consiste à changer encore mon image». Mais, contrairement à Cassandre, personne ne menace notre vie et nous pouvons donc nous ouvrir, ensemble, au changement éventuel qui nous attend.

Nous nous proposons d'apporter, à partir des connaissances sur l'aspect neurologique du développement, notre contribution à ce dialogue interdisciplinaire. Après un bref aperçu sur la complexité de l'organisation cérébrale de l'activité sensorimotrice volontaire chez l'adulte, nous aborderons des concepts, anciens et nouveaux, portant sur la maturation structurelle et le développement fonctionnel de l'enfant. Il sera possible alors de définir ce que doit être une évaluation neurologique et développementale pertinente ainsi qu'un soutien adéquat du développement de l'enfant.

L'ORGANISATION CÉRÉBRALE DU MOUVEMENT VOLONTAIRE CHEZ L'ADULTE

Nous donnerons un aperçu sur l'organisation cérébrale de l'action volontaire à partir de l'exemple d'un mouvement volontaire. Ce dernier met en jeu un grand nombre de fonctions partielles du système nerveux central qui doivent être intégrées à l'ensemble de l'action. Notre but n'est pas de donner ici une description exhaustive de l'état de la recherche dans le domaine du contrôle cérébral de l'action volontaire. Il s'agit plutôt de mettre en lumière certains aspects des conditions requises pour effectuer un mouvement volontaire et, par là, de présenter les étapes de développement et les processus de maturation cérébrale qu'un enfant doit mener à bien dans les premiers mois et les premières années de sa vie. Dans notre exemple, le mouvement volontaire qui doit être exécuté sur une demande orale est le suivant : « En position assise, prenez, de la main gauche, les yeux fermés, une tasse que vous imaginez posée sur votre genou gauche. Portez-la à votre bouche et buvez son contenu. » Les fonctions partielles du système nerveux central requises pour l'exécution de ce mouvement volontaire sont les suivantes :

- la vigilance ;
- la capacité auditive ;
- le traitement central des stimulations auditives ;
- la compréhension ;
- la mémoire ;
- la référence somato-sensorielle du corps pour la forme des parties du corps concernées, des relations de ces dernières entre elles et de ses possibilités de mouvement ;
- la référence disponible pour les objets qui sont justiciables du mot « tasse » ;
- la constitution d'une planification motrice de l'action ;
- l'intégration fonctionnelle d'informations somato-sensorielles et la conduite de mouvements orientés dans l'espace avec effet anticipé rendue possible par cette intégration ;
- l'attention sélective pour l'exécution de la tâche dans sa séquence temporelle et l'attention aux informations provenant du corps et de l'objet à manipuler au cours du mouvement.

Cette énumération sommaire permet de mettre en évidence la complexité de l'activité cérébrale requise pour l'exécution d'un mouvement relativement simple. Il en ressort également la part considérable que des processus cognitifs comme l'activité mnésique, l'attention sélective, l'anticipation et l'intégration d'activités symboliques, tiennent dans la planification et la réalisation d'un mouvement volontaire. La figure 1 présente les aires somato-sensorielles et motrices du cortex cérébral. Les aires somato-sensorielles secondaires du cortex cérébral sont le siège d'analyse et de traitement de la projection des stimulus en provenance de la peau, de la musculature et des articulations sur le cortex sensoriel primaire (aires 1, 2, 3). Dans ces aires corticales, le corps, dans ses diverses parties et dans leurs relations entre elles, ainsi que d'éventuels

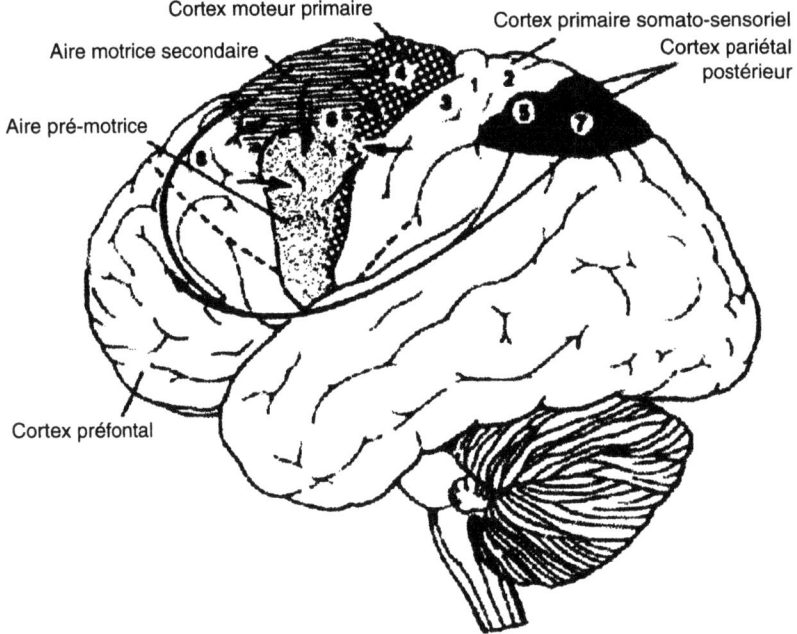

Figure 1 — Aires somatosensorielles et motrices du cortex cérébral (d'après Ghez, 1991).

mouvements corporels, sont représentés sous forme de références proprioceptives et kinesthésiques. Des références analogues du monde externe existent à la suite du traitement des projections visuelles primaires (carte visuelle et perception spatiale).

Une fonction essentielle de ces représentations et de leur intégration réside dans la conduite sensorielle des mouvements volontaires. Cette dernière s'effectue essentiellement, d'une part, par le biais d'informations provenant de la périphérie du corps et du monde externe (contrôle en «*feed back*»), d'autre part, par le mode anticipatoire (organisation en «*feed-forward*»).

Les centres corticaux moteurs se situent dans le lobe frontal du cortex. Au siège de la réception primaire des informations sensorielles de la périphérie du corps, à savoir le cortex somato-sensoriel primaire, correspond le cortex moteur primaire qui lui est contigu et où se trouvent les cellules originaires des voies motrices innervant la musculature. En avant du cortex moteur se trouvent des structures motrices secondaires et tertiaires, l'aire motrice supplémentaire (aire 6), le cortex prémoteur ainsi que les régions corticales préfrontales, centres de planification du mouvement. Ils reçoivent des influx en provenance des ganglions de la base, eux aussi chargés de la planification du mouvement, en provenance du cervelet, ainsi que des régions somato-sensorielles secondaires, visuelles et acoustiques. La région préfrontale, quant à elle, a pour fonction d'insérer la planification motrice du mouvement dans un contexte rationnel pertinent, de la même manière que le font les aires corticales sensorielles tertiaires de la région pariéto-temporale pour la perception sensorielle.

Le cerveau n'est pas, comme nous l'avons longtemps supposé, un organe, comparable à un ordinateur très performant, qui régulerait le traitement des informations dans des circuits réflexes aux connexions complexes. Les mouvements ne sont pas nécessairement déclenchés par le biais sensoriel; bien au contraire, un mouvement peut s'initier dans le cerveau. C'est l'intention du mouvement qui fait office de facteur de déclenchement, le cortex étant impliqué dans le contrôle moteur principalement en vue de la résolution de problèmes et de l'orientation. Pour des mouvements en apparence identiques, se lever par exemple, différents groupes musculaires sont mis en jeu, ce qui signifie que différentes stratégies de résolution de problèmes sont mises en œuvre suivant le contexte fonctionnel. C'est pourquoi les mouvements ordinaires se caractérisent par leur variabilité. Pour la neurologie développementale et ses approches thérapeutiques, l'un des aspects de ce contrôle anticipatoire des mouvements intentionnels est particulièrement important : les efférences de l'aire motrice supplémentaire, planificatrice du mouvement, ne se projettent pas seulement sur le cortex moteur primaire, à partir duquel la musculature est innervée, mais aussi sur le tronc cérébral. C'est ainsi qu'un mouvement volontaire, dès sa genèse, s'accompagne, dans l'organisation en «*feed-forward*», du contrôle nécessaire de la posture corporelle. Un mouvement volontaire, planifié par l'enfant, présente ainsi sur un mouvement passif un avantage qui réside dans son organisation cérébrale.

LE DÉVELOPPEMENT PRÉCOCE DE L'ENFANT ET LA MATURATION STRUCTURELLE DU SYSTÈME NERVEUX CÉRÉBRAL

La question est de savoir comment cette capacité complexe du cerveau, qui rend possible l'action, peut être acquise au cours du développement de l'enfant. Le nouveau-né a été, et est encore considéré parfois, comme le prolongement impuissant de sa moelle épinière et de son tronc cérébral, dont les actions se limitent à des réflexes et à des réactions. Tributaires de cette façon de voir, de nombreux scientifiques ont mis en doute, jusqu'à très récemment, la capacité du nouveau-né à percevoir des stimulations douloureuses. Nous pouvons effectivement déclencher chez le nouveau-né, un grand nombre de réflexes et de réactions. Par définition, les réactions se distinguent des réflexes en ce que leurs connexions neuronales sont plus complexes et par le fait qu'elles se manifestent dans une activité motrice coordonnée de plusieurs groupes musculaires, comme nous pouvons l'observer dans ses réactions de succion, de déglutition, de préhension et de marche. Leur signification biologique consiste à assurer les fonctions vitales comme la prise de nourriture, la locomotion, l'agrippement, la fuite et la défense. Toutefois, à côté de ces réactions, le nouveau-né dispose d'un répertoire de comportements innés, générés dans le système nerveux central, sans qu'une stimulation externe soit nécessaire. À un stade très précoce de l'ontogenèse déjà, c'est-à-dire entre la septième et seizième semaine de grossesse, nous pouvons observer, au moyen de films échographiques, que les mouvements du fœtus deviennent de plus en plus différenciés et ainsi reconnaître les mouvements qui nous sont familiers chez le nouveau-né (De Vries, Visser et Prechtl, 1985) : mouvements de la main portée à la bouche, ouverture et fermeture des yeux, mouvement du diaphragme correspondant au futur mouvement respiratoire, mouvements de la tête et torsion du corps. Cette conduite automatique est organisée au niveau du système nerveux central dans des centres générateurs de mouvements (par exemple, pour la locomotion, les mouvements de reptation et de gigotement). C'est aussi au niveau du mésencéphale que sont contrôlées la poursuite des stimulations visuelles par le regard ainsi que la réaction mimique aux odeurs fortes.

Le nouveau-né est encore capable de bien d'autres choses. Il sait non seulement enregistrer des informations et y répondre de manière réactive, mais ses activités motrices peuvent aussi prendre une allure exploratoire, reconnaissable tant à des mouvements isolés des doigts sur des objets touchés de manière fortuite, qu'au fait de s'y attarder ou de réagir de façon motrice ou de s'habituer à des stimulations visuelles.

Par ailleurs, il sait manifester des besoins (par exemple, la faim) par des cris et par un comportement de recherche et il est capable, pour les satisfaire, de développer des stratégies en interagissant avec son environnement. Quelques heures après la naissance, nous pouvons observer, chez l'enfant, une orientation préférée de la tête vers le côté où se trouve un tissu ayant l'odeur du sein maternel, alors que, du côté opposé, se trouve un tissu comportant une odeur de sein inconnue. Tout aussi rapidement, il adapte ses mouvements de têtée au mamelon maternel ou à la tétine du biberon. Il peut, en criant, en bougeant ou en ouvrant les yeux, obtenir l'attention des adultes et la maintenir activement. De plus, il est capable d'avoir, face aux personnes de son entourage, des réactions émotionnelles d'une grande sensibilité et d'interagir avec elles.

Ces exemples montrent que le contrôle des actions et des réactions du jeune enfant est, certes, principalement organisé au niveau sous-cortical, mais qu'une activité adaptative, une flexibilité et une plasticité fonctionnelle sont déjà présentes, à côté de l'aptitude aux interactions sociales. Durant les trois premiers mois de sa vie, ses actions sont déterminées par ces mouvements automatiques. Toutefois, il fait preuve de compétences croissantes en matière de durée de l'attention, d'imitation (par exemple, de mouvements buccaux et de sons), d'initiation, de maintien d'interactions sociales et d'autorégulation.

Entre le troisième et le cinquième mois, les mouvements du nourrisson deviennent de plus en plus ciblés. Cette période de transition des schèmes d'action, essentiellement automatiques à l'activité volontaire, est caractérisée par une certaine instabilité. Les comportements commandés par le tronc cérébral doivent se transformer progressivement en mouvements intentionnels orientés. En vue de préhensions et de manipulations ciblées, certaines connexions neuronales fonctionnant par automatisme doivent devenir subordonnées au contrôle volontaire.

Un autre exemple est fourni par le développement du langage. L'organisation précoce, nécessairement sûre et automatique, des mouvements de succion, de déglutition et de la motricité buccale ainsi que des réflexes pharyngés doit, pour l'apprentissage de la parole, être en partie subordonnée au contrôle volontaire. Outre la maturation des structures correspondantes, il est nécessaire, pour cela, que s'inhibe l'organisation précoce des fonctions automatiques. Dans le cas contraire, la coordination précoce reste en place avec un caractère contraignant. La maturation de la région préfrontale offre une structure organisationnelle à cet effet.

Ainsi, dans des situations de fatigue, de distraction ou d'angoisse, nous observons un retour à un comportement moteur plus automatique. Dans de tels cas, le jeune enfant recourt volontiers à une coordination main-bouche accrue plutôt qu'à une commande dirigée intentionnelle de son action.

Pendant longtemps a prévalu l'idée selon laquelle le système nerveux central se développait suivant un déroulement temporel strict à partir des centres phylogénétiquement les plus anciens jusqu'aux organes les plus évolués, hiérarchiquement supérieurs, à savoir le cortex et le cortex cérébelleux. Le neuro-anatomiste Anockhin (1964) a montré, il y a déjà longtemps, à partir de recherches histologiques approfondies, que la maturation du cerveau s'apparente moins à une genèse organique qu'à une genèse des systèmes fonctionnels. Cela veut dire que les voies et connexions interneuronales nécessaires aux premières fonctions indispensables, comme, par exemple, la préhension chez le singe, viennent plus vite à maturation que des structures anatomiques voisines, hiérarchiquement équivalentes. Les parties de systèmes qui ont une importance fonctionnelle pour une phase du développement font l'objet d'une maturation parallèle. Ainsi, la coordination des mouvements de succion, de déglutition et de la respiration est assurée sur le plan neuronal à un stade précoce, de même que la coordination main-bouche. Anockhin (1964) rapporte une autre observation touchant à la maturation du cerveau : lorsque la maturation du système nerveux central s'effectue dans une situation de danger externe, des connexions axo-dendritiques simples assurant des fonctions vitales, comme, par exemple, la fonction de préhension chez le singe, se forment rapidement. Toutefois, lorsqu'elle peut se faire dans un cadre protégé, la période de maturation dure plus longtemps et perdure avec celle des mécanismes neuronaux instables. En revanche, des stratégies plus flexibles pour la résolution de problèmes moteurs sur le plan neuronal peuvent se mettre en place.

Nous savons, par ailleurs, que la maturation s'effectue non seulement grâce à la constitution et à la formation de tissus, mais aussi, sur le plan physiologique, grâce à une mutation intensive et une transformation de la structure cérébrale. Environ 50 % des cellules cérébrales de constitution primaire périssent au cours de la période prénatale et de la première période postnatale, en raison de la dissolution des premières connexions axodendritiques. La signification physiologique de cette production excédentaire et de sa décomposition serait la suivante : la stabilisation des connexions neuronales opérant sur le plan fonctionnel découle du fait que les neurones se font concurrence dans la recherche d'un but pour transmettre des informations. Cet état de fait permet de reconnaître un autre aspect important de la maturation du cerveau. Contrairement aux idées anciennes selon lesquelles la maturation des structures cérébrales, génétiquement déterminée, n'obéit qu'à des conditions endogènes, nous savons aujourd'hui que déjà, pour la maturation structurelle du cerveau, la fonction est nécessaire. Le cerveau représente donc un système d'auto-organisation d'une grande plasticité fonctionnelle (Singer, 1986).

Le jeune enfant participe donc, de par sa propre activité, au processus de maturation de son cerveau et à son développement fonctionnel. Pour son développement moteur, il dispose de schèmes d'action moteurs et de récepteurs enregistrant les stimulations sensorielles, pleinement développés à sa naissance. Ainsi équipé, il interagit avec son environnement, d'abord sur le plan intra-utérin, ensuite dans l'environnement qui lui est donné. Grâce à ses mouvements, il obtient sans cesse des informations, d'une part, sur son environnement, d'autre part, sur son propre corps, sur le positionnement de ses articulations et sur leurs modifications au cours du mouvement. Au moyen de ces informations, les schèmes d'actions se modifient progressivement de manière à apporter satisfaction (par exemple, se nourrir, chercher une attitude confortable, sentir son corps et ses mouvements). Par le biais de cette activité, il établit, avant la naissance et au cours des premières années, à travers l'expérience perceptivo-motrice, de manière adaptative, une cartographie multimodale, une référence de son corps et de son environnement, dans lequel il peut s'orienter, planifier, agir et réagir (Wann, 1991).

L'apprentissage moteur, à ses débuts, ne s'effectue que par le biais de la proprioception, s'appuyant sur elle pour développer des stratégies d'action viables (contrôle en «*feed back*»). L'enfant, en se servant des informations sensorielles, doit constamment corriger son mouvement intentionnel pour l'adapter au but visé. Initialement, les mouvements sont plutôt saccadés et lents car les références pour une planification motrice volontaire, et sa conduite sensorielle, n'ont pas encore été développées. Des mouvements volontaires rapides requièrent un programme moteur commandé de manière anticipative, organisé en «*feed-forward*».

Au cours de la deuxième et de la troisième année, nous pouvons souvent constater que l'enfant peut répéter sans cesse un mouvement, en apparence toujours de la même manière, mais en l'observant de près, nous pouvons nous apercevoir qu'il le répète avec de légères variations pour ensuite l'éliminer durant des heures ou des jours de son répertoire d'actions. La stratégie du mouvement mis en œuvre est vérifiée en cours de mouvement par l'observation du rapprochement vers le but et modifiée si nécessaire. L'enfant continuera de modifier la stratégie du mouvement, pour autant que son endurance et l'attention portée à son activité soient suffisantes, jusqu'à ce que le mouvement trouve son adaptation optimale à l'intention, quant à son amplitude, son intensité, son dosage en force et sa vitesse. Manifestement, c'est ainsi que l'enfant établit des programmes qu'il peut choisir en vue des différentes procédures impliquées dans le mouvement. Dans une étude fort intéressante, Bertenthal, Campos et Barrett (1984) ont pu observer que la perception de l'espace chez l'enfant, qui genère de l'angoisse face à la profondeur (reconnaissable, par exemple, à l'augmentation du rythme cardiaque lorsqu'il se rapproche à quatre pattes du bord d'une table), se mettait plus vite en place lorsqu'il pouvait ramper lui-même, activement, vers le bord de la table plutôt que lorsqu'un adulte le déplaçait sur celle-ci.

Selon Piaget (1969), les premiers dix-huit mois de la vie constituent la période sensori-motrice du développement de l'intelligence. Nous retirons de ce qui précède que l'activité propre et le mouvement de l'enfant se révèlent tout autant primordiaux pour son développement cognitif que l'activité cognitive accordée à l'organisation et au contrôle du mouvement. Il expérimente, comprend, appréhende et établit ses références en matière de perception sensorielle et de planification motrice de l'action. L'expérience qu'il fait de l'espace et du temps, ainsi que des séquences d'action, est issue de son activité propre et de sa capacité à produire des effets, tout comme dans l'interaction personnelle. Il éprouve la possibilité d'affiner sans cesse ses stratégies d'action en procédant par essais et erreurs. Le jeune enfant expérimente la meilleure stratégie pour le traitement des informations. Actuellement, nous dirions qu'il expérimente la meilleure stratégie de résolution de problèmes en vue d'atteindre un but. Un enfant est évidemment en mesure de former des structures cognitives, même en l'absence de capacités de mouvement, mais beaucoup plus difficilement.

LE DIAGNOSTIC DÉVELOPPEMENTAL : L'ÉVALUATION DU DÉVELOPPEMENT NEUROLOGIQUE

Ce qui précède permet de déduire un modèle d'évaluation du développement neurologique en fonction de trois aspects du système nerveux : son intégrité, sa maturation et sa différenciation. Les informations obtenues sont à considérer en rapport avec les conditions émotionnelles et socio-affectives dans lesquelles l'enfant grandit, si tant est qu'il s'agit d'en déduire une évaluation du risque pour son développement ultérieur.

La vérification de l'intégrité du cerveau, c'est-à-dire de son état fonctionnel, constitue l'examen neurologique au sens classique, qui établit ou exclut un trouble ou une lésion.

La maturité du cerveau peut être déterminée sur la base des compétences acquises, des stades de développement et de leur mise en œuvre, en rapport qualitatif avec l'âge.

La notion de différenciation implique que l'examen neurologique, surtout au cours des deux premières années, doit comporter, dans une très large mesure, des aspects cognitifs.

Le comportement moteur d'un enfant est si fortement empreint de ses compétences cognitives qu'il est indispensable de cerner les anomalies de manière nuancée, afin de savoir si elles sont la manifestation d'un trouble fonctionnel, d'une immaturité ou d'une forme simple du traitement des données et de la planification de l'action. L'aspect cognitif permet donc de rendre compte de la condition fonctionnelle du système nerveux central autorisant, au moyen de stratégies souples et appropriées, la formation de l'intention et la résolution de problèmes. Lorsqu'un nourrisson âgé de six mois fait plus souvent des mouvements manuels synchrones du même côté que des mouvements isolés et variés, il faut vérifier s'il existe une perturbation de l'intégrité, par exemple, une parésie cérébrale, provoquant une innervation controlatérale réciproque hypertone qui compliquerait une manipulation bimanuelle et coordonnée. Est-il alors retardé dans son développement moteur et montre-t-il encore souvent une fermeture de la main controlatérale, sans hypertonie associée toutefois ? Ou bien ce retard s'accompagne-t-il d'une attention insuffisante portée aux informations somatosensorielles et se manifeste-t-il par des actions motrices simples, plutôt stéréotypées, bien que non pathologiques sur le plan neurologique, ce qui traduirait un retard du développement cognitif?

Un examen neurologique développemental a donc pour but de vérifier le fonctionnement du cerveau en tant qu'organe générateur d'activité et en tant qu'organe de résolution de problèmes, c'est-à-dire de vérifier le processus du traitement de l'information, de la planification et de la mise en œuvre. Ainsi sont évaluées les structures nécessaires aux fonctions intégratives supérieures, très vulnérables à toute forme de perturbation et dont l'intégrité et la différenciation sont d'une portée décisive quant au pronostic pour l'enfant. Toutefois, les principaux instruments d'évaluation utilisés à l'heure actuelle diffèrent selon la nature de l'investigation. En neurologie, nous vérifions surtout les réactions archaïques et leur disparition à l'âge approprié, mais, pour déterminer le développement général de l'enfant, des tests de développement fonctionnels sont utilisés. Ce choix est compréhensible car les réactions et les compétences acquises décrites antérieurement peuvent être vérifiées sur l'enfant éveillé en relativement peu de temps, avec des résultats qu'il est facile d'objectiver. Cependant, le fait qu'une manière de procéder soit objectivable prend une telle importance que, parfois, la question de sa pertinence quant aux informations qu'il s'agit d'obtenir est perdue de vue (ce qui peut être établi par la vérification des réactions primaires, ainsi que nous l'avons exposé dans la première partie de cette étude). Un examen par l'approche systémique, visant la vérification du processus de l'information et de l'action, utilisera des critères d'observation et d'évaluation qualitatifs. Si un tel examen requiert de l'expérience et de la pratique, il permet ensuite d'atteindre les objectifs d'une évaluation neurologique développementale. Un bref exemple permettra de l'illustrer : un nourrisson âgé de cinq mois, couché sur le dos, manipule un jouet avec les deux mains (*cf.* fig. 2).

Le fait qu'il soit capable de faire se rejoindre les deux mains à mi-corps et de les maintenir ensemble à des fins de manipulation signifie qu'il dispose déjà d'un contrôle stable de sa posture dans cette position du corps et qu'il est à même de faire bouger ses mains et ses doigts de manière isolée et différenciée latéralement. La fluidité des mouvements manuels et digitaux indique une innervation réciproque normale de la musculature et une unité des mécanismes centraux sous-jacents. L'attention avec laquelle l'enfant accompagne son action, son exploration visuelle et tactile, ainsi que la qualité du mouvement, c'est-à-dire l'adaptation de l'amplitude du mouvement, du dosage de la force, de l'intensité et de la vitesse à sa fonction exploratoire, démontrent l'intégrité et la différenciation des mécanismes centraux sous-jacents.

Selon les connaissances actuelles, la vérification des réflexes et des réactions en fonction de l'âge du nourrisson ne suffisent plus à déterminer une conception de son cerveau et de son développement fonctionnel. Quant aux tests de développement fonctionnels, tant qu'ils ne dépassent pas un simple test d'efficacité, ils ne tiennent malheureusement pas compte de tout ce qui est pourtant facile à observer et utile à savoir. Pour Gesell (1946), qui ont conçu les premiers tests de développement, le test d'efficacité était conforme à la conception du développement comme processus de maturation purement endogène. La conception d'un développement et d'un fonctionnement systémique du cerveau, en interaction avec l'environnement, réhabilite les critères d'observation qui cherchent à appréhender certains aspects du processus de résolution de problèmes dans le comportement de l'enfant. Dès lors, la question que le chercheur

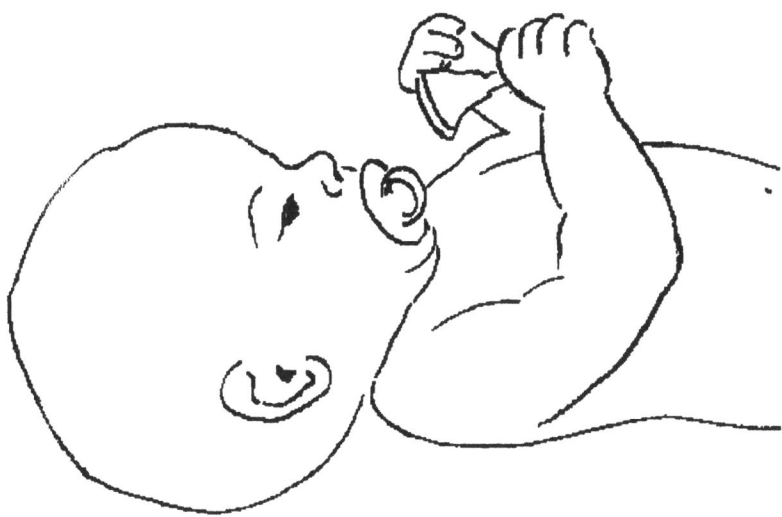

Figure 2 — Exploration visuelle (Félix F., 5 mois).

se pose n'est pas simplement : « Qu'est que l'enfant est capable de faire ? », mais : « Qu'est-ce qu'il fait et comment s'y prend-il ? ».

C'est le jeu spontané d'un enfant qui permet le mieux de reconnaître quelles sont les structures qu'il a déjà établies (Lowe, 1975). C'est dans le jeu spontané, comme dans le jeu structuré, que peuvent être observés des aspects cognitifs comme l'attention soutenue et sélective, l'endurance dans le maniement des jouets difficiles, la flexibilité des stratégies de résolution, la mémoire et l'autorégulation, lesquels permettent, plus que la simple acquisition fonctionnelle, d'appréhender les compétences cognitives de l'enfant (Messer *et al.*, 1986). Simultanément, la prise en considération de ces aspects permet de se représenter la façon de travailler efficacement avec lui.

CONCLUSION : L'INTERVENTION PRÉCOCE, UNE APPROCHE THÉRAPEUTIQUE

C'est par le biais de sa propre activité, conformément à la conception du développement exposée ici, que l'enfant établit les structures cognitives pour la perception et la planification de l'action, nécessaires à une activité intentionnelle et finalisée. Au centre de toute existence et de toute volonté humaine se trouve l'interaction sociale et émotionnelle. L'activité et la réactivité de l'enfant, nécessaires à l'interaction, peuvent être perturbées de différentes manières. Dans certains cas, le processus de développement interactionnel peut être également entravé par des conditions défavorables de son environnement (Sameroff et Chandler, 1975).

Au cours des premières années de sa vie, l'enfant apprend à connaître l'essentiel de son activité motrice intentionnelle. Un physiothérapeute peut, de ce fait, parfaitement offrir un soutien approprié à son développement global, s'il cherche, au moyen d'une observation nuancée, à appréhender non seulement ses difficultés et leur cause, mais aussi ses points forts. Il ne s'agit pas de répéter aveuglément des actions. Le thérapeute commencera plutôt par chercher à déterminer, à partir du comportement motivé et spontané de l'enfant, l'état de ses performances physiques et intellectuelles. Il aménagera ensuite l'environnement, en le rendant familier à l'enfant, de telle manière que celui-ci puisse, en fonction de ses possibilités, agir dans et sur lui, interagir avec lui, établir ainsi des structures cognitives et tester des stratégies de résolutions de problèmes.

Les aspects partiels de l'apprentissage décrits auparavant et leurs conditions détermineront la forme d'aide que doit apporter le thérapeute. Une part essentielle de cette aide consistera à accompagner l'enfant d'une manière empathique et active dans ses tentatives de résolution de problèmes et à soutenir son attention, sa concentration et sa motivation propres. À côté de cette compétence de base, une compétence professionnelle optimale est requise pour savoir comment aménager l'environnement et la situation physique de l'enfant afin que des mouvements intentionnels et dirigés vers un but soient rendus possibles et que puisse naître une compétence qui lui soit propre. Plus le thérapeute sera compétent, plus il aura de la facilité à aider les parents à observer leur enfant de façon à ce qu'ils l'accompagnent activement au niveau de ses possibilités.

BIBLIOGRAPHIE

ANOCKHIN, P.K. (1964), «Systemogenesis as a General Regulator of Brain Development», *Progress in Brain Research*, 9, 3, 54-86.
BERTENTHAL, B.I., CAMPOS, J.J. et BARRETT, K.C. (1984), «Self-Produced Locomotion : an Organizer of Emotional, Cognitive and Social Development in Infancy», p. 175-210, dans *Continuities and Discontinuities in Development*, sous la direction de R. Emde et R. Harmon, New York : Plenum.
DE VRIES, J.I.P., VISSER, G.H.A. et PRECHTL, H.F.R. (1985), «The Emergence of Fetal Behaviour, II. Quantitative Aspects», *Early Human Development*, 12, 3, 99-120.

GESELL, A. (1946), «The Ontogenesis of Infant Behaviour», p. 122-139, dans *Manual of Child Psychology*. Sous la direction de L. Carmichael, New York, Wiley.

GHEZ, C. (1991), «Principles of neural Sciences», p. 23-36, dans *Neural Sciences*, sous la direction de E.R. Kandel, J.H. Schwartz et T.M. Jessel. 3ᵉ éd., New York : Appleton et Lange.

LOWE, M. (1975), «Trends in the Development of Representational Play in Infants from One to Three Years - an Observational Study», *Journal of Child Psychiatry*, 16, 3, 33-47.

MESSER, D.J., MCCARTHY, M.E., MCQUISTON, S., MACTURK, R.H., YARROW, L.J. et VIETZE, P.M. (1986), «Relation between Mastery Behaviour in Infancy and Competence in Early Childhood», *Developmental Psychology*, 22, 3, 366-372.

PIAGET, J. (1969). *Das Erwachen der Intelligenz beim Kinde*. Stuttgart : Klett-Cotta.

SAMEROFF, A.J. et CHANDLER, M. (1975), «Reproductive Risk and the Continuum of Cartaking Casuality», p. 187-244, dans *Review of Child Development Research*, sous la direction de F.D. Horowitz, M. Hetherington et S. Scarr-Salapatek, Chicago, Ill. : University of Chicago Press, 4 (en entier).

SINGER, W. (1986), «The Brain as a Self-Organizing System», *European Archives of Psychiatry and Neurological Science*, 236, 1, 4-9.

WANN, J.P. (1991), «The Integrity of Visual-Proprioceptive Mapping in Cerebral Palsy», *Neuropsychologia*, 29, 11, 1095-1106.

WOLF, C. (1983). *Kassandra*. Darmstadt : Luchterhand.

Chapitre 8
Les nouvelles technologies dans l'intervention précoce : perspectives pour la recherche et la pratique

Franz Peterander
Université Ludwig-Maximilians, Munich, Allemagne

Au cours des deux dernières décennies, l'intervention précoce a évolué en Bavière. Elle est devenue un système efficace d'assistance pour les jeunes enfants retardés dans leur développement, ou handicapés, ainsi qu'une importante ressource de consultation et de soutien pour leurs parents. L'intervention précoce permet indubitablement dans un grand nombre de cas d'améliorer le développement physique, mental et émotionnel des enfants handicapés et de les intégrer dans leur environnement social. Près du tiers des enfants suivis par les centres d'intervention précoce en Bavière peut ainsi fréquenter ensuite une école normale.

Nous devons souligner trois aspects déterminants : d'une part, la construction et la consolidation systématique d'un réseau de centres d'intervention précoce qui recouvre tout le territoire régional, d'autre part, la cueillette des résultats sur une longue période par des experts lors des interventions sur le terrain et, finalement, l'élaboration des concepts théoriques et des principes d'intervention ainsi que les recherches qui ont accompagné ces expériences pratiques. Parmi les concepts guidant l'action, il faut citer l'approche globale d'intervention (Speck, 1983), de mobilité (Peterander et Speck, 1993), de prise en compte de la famille (Speck et Warnke, 1983) et de collaboration interdisciplinaire entre les différents groupes professionnels psychopédagogiques et médicaux dans les équipes d'intervention. C'est ainsi que les conditions essentielles de l'organisation, et le financement indispensable à une intervention précoce de qualité, ont été réunis au cours des dernières années pendant la phase d'implantation des centres d'intervention précoce. Les témoignages positifs des parents des enfants suivis en intervention précoce montrent une grande satisfaction vis-à-vis du travail réalisé par ces centres d'intervention précoce (Speck et Peterander, 1994; Peterander et Speck, 1995).

LES NOUVELLES EXIGENCES VIS-À-VIS DE L'INTERVENTION PRÉCOCE

L'intervention précoce, tout comme d'autres services sociaux, est constamment confrontée à de nouvelles exigences auxquelles elle doit répondre de façon créative et innovatrice. C'est ainsi que, parallèlement à une évolution nécessaire et à une professionnalisation de l'intervention précoce, la qualité des services est devenue une préoccupation très importante dans les institutions sociales (Häussler, Schliehe, Brennecke et Weber-Falkensammer, 1992; Knappe et Burger, 1994; Nüssle, 1994; Gaebel, 1995; Peterander, 1995). Cette évolution est certainement une conséquence de la situation économique difficile dans de nombreux pays en raison des changements sociaux. Aussi les institutions sociales en général, et l'intervention précoce en particulier, sont confrontées à de nouvelles exigences, entre autres d'assurer de meilleurs services à moindre coût. Cette préoccupation jouera sans conteste un rôle important dans les futures orientations ainsi que l'exposent Sheehan, Snyder et Sheehan dans un autre chapitre de cet ouvrage.

Le caractère professionnel des services offerts en intervention précoce garantit la qualité de ces services. L'intervention précoce devra aussi répondre aux questions concernant les ressources qu'elle met en œuvre au point de vue du temps, du personnel et des moyens matériels non seulement selon leur utilisation spécifique dans certains cas, mais aussi selon les effets de l'intervention sur les enfants et de la coopération avec leurs familles. Il faut pour cela envisager l'élaboration et la mise en place de nouvelles méthodes et de nouveaux concepts.

Grâce à nos recherches sur «L'analyse des systèmes en intervention précoce», nous devrions être en mesure d'établir les éléments préalables susceptibles de garantir cette qualité. Au cours de trois recherches, nous avons essayé d'élaborer un concept d'intervention précoce qui englobe pour la première fois autant les aspects purement psychopédagogiques et médicaux que l'organisation des centres d'intervention précoce, les méthodes d'assistance apportée aux enfants et à leurs parents ainsi que les critères de qualité de l'intervention. Par ailleurs, il nous a semblé important d'étudier les représentations et les désirs des parents quant à l'intervention auprès de leurs enfants et d'en tenir compte pour développer avec eux les futures modalités de participation et de formation (Peterander et Speck, 1993). Enfin, nous sommes en train de mettre au point des systèmes d'analyse, d'apprentissage et de consultation par ordinateur qui constitueront, d'une part, une aide supplémentaire pour le personnel des centres et serviront, d'autre part, à mettre à la disposition des parents de nouveaux systèmes d'apprentissage et d'information. Dans ce contexte, nous accordons une importance toute particulière à l'utilisation des nouvelles technologies et, notamment, à l'introduction de systèmes assistés par logiciel. Ces nouveaux moyens techniques d'assistance peuvent, en effet, donner au personnel la possibilité d'intervenir auprès des enfants et des parents afin que leurs entretiens avec ces derniers, leurs décisions et leurs interventions reposent sur des informations et des connaissances solides.

LES APPLICATIONS DE L'ORDINATEUR EN PÉDAGOGIE ET EN PSYCHOLOGIE : LE SYSTÈME «MAL»

Les progrès fulgurants réalisés dans le domaine de l'informatique ont permis d'introduire l'ordinateur en tant qu'instrument de formation et d'apprentissage dans plusieurs domaines. Les programmes d'analyse, d'apprentissage et de formation assistés par le biais de logiciels disposant de composantes multimédiumniques affichent aujourd'hui, dans le domaine industriel, un très haut taux de croissance (Byte, 1995). Cette évolution fait suite à la conviction qu'il était possible de transmettre avec succès un savoir et des compétences à l'aide de programmes d'apprentissage et d'analyse différenciés et personnalisés (Mandl, Gruber et Renkl, 1995). L'utilisation des nouveaux médias a également fait ses preuves dans le domaine de la médecine en tant que stratégie efficace d'enseignement, de formation et de perfectionnement. Il est à présent admis qu'il faut exploiter davantage les possibilités proposées par les nouveaux médias dans les domaines du diagnostic, de la transmission de l'information et de l'apprentissage dans les institutions sociales.

Les fonctions et les caractéristiques du «München Analyse and Lernsystem (MAL)»

Des «programmes d'auteurs» appropriés semblent être la condition préalable à l'élaboration de programmes performants pour les utilisateurs dans les domaines pédagogiques et psychologiques. Ils s'expriment dans un «langage» simple permettant de définir les critères de décision qui à leur tour permettent de déterminer les programmes d'apprentissage ainsi que leur design de présentation. Dans le cadre de nos travaux, nous avons conçu notre propre programme, le «*Münchner Analyse and Lernsystem*» (*MAL*) («*Système Munichois d'Analyse et d'Apprentissage*», SMAA), à l'aide duquel nous pouvons aujourd'hui élaborer en peu de temps, et sans connaissances particulièrement poussées en informatique, différents programmes complexes pour les utilisateurs (Peterander, Kahabka, Städler, Harsdorf et Speck, 1995). Le système MAL dispose de possibilités importantes. Il faut citer en premier lieu sa capacité à présenter à l'apprenant le contenu d'apprentissage de façon multimédiumnique (texte, image, graphique, animation, vidéo et son). De plus, le processus d'apprentissage peut être organisé de façon interactive. Ainsi, l'apprenant reçoit immédiatement après chaque étape une rétroaction sur son comportement et ses progrès dans l'apprentissage. La présentation de chaque progrès réalisé est directement adaptée aux aptitudes individuelles d'apprentissage et de performance de l'apprenant, ce qui rend possible l'individualisation de l'apprentissage. Le contenu et la présentation de la discipline peuvent alors prendre en compte des variables et des caractéristiques individuelles de l'apprenant, telles que l'âge, le niveau de formation, l'environnement social ou le handicap spécifique de l'enfant, etc. En outre, des résultats de recherche, comme par exemple l'information relative à une population de référence, peuvent être ajoutés au programme. Cette présentation permet donc des alternatives d'apprentissage individuel.

Une autre caractéristique du système MAL réside dans le fait que les utilisateurs ont la possibilité de se constituer de façon autonome des banques spécifiques de données lors de l'utilisation des programmes. Il s'agit ici d'un «système d'auto-apprentissage» à l'aide duquel la rétroaction et les apprentissages continuent à se différencier et à s'individualiser grâce à l'intégration de nouvelles données. L'apprentissage et le stockage des données se font donc simultanément.

Le système MAL permet également de constituer, à partir de données individuelles, des données de groupes et de garantir ainsi une rétroaction sur un groupe défini de personnes. Cet aspect peut être particulièrement intéressant pour l'évaluation de groupes de parents ainsi que pour l'auto-évaluation des membres des équipes de travail dans les institutions. Grâce à cette possibilité, chaque individu peut se comparer à un groupe et chaque groupe à un autre groupe. Cette dernière possibilité a pour avantage de faire en sorte qu'un individu ne se trouve pas a priori le centre de l'intérêt général en raison de ses opinions, ce qui peut avoir une influence positive sur le processus de dynamique de groupes, par exemple dans les groupes de parents ou dans les équipes de travail.

Enfin, il faut souligner que, lors d'un apprentissage autonome avec l'ordinateur, l'apprenant interagit avec un partenaire infiniment patient qui, selon ses besoins, peut inlassablement répéter les mêmes explications et lui permettre de revoir certains passages. Il ne risque donc pas, si ses progrès dans des apprentissages sont insuffisants, d'avoir à affronter des réactions émotionnelles négatives. Ainsi, il peut, en toute liberté, de façon totalement autonome et sans se presser, apprendre ce qui l'intéresse. De plus, l'individualisation du programme et le contact direct éveillent sa curiosité, ce qui facilite probablement la réalisation de son programme d'apprentissage. Ces possibilités peuvent être exploitées autant pour les programmes de formation parentale que pour l'intervention précoce auprès des enfants.

LES OBJECTIFS PRIORITAIRES POUR DES SYSTÈMES D'ANALYSE ET D'APPRENTISSAGE ASSISTÉS PAR LOGICIEL

L'objectif principal de nos travaux est d'utiliser de façon innovatrice les nouvelles technologies d'apprentissage par ordinateur et les technologies modernes de formation dans les systèmes sociaux afin de garantir la qualité du travail des professionnels dans ce secteur (Giardina, 1992; Simons, 1992). Ceci pourra se réaliser surtout en développant des programmes spécifiques grâce à une étroite collaboration entre des pédagogues, des psychologues, des informaticiens et tout autre membre du personnel œuvrant en intervention précoce. Les définitions précises des contenus, concepts et méthodes en intervention précoce permettront d'approfondir la discussion et l'analyse du comportement diagnostico-thérapeutique et ainsi de clarifier et d'harmoniser les objectifs de ce type d'intervention ainsi que les formes et les contenus de la formation parentale.

Dans le cadre du programme *Helios II* (programme en faveur des personnes handicapées) de la *Communauté Économique Européenne* (1993), il est prévu de promouvoir le développement des nouvelles technologies comme des moyens d'apprentissage d'avenir, en particulier pour l'intégration scolaire d'enfants handicapés dans les écoles ordinaires (Hansen, 1995). Nous exposons huit domaines différents pour l'utilisation possible des nouvelles technologies en intervention précoce afin de démontrer la variété des domaines d'application possibles.

Le diagnostic

Il est courant, en intervention précoce, de faire passer aux enfants des tests dans le cadre du diagnostic d'admission, puis lors du diagnostic en cours d'intervention et, enfin, au moment du diagnostic final. L'administration des tests et l'interprétation des résultats obtenus est un travail de routine nécessitant énormément de temps. Grâce aux programmes assistés par logiciel, élaborés selon le système MAL, il est désormais possible d'entrer aisément les résultats bruts des tests de l'enfant dans l'ordinateur et ils peuvent ensuite être rapidement présentés sous forme de graphiques. Il est également possible de n'utiliser que certains résultats ou certaines combinaisons de différentes parties des tests. Par ailleurs, selon les exigences d'un cas particulier, l'examinateur peut classer systématiquement les informations importantes sans risque de perte, tout en étant à la disposition de chaque membre de l'équipe interdisciplinaire.

Les indications pour l'interprétation des résultats, ainsi que les bibliographies récentes et les résultats de recherche concernant ce sujet, sont intégrés dans les programmes et peuvent être consultés à tout moment en hypertexte. Ce système de diagnostic, basé sur le système MAL, permet en outre au personnel de rassembler les résultats des tests dans un rapport standardisé qui peut être complété par des annotations et des interprétations personnelles et ainsi être individualisé selon les cas particuliers. L'intervenant qui fait le diagnostic dispose, d'une part, d'une somme importante de connaissances scientifiques pour ses interprétations et peut, d'autre part, apporter aux résultats du test les connaissances qu'il a acquises sur l'enfant, sur les conditions de son développement ainsi que sur sa situation familiale.

Cette façon de procéder n'a pas pour unique avantage de faire gagner beaucoup de temps au personnel en intervention précoce, mais elle permet également de situer l'évaluation du développement de l'enfant par les experts sur une base plus large et plus «objective», donc plus compréhensible pour les parents et plus facile à communiquer. Les indications données dans les programmes d'analyse et d'apprentissage concernant l'interprétation reposent le plus souvent sur des critères scientifiques et donnent à l'utilisateur une possibilité supplémentaire de s'interroger sur leur contenu et sur sa propre démarche psychopédagogique.

Les systèmes d'information et de documentation générale

Depuis quelques années, il existe de plus en plus dans tous les secteurs de notre société une tendance à créer des réseaux de systèmes d'informations (*Diagnostica*, 1991). Nous pensons que, dans quelques années, les centres d'intervention précoce se regrouperont dans de tels systèmes d'informations et qu'ils communiqueront davantage entre eux. Déjà, certains centres d'intervention précoce disposent d'ordinateurs raccordés à un réseau. Il est donc important, dès maintenant, de commencer à élaborer de vastes systèmes d'information et de documentation en intervention précoce. Ceci permettrait de se procurer des informations intéressantes sur certains troubles du développement de l'enfant et sur les méthodes thérapeutiques. Les centres d'intervention précoce pourraient aussi s'unir pour former une banque d'informations et y contribuer en fournissant une documentation à partir de leurs propres cas. Ils pourraient, par exemple, communiquer à d'autres centres d'intervention précoce les données et les résultats sur certains troubles spécifiques ainsi que sur leur traitement (en respectant l'anonymat des patients). Ces données pourraient être présentées sous forme de descriptions des interventions ou sous forme d'enregistrements vidéo sur certaines séances intéressantes du travail d'intervention réalisé avec les enfants, dans la mesure où les parents donnent leur accord sur la communication de ces informations. De cette façon, le personnel d'un centre peut étudier les approches d'autres intervenants et les comparer à ses propres expériences auprès des enfants ayant le même type de difficulté ainsi qu'avec ses interventions auprès des familles. Des informations de ce genre peuvent servir de point de départ et de support pour les stages internes de formation et de perfectionnement du personnel des centres d'intervention précoce. Elles permettent aussi d'envisager de proposer aux parents d'enfants atteints de déficiences ou de handicaps des informations et de la documentation correspondant à leurs attentes.

Les systèmes de documentation et d'information liées à l'intervention auprès des enfants

En intervention précoce, les enfants sont suivis en moyenne pendant deux ans par des professionnels ayant différentes spécialités. Pendant cette période, ces professionnels rassemblent une multitude d'informations sur le développement des enfants, sur leur situation familiale, sur les possibilités d'intervention ainsi que sur les progrès réalisés pendant l'intervention. Un grand nombre de ces informations est généralement noté par le personnel sur différentes fiches ou dans des rapports. Cette documentation relative à l'intervention s'est avérée être un instrument utile, mais cette méthode ne permet pas d'avoir un aperçu systématique global sur les différentes actions posées au cours de l'intervention. Il serait cependant important de pouvoir disposer de données facilitant un diagnostic d'intervention efficace qui comprendrait le constat de l'état actuel, le développement et l'évaluation des problèmes de l'enfant. Il faudrait pouvoir, au cours de l'intervention, rassembler toutes ces informations de façon plus claire, les mémoriser et les mettre en archives, pour permettre au personnel de mieux les exploiter dans leur intervention auprès des enfants et leur consultation auprès des parents ainsi que pour des stages internes de recyclage et de perfectionnement. Il serait donc très utile que les institutions disposent de systèmes de documentation et d'information assistés par ordinateurs. Ces systèmes devraient être capables de mémoriser pendant une longue période les expériences et les résultats de cas particuliers ou les résultats de l'intervention pratiquée avec des enfants présentant des symptômes particuliers. Ils devraient, en outre, permettre de mettre ces informations à la disposition de tous les membres du personnel intéressé par ces données. Il serait pertinent d'ajouter à ce système de documentation, rassemblant les données relatives au déroulement de l'intervention, toutes les informations supplémentaires susceptibles d'améliorer celle-ci :

– une attention particulière aux problèmes spécifiques et aux objectifs ;

– une plus grande réflexion du personnel en intervention précoce sur son propre comportement ;

– une focalisation de l'attention sur les facteurs tant positifs que négatifs ;

– un recensement des changements apportés par l'intervention ;

– une auto-évaluation plus poussée de la part du personnel (Laireiter, 1994).

Les programmes sur ordinateurs sont capables de présenter les résultats des différentes phases de l'intervention de façon claire et de mieux faire visualiser les processus et les progrès de l'intervention par des graphiques. La professionnalisation du travail et l'interdisciplinarité peuvent ainsi se développer.

Les systèmes de consultation des parents

Une part importante du travail du personnel des centres d'intervention précoce est consacrée à la consultation et au soutien aux parents d'enfants handicapés. Selon les résultats d'une enquête que nous avons effectuée auprès de professionnels travaillant en intervention précoce, ces derniers consacrent un quart de leur temps de travail à la consultation des parents (Peterander et Speck, 1993). Même s'il existe une certaine répartition du travail entre les différents groupes de professionnels concernés par l'intervention précoce, presque chaque membre du personnel des centres doit participer à ce travail d'information car les parents attendent évidemment des réponses à leurs questions de la part des personnes qui s'occupent de leur enfant et qui le connaissent bien.

Afin de répondre au désir d'information des parents concernant le développement de leur enfant, il est indispensable pour les professionnels en intervention précoce d'avoir, en plus de leurs compétences professionnelles, un instrument qui leur permette de déterminer le niveau actuel du développement de l'enfant sur lequel ils pourraient s'appuyer dans leurs entretiens avec les parents. Les résultats d'un diagnostic intermédiaire différencié permettraient alors de donner aux parents une meilleure rétroaction sur le niveau de développement de leur enfant ainsi que sur les pronostics concernant son développement ultérieur. Ce type de «counseling» pratique, basé sur le développement de l'enfant est souhaité par de nombreux parents, mais il ne peut pas toujours être réalisé convenablement en raison de la multiplicité des tâches du personnel et du temps limité dont il dispose. Dans le contexte actuel, les intervenants ne reçoivent que très peu de soutien pour évaluer et interpréter les informations qu'ils ont recueillies lors de leurs propres observations du comportement des enfants, au cours des entretiens et des jeux, pendant les exercices et les tests, etc., informations qu'ils aimeraient utiliser dans leurs entretiens avec les parents, afin que ces entretiens soient constructifs et centrés sur les progrès de l'enfant. Il ne leur est souvent pas possible de réunir utilement toutes ces informations isolées et d'élaborer grâce à elles un concept global d'information et de consultation pour chaque enfant et sa famille. Ceci sera réalisable grâce aux progrès effectués dans le domaine des systèmes d'analyse et d'apprentissage mis à la disposition du personnel en intervention précoce par des procédés psychopédagogiques adaptés pour préparer et conduire les entretiens avec les parents. Sur la base d'une telle démarche, structurée scientifiquement, il sera possible, dans un intervalle de quelques mois, d'établir un diagnostic d'étape qui pourra servir de point de départ pour la planification ultérieure des démarches d'intervention auprès des enfants ainsi que de bases à un partenariat efficace entre parents et intervenants. La qualité professionnelle et humaine de cette coopération influencera de façon décisive les effets des interventions.

Les programmes d'apprentissage pour les parents

Un autre domaine important pour l'application des nouveaux médias réside dans l'élaboration de programmes d'apprentissage sous forme de jeux, d'une part, destinés à favoriser chez les parents la connaissance d'eux-mêmes, de leur situation et de leurs enfants, d'autre part, susceptibles de leur faire découvrir des comportements adaptés. Il s'agirait surtout, en ce qui concerne ce dernier point, d'aider les parents, à partir d'exemples choisis dans la vie quotidienne, à analyser des scènes d'interaction avec leurs enfants, c'est-à-dire à observer et à interpréter les différentes phases des comportements et à en tirer les conséquences en adoptant de nouvelles façons de faire. Pour atteindre cet objectif, il est possible d'intégrer des scènes filmées de la vie quotidienne dans les programmes d'apprentissage, scènes que chaque parent connaît pour les avoir vécues. Cette méthode a l'avantage, pour les parents, de leur faire prendre en main leurs apprentissages, indépendamment d'une influence extérieure, sans qu'ils soient soumis à l'obligation d'agir et sans qu'ils se sentent observés. Cette forme d'apprentissage du comportement social place au premier plan le modelage et les exercices pratiques, ce qui est très différent d'une unique transmission du savoir.

Les films vidéo offrent d'excellentes possibilités pour apprendre aux parents à observer, à se confronter à certains modes de comportement ainsi qu'à analyser l'interaction et même, dans une certaine mesure, à affronter au moins une partie de la réalité (Peterander, 1993). En mettant en évidence dans le programme d'apprentissage des cas classiques, en les comparant entre eux ainsi qu'en exposant la façon de les traiter, il est possible d'éveiller l'attention des parents sur les événements qui se passent autour d'eux et de leur montrer des modes de comportement qu'ils pourront tester dans des situations réelles.

Selon les résultats d'une enquête que nous avons réalisée sur l'intervention précoce auprès de 1099 mères et pères, 62% des personnes interrogées (ce qui est un pourcentage très élevé) se prononcent en faveur de nouveaux procédés, tels l'apprentissage à l'aide d'ordinateurs. Ce sont surtout les parents d'enfants gravement handicapés (handicapés mentaux, visuels, auditifs, trisomiques) qui placent beaucoup d'espoir dans les nouvelles technologies d'apprentissage comme les moyens d'assistance directe et spécifique facilitant leurs rapports quotidiens avec leur enfant handicapé (Peterander et Speck, 1995).

Plusieurs programmes isolés d'apprentissage peuvent également être regroupés dans de plus vastes programmes de formation parentale. De cette façon, des centres d'auto-apprentissage pourraient être créés dans les institutions d'intervention précoce où les parents auraient la possibilité de s'informer selon leurs besoins sur les sujets et les problèmes se rapportant à leur enfant. Dans ces centre, le personnel en intervention précoce devrait cependant se tenir à la disposition des parents pour les aider personnellement et leur donner des compléments d'information.

Les systèmes d'auto-évaluation dans les institutions

Le terme d'évaluation est utilisé aujourd'hui dans divers contextes et concerne des objectifs et des contenus très différents (Wottawa et Thierau, 1990). Dans le cadre de l'intervention précoce, c'est une garantie de qualité en ce sens que les professionnels en intervention précoce continuent à améliorer eux-mêmes l'organisation de leur travail avec les enfants handicapés et leurs familles sur la base de critères qu'ils se sont donnés, sur la base aussi d'une solide information sur leur propre comportement professionnel ainsi qu'au moyen de systèmes appropriés d'analyse et de traitement de l'information. Il existe aujourd'hui dans le domaine social les premières ébauches d'auto-évaluations se rapportant à ce sujet (Gaebel, 1995; Grawe et Braun, 1994).

L'auto-évaluation offre une énorme possibilité de réflexion et de discussion sur la démarche diagnostico-thérapeutique de chacun auprès de l'enfant ainsi que sur le travail de sa propre équipe d'intervention. Ceci se constate en particulier dans le cadre de l'intervention précoce qui comporte des domaines d'activités variés et complexes, où plusieurs groupes professionnels travaillent en collaboration tout en intervenant de façon différente (Sheehan, Snyder et Sheehan, à paraître). L'utilisation des méthodes d'auto-évaluation afin de perfectionner son travail en psychologie de l'organisation est devenue aujourd'hui une pratique courante et elle est couronnée de succès (Comelli, 1991; Franke et Kühlmann, 1989).

Grâce aux études que nous avons réalisées sur l'organisation des centres d'intervention précoce et sur l'évaluation des parents quant aux effets de l'intervention précoce (Peterander et Speck, 1993), nous avons entrepris une première expérience dans ce domaine ayant pour objectif l'évaluation d'un système social global. À cette occasion, un aspect nous a particulièrement frappés : la variété des interactions qui ont lieu entre une institution, fournissant des services adaptés, et son équipe de professionnels, compétents et sûrs d'eux-mêmes, capables de prendre des initiatives afin de faire avancer le développement de leur institution ainsi que les interventions auprès des enfants et de leurs parents. Il existe alors un processus d'interactions qui tient autant compte de l'influence de ce contexte sur les membres du personnel que de l'influence exercée par le personnel sur les conditions prévalant dans les institutions (Rosenstiel, 1989).

Les recherches menées jusqu'à présent constituent des bases pour continuer à perfectionner le concept d'auto-évaluation dans les institutions d'intervention précoce, concept qui peut être assisté par ordinateur, comme, par exemple, par le système MAL. Dans un contexte spécifique, nous définissons la recherche sur l'évaluation dans ce domaine comme une méthode qui essaie d'expliquer, en se référant à des critères de qualité, ayant fait leurs preuves dans la pratique, dans quelle mesure les institutions d'intervention précoce correspondent à ces modèles standards.

Un grand nombre de travaux de recherche, d'études sur le terrain et de rapports de professionnels montrent que, quand certaines caractéristiques de qualité sont présentes dans les institutions, il y a des effets positifs durables sur les progrès des enfants ainsi que sur la coopération avec les familles. Dans les institutions, où les standards de qualité sont élevés du point de vue de l'organisation et de l'exécution du travail d'intervention, la probabilité est certainement plus grande que le personnel de l'équipe remette en question son propre comportement diagnostique et thérapeutique, qu'il abandonne des méthodes moins adaptées et qu'il cherche à trouver de nouvelles possibilités pour perfectionner son intervention en participant à des stages de recyclage et de perfectionnement.

La formation et le perfectionnement du personnel

Jusqu'à présent, il n'a pas toujours été possible de répondre de façon suffisamment différenciée aux besoins de formation constatés lors de nos travaux, ni de prendre des mesures sur le plan de la qualification du personnel sous forme de recyclage et de perfectionnement. Cependant, le personnel en intervention précoce exprime souvent le désir d'acquérir des qualifications supplémentaires (Peterander et Speck, 1993). L'intervention précoce emprunte là aussi de nouvelles voies dans ce domaine. Les progrès des dernières années, réalisés dans le domaine des technologies de l'éducation, montrent qu'à l'avenir de plus en plus de systèmes multimédiumniques interactifs seront utilisés comme méthodes supplémentaires d'enseignement et d'apprentissage dans de nombreuses disciplines, donc en pédagogie, en psychologie et en médecine. L'un des avantages décisifs de cette évolution réside dans le fait qu'il est possible de proposer des programmes de formation et d'apprentissage sur mesure pour certains groupes d'utilisateurs, susceptibles de donner à l'apprenant une grande liberté dans l'organisation de son apprentissage, ce qui, comme l'ont montré différentes analyses, contribue au succès de celui-ci (Dette, Haupt et Polze, 1992; Schiefele et Prenzel, 1991).

L'utilisation des nouveaux médias en intervention précoce aurait aussi l'avantage d'alimenter efficacement les stages internes de recyclage et de perfectionnement dans les institutions. Ces stages internes se sont avérés être un facteur essentiel lors de notre enquête sur les variables influençant positivement l'organisation de l'intervention (Peterander et Speck, 1993). Ces nouveaux concepts, et modèles d'apprentissage autonomes et auto-contrôlés, donnent aux équipes de travail la possibilité de structurer leurs stages internes de formation en les centrant sur des thèmes précis et de mettre ainsi en marche des processus importants d'apprentissage et de communication entre les membres de l'équipe.

Les études longitudinales

Un autre domaine d'application des nouveaux médias se situe dans les analyses longitudinales en intervention précoce, la réalisation de telles études étant une condition essentielle pour examiner les phases du développement de l'enfant. Ce type d'études est considéré par de nombreux chercheurs comme la méthode la plus appropriée pour analyser les questions complexes relatives aux déterminants des processus de développement de l'enfant. Jusqu'à présent, peu d'études à long terme ont pu être réalisées en raison de leur coût élevé en temps et en argent, bien qu'elles représentent un grand intérêt pour répondre aux questions étiologiques ainsi que pour analyser les processus d'intervention et les pronostics d'évolution (Robins et Rutter, 1991; Werner et Smith, 1992).

Le personnel des centres d'intervention précoce est sans doute prêt à collaborer à de telles études à condition que cela ne nécessite pas un travail trop intensif et que cette coopération dans le cadre de projets de recherche l'aide aussi dans son travail pratique. C'est surtout grâce à l'utilisation d'instruments de sondage assistés par logiciel, et par des procédés d'analyse basés sur les multimédias, que le personnel des centres peut recueillir dans les institutions des données, certes intéressantes pour la recherche, mais qui leur seront également utiles lors des diagnostics et pour l'élaboration de leurs propres systèmes de documentation et d'information. Dans cette perspective de collaboration étroite entre la recherche et la pratique, il sera possible d'établir des projets de recherche scientifique fondée sur les conditions spécifiques de l'intervention précoce chez les enfants ayant des retards de développement.

CONCLUSION

Il ne fait aucun doute qu'au cours des dernières années le personnel œuvrant en intervention précoce a fait des expériences et acquis des compétences importantes du fait de son travail sur le terrain avec les enfants ayant des retards de développement et avec leurs parents. Dans les années à venir, nous pouvons nous attendre au développement de la professionnalisation en intervention précoce ainsi qu'à l'élargissement du champ d'activités de celle-ci en raison des nouvelles exigences sociales. L'intervention précoce devra donc, pour résoudre la multiplicité et la diversité de ses tâches, exploiter les possibilités offertes par les nouvelles technologies multimédias. Ceci peut se réaliser par une coopération de la recherche et de la pratique, telle que nous le faisons déjà en Bavière dans certaines institutions-pilotes (Peterander, 1995).

L'expérience des dernières années, ainsi que les résultats positifs de l'intervention précoce, ont démontré que l'ouverture du personnel à un travail interdisciplinaire, dans de nouveaux champs d'activités au sein d'équipes de travail, favorise la résolution de problèmes à tous les niveaux. Il est possible de prévoir lors de la confrontation avec les nouveaux médias l'apparition de nouvelles compétences et de nouvelles aptitudes chez le personnel qui pourra y acquérir des capacités d'innovation, ce qui l'aidera à structurer positivement les progrès et l'intégration des enfants handicapés.

BIBLIOGRAPHIE

BYTE, M. (1995), «Seven Ways to Learn», *The Magazin of Technology Integration*, 20, 3, 50-72.

COMELLI, G. (1991), «Qualifikation für Gruppenarbeit : Teamentwick lungstraining», p. 136-148, dans *Führung von Mitarbeitern : Handbuch für erfolgreiches Personalmanagement*, sous la direction de L.v. Rosenstiel, E. Regnet et M. Domsch, Stuttgart : Schäffer Verlag.

COMMUNAUTÉ ÉCONOMIQUE EUROPÉENNE (1993), *Programme Hélios II*, Bruxelles : Conseil de l'Europe, 25 février.

DETTE, K., HAUPT, D. et POLZE, C. (1992), *Multimedia und Computeranwendungen in der Lehre*, Vienne/New York : Springer.

DIAGNOSTICA (1991), *Themenheft computerunterstüzte Diagnostik*, 2, 36, Göttingen : Hogrefe.

FRANKE, J. et KÜHLMANN, T.M. (1989), « Organisationsdiagnostik », p. 350-353, dans *Arbeits- und Organisationspsychologie — Internationales Handbuch im Schlüsselbegriffen*, sous la direction de S. Greif, H. Holling et N. Nicholson, Munich : Psychologie Verlags Union.

GAEBEL, W. (1995), *Qualitätssicherung im psychiatrischen Krankenhaus*, New York : Springer.

GIARDINA, M. (1992), *Interactive Multimedia Learning Environments*, Series F : *Computer and Systems Sciences*, vol. 93, New York : Springer.

GRAWE, K. et BRAUN, U. (1994), « Qualitätskontrolle in der Psychotherapie », *Zeitschrift für Klinische Psychologie*, 23, 4, 242-267.

HANSEN, O. (1995), « Fernunterricht : Impakt auf eine europäische Strategie. Helioscope », *Zeitschrift des Helios II Projektes der Europäischen Union*, 3, 1, 12-13.

HÄUSSLER, B., SCHLIEHE, F., BRENNECKE, R. et WEBER-FALKENSAMMER, H. (1992), « Sozialmedizinische Ansätze der Evaluation im Gesundheitswesen », Band 2 : *Qualitätssicherung in der ambulanten Versorgung und medizinischen Rehabilitation*, New York : Springer.

KNAPPE, E. et BURGER, S. (1994), *Wirtschaftlichkeit und Qualitätssicherung in sozialen Diensten*, Francfort/Maine : Campus.

LAIREITER, A.R. (1994), « Dokumentation psychotherapeutischer Fallverläufe », *Zeitschrift für Klinische Psychologie*, 23, 4, 236-241.

MANDL, H., GRUBER, H. et RENKL, A. (1995), « Lehren und Lernen mit dem Computer », p. 437-467, dans *Psychologie der Erwachsenenbildung*, sous la direction de F.E. Weinert et H. Mandl, *Enzyklopädie der Psychologie*, Göttingen : Hogrefe.

NÜSSLE, W. (1994), « Qualitätssicherung in der Sozialarbeit - Tabu oder Notwendigkeit ? », *Neue Praxis*, 5, 1, 434-442.

PETERANDER, F. (1993), « Skalen zur Messung entwicklungsförderlichen Elternverhaltens », *Zeitschrift : System Familie*, 6, 1, 36-47.

PETERANDER, F. (1995), « Verarbeitung der Informationsvielfalt : Perspektiven einer Weiterentwicklung der Frühförderung », *Frühförderung Interdisziplinär*, 14, 4, 160-168.

PETERANDER, F. et SPECK, O. (1993), *Abschlussbericht zum Forschungsprojekt : « Strukturelle und inhaltliche Bedingungen der Frühförderung »*, Munich : Université Ludwig-Maximilians.

PETERANDER, F. et SPECK, O. (1995), « Familienbezogenheit und Kooperation von Müttern blinder und sehbehinderter Kinder in der Frühförderung », *Zeitschrift Blind sehbehindert*, 115, 3, 147-154.

PETERANDER, F., KAHABKA, T., STÄDLER, T., HARSDORF, P. et SPECK, O. (1995), *Autorenprogramm : Das Münchner Analyse- und Lernsystem*, (MAL), logiciel non diffusé, Munich : Université Ludwig-Maximilians.

ROBINS, L. et RUTTER, M. (1991), *Straight and Devious Pathways from Childhood to Adulthood*, Cambridge, Mass. : Cambridge University Press.

ROSENSTIEL VON, L. (1989), « Organisationsklima », p. 357-364, dans *Arbeits und Organisationspsychologie. Internationales Handbuch im Schlüsselbegriffen*, sous la direction de S. Greif, H. Holling et N. Nicholson, Munich : Psychologie Verlags Union.

SCHIEFELE, H. et PRENZEL, M. (1991), « Motivation und Interesse », p. 132-145, dans *Handbuch für Studium und Praxis*, Munich : Ehrenwirth.

SHEEHAN, R., SNYDER, S. et SHEEHAN, H.C. (s.p.), « Les grandes orientations de l'intervention précoce au début du XXIe siècle aux États-Unis », dans *Les tendances actuelles de l'intervention précoce en Europe*, sous la direction de F. Peterander, O. Speck, G. Pithon et B. Terrisse (à paraître, 1998).

SIMONS, P.R.J. (1992), «Lernen selbst zu lernen. Ein Rahmenmodell», p. 251-264, dans *Friedrich, Lern und Denkstrategien. Analyse und Erwerb*, sous la direction de H. Mandl et H. Friedrich, Göttingen : Hogrefe Verlag.

SPECK, O. (1983), «Ganzheitlichkeit und Methoden in der Frühförderung», *Frühförderung interdisziplinär*, 2, 3, 97-101.

SPECK, O. et WARNKE, A. (1983), *Frühförderung mit den Eltern*, Munich/Bâle : Ernst Reinhardt.

SPECK, O. et PETERANDER, F. (1994), «Elternbildung, Autonomie und Kooperation in der Frühförderung», *Frühförderung interdisziplinär*, 13, 3, 108-120.

WERNER, E.E. et SMITH, R.S. (1992), *Overcoming the Odds*, Ithaca, N.Y. : Cornell University Press.

WOTTAWA, H. et THIERAU, H. (1990), *Evaluation*, Berne : Hans Huber.

Chapitre 9
Une recherche appliquée en éducation parentale : concevoir, animer et évaluer une formation pour des mères vulnérables

Gérard Pithon*, Bernard Terrisse**, Olivier Prévôt***
*Université de Montpellier III, France**
*Université du Québec à Montréal, Québec, Canada**
*Université de Franche-Comté, France***

La nécessité de développer des modèles d'interventions socio-éducatives en direction des familles « vulnérables » (« à risques ») semble de plus en plus s'imposer dans la plupart des pays occidentaux dans une perspective de prévention de l'échec scolaire et des difficultés d'adaptation sociale. C'est dans ce contexte que s'inscrit ce projet. Il s'appuie sur les résultats d'un dispositif d'évaluation diagnostique comparant deux populations, des mères monoparentales « à risques » et des mères de familles biparentales « tout venant » dont les enfants fréquentent des crèches, afin de dégager leurs profils éducatifs (caractéristiques liées au rôle de parent : sentiment de compétence, attitudes et pratiques éducatives).

À partir de ces constats, un modèle de formation, s'appuyant sur une évaluation formative systématique des apprentissages et des séances de formation de groupe a été expérimenté pour aider ces mères « à risques » à actualiser leur potentiel éducatif. Une évaluation informative effectuée en post-test tente de dégager les effets de ce modèle.

LE CONTEXTE DU PROJET

Dans le cadre de ce projet, nous avons conçu un programme d'éducation parentale et une méthodologie d'évaluation formative, (le bilan « forces-faiblesses »), assistée par ordinateur, qui permet de :
– développer les capacités métacognitives, régulateurs personnels des conduites humaines, à partir d'exercices critériés d'auto-évaluation ;
– renforcer l'apprentissage en le confrontant régulièrement à l'hétéro-évaluation de professionnels (confrontation sociocognitive), surtout lorsqu'il y a divergences d'appréciation entre les protagonistes, en vue d'élaborer des contrats de formation individualisés. Cette confrontation permet de dégager à chaque rencontre les points forts, les points incertains, à clarifier, et enfin les points faibles qui peuvent faire l'objet d'apprentissages spécifiques à l'aide de moyens appropriés. Ces contrats assurent un suivi personnalisé des acquisitions des mères ;
– proposer un programme de formation en groupe dont les thèmes sont déterminés par les données issues de ces bilans.

Il nous a semblé intéressant d'utiliser cette méthodologie pour renforcer l'efficacité de programmes de formation destinés à des population « à risques », présentant diverses difficultés signalées par les recherches antérieures dans ce domaine (Pithon et Terrisse, 1995).

Le but de la recherche était d'aider de jeunes mères « à risques » à actualiser des attitudes et des pratiques éducatives favorables au développement de leur enfant, à améliorer leur sentiment de compétence éducative, grâce à un programme d'éducation parentale que nous avons conçu et dont nous voulions évaluer l'efficacité. L'expression « familles à risques » peut référer, selon Farran (1990), à des familles possédant l'une ou plusieurs des caractéristiques suivantes : elles proviennent de milieux socio-économiquement faibles, appartiennent souvent à des minorités ethnoculturelles, résident dans un quartier défavorisé, ont un enfant en difficulté (agressif, handicapé, prématuré, etc.) et vivent des problématiques difficiles (conflits conjugaux, monoparentalité, délinquance, toxicomanie, non emploi chronique, etc.). Leur nombre ne cesse d'augmenter.

La plupart de ces familles, ou leurs enfants, bénéficient aujourd'hui de diverses mesures d'intégration sociale et économique, de soutien éducatif ou thérapeutique... Ainsi, aux États-Unis, depuis 1965, dans le cadre du projet «*Head-Start*» (Bissel, 1971), de nombreux programmes ont été proposés aux enfants «à risques». Cependant, la plupart des analyses sur leurs effets ont montré qu'ils étaient peu efficaces si les comportements éducatifs des parents ne changeaient pas (Bronfenbrenner, 1979). En effet, ceux-ci assurent en général la permanence et la continuité de la transmission des valeurs et des attitudes éducatives à travers leurs pratiques. L'«éducation parentale», ou «accompagnement parental», a pour objectif de les aider à développer leur potentiel éducatif, à améliorer, si nécessaire, leurs attitudes et leurs pratiques éducatives, afin de favoriser l'adaptation sociale et scolaire de leur enfant.

Dans le cadre de ce projet, le programme de formation destiné à des mères monoparentales «à risques» a donc été implanté dans deux établissements spécialisés de la région de Montpellier. Cette recherche s'appuie sur différents éléments théoriques qu'il convient d'exposer succinctement.

LE CADRE THÉORIQUE DU PROJET ET SES OBJECTIFS

Dans le secteur sanitaire et social, les professionnels sont régulièrement amenés à produire des évaluations sur les compétences des personnes auprès desquelles ils interviennent. Les fonctions de ces évaluations ne sont pas toujours claires et explicites pour les différents partenaires concernés. Nous avons donc suggéré (Pithon, 1985) de clarifier les enjeux, les fonctions, les objectifs, les techniques et les méthodes des pratiques d'évaluation au sein de chartes, ou de contrats, aussi explicites et pertinents que possible. Nous avons hiérarchisé ainsi les divers systèmes d'évaluation selon le degré d'interactions entre évaluateurs et évalués accordant, de ce fait, de plus en plus de pouvoir à l'évalué.

Les principaux types d'évaluation et les contrats d'évaluation en éducation et en formation

L'*évaluation informative* (Vandevelde et Lebrun, 1975) vise à chercher des «indicateurs» sur l'efficacité du déroulement d'un programme d'intervention ou d'une action de formation. Les évalués ne sont pas nécessairement au courant, ni même destinataires des résultats de l'évaluation. En effet, les décisions, concernant l'adaptation ou l'abandon du programme par exemple, sont souvent prises une fois que les évalués ont quitté le système de formation. Toutefois, pour les décideurs et les spécialistes, il est nécessaire que le dispositif d'évaluation utilisé soit aussi transparent que possible eu égard aux techniques, aux méthodes et aux références théoriques utilisées. Ainsi, la présentation et la diffusion des résultats collectifs des deux présentes études intéressaient en priorité les travailleurs sociaux et les décideurs de ce secteur d'intervention dans les institutions de ce type.

L'*évaluation sommative* (Bloom, Englehart, Furst, Hill et Krathwohl, 1971 ; Scriven, 1967) consiste à effectuer des bilans sur les acquisitions des connaissances et la maîtrise des compétences des évalués à divers moments d'un programme d'intervention ou d'une action de formation. Les épreuves de sélection à un concours, les examens, les entretiens d'appréciation, etc., relèvent de ce type d'évaluation. L'évaluateur fixe unilatéralement les «règles du jeu» (types d'épreuves, moments de l'évaluation, barèmes utilisés, coefficients et «sommation» des résultats aux épreuves). Les enjeux sont importants pour l'évalué : obtention d'un diplôme, d'un emploi, d'une promotion, etc. Il a peu de recours possibles, mais il a tout intérêt à connaître à l'avance le maximum de ces règles s'il ne veut pas être disqualifié, ne serait-ce que par un «effet de surprise». Dans les deux études que nous présentons ici, cette fonction traditionnelle de l'évaluation n'est pas mise en œuvre, bien entendu. Toutefois, dans l'esprit des évalués, elle demeure toujours présente sous formes de craintes et de suspicions qu'il faut lever, notamment au moyen de contrats individuels explicites (Prévôt, Landau et Pithon, 1997).

L'*évaluation diagnostique ou pronostique* permet de comprendre les difficultés, les potentialités spécifiques des sujets, à prédire leurs chances de réussite ou d'échec dans un domaine précis, afin de les aider dans leurs apprentissages ou leurs orientations futures. Contrairement aux pratiques précédentes, les interactions entre évaluateur et évalué sont importantes et nécessitent un climat de confiance. Le pré-test de la deuxième étude présentée ici est une illustration de cette pratique (entretiens auprès des mères en difficulté, passation des questionnaires et remise des résultats individuels). Les bilans de compétence relèvent également de cette catégorie d'évaluation. Dans ce contexte, l'évalué a intérêt à bien comprendre les enjeux de cet échange et à coopérer dans les entretiens et les exercices proposés, puisqu'il sera le principal bénéficiaire des résultats de cette action.

L'*évaluation formative*, à l'inverse de la précédente, qui se situe plutôt en amont d'une action de formation, a lieu pendant celle-ci et doit favoriser la synergie du processus « enseignement-apprentissage ». Elle permet de remettre en cause à la fois les stratégies d'apprentissage des formés et les stratégies d'enseignement des formateurs (objectifs, méthodes, exercices, progression). Chaque partenaire de l'action de formation peut, en principe, prendre aussi bien le statut d'évaluateur que d'évalué (Scallon, 1988). Le mauvais fonctionnement du système peut provenir d'erreurs, et non de fautes, de l'apprenant comme de l'enseignant. Seul un contrat de confiance et un échange régulier entre ces deux types de protagonistes peut favoriser une évaluation formative.

L'*auto-évaluation*, enfin, permet aux capacités méta-cognitives de s'exercer et de se développer. Les sujets cherchent à remettre en cause leur fonctionnement, leurs apprentissages et les conditions dans lesquelles ceux-ci se déroulent. Souvent négligée, l'auto-évaluation constitue pourtant la principale force de régulation d'un apprentissage ou d'une activité. Les enfants et les personnes en difficulté doivent être aidés dans cette activité.

Ces deux derniers types d'évaluation sont surtout mis en œuvre dans la deuxième étude présentée ci-après : l'auto-évaluation effectuée à partir de questionnaires précis est régulièrement confrontée à l'évaluation d'experts (éducateurs référents). Forces et faiblesses sont ainsi dégagées pour co-élaborer des contrats de formation individualisés selon la méthode du bilan assisté par ordinateur que nous avons conçue.

L'éducation familiale

L'éducation familiale étudie l'ensemble des interactions éducatives dans la famille et les principales variables qui peuvent les influencer alors que l'éducation parentale ne constitue que l'une de ses dimensions, celle de la formation. Elle analyse les compétences des parents, éducateurs et formateurs, les attitudes et les pratiques éducatives qu'ils mettent en œuvre ainsi que leurs effets sur le comportement et les compétences de l'enfant, dans une perspective écologique.

L'écologie familiale a pour fonction d'analyser les interactions entre l'enfant et ses parents (endosystème), en tenant compte du microsystème familial et de l'ensemble des interrelations dans l'écosystème (méso, exo, macro systèmes).

Pour Fontaine (1990), les attitudes éducatives des parents constituent le « savoir-être » parental. Béland (1992), rapportant l'étude de Summers (1970), définit les attitudes selon quatre dimensions principales :

– ce sont des prédispositions à agir plutôt que des actions comme telles ;

– elles ne changent pas spontanément et sont durables ;

– elles tendent à s'organiser selon une configuration régulière de manifestations individuelles envers un objet ou un sujet ;

– elles tendent à engager émotionnellement les individus envers des objets ou des sujets.

Quant aux pratiques éducatives, Rouzier (1986) les définit comme le « savoir-faire » des parents : ce sont des comportements éducatifs résultant des interactions des parents avec leurs enfants.

Baumrind (1973) dégage quatre dimensions essentielles dans les styles éducatifs : le contrôle, l'autonomie, la communication et l'expression des sentiments (cf. tableau 1). Sheintuch et Lewin (1981) se sont inspirés de ce modèle pour répartir ces quatre dimensions sur un axe bipolaire allant des pratiques les plus favorables aux moins favorables au développement de l'enfant.

Tableau 1
Les styles éducatifs

Pôle négatif (-)	Pôle positif (+)
Contrôle – Impératif-normatif (autorité, règles, normes, punitions sont imposées sans être expliquées ou négociées)	**Contrôle** – Personnel-subjectif (expériences vécues et permissivité sont privilégiées) – Cognitif-rationnel (explications des règles, des valeurs, raisonnements accessibles sont proposés)
Autonomie – Faible autonomie laissée à l'enfant	**Autonomie** – Forte autonomie laissée à l'enfant...
Expression des sentiments – Communication restreinte, implicite...	**Expression des sentiments** – Affects positifs, chaleur...
Communication – Affects négatifs, froideur... – Langage peu élaboré, vocabulaire imprécis...	**Communication** – Communication différenciée, explicite... – Langage élaboré, vocabulaire précis...

Baumrind (1967, 1971, 1973) distingue trois types de styles éducatifs :

– *Le style autoritaire* : style des parents contrôlants, peu clairs et peu chaleureux dans la communication, mais qui favorisent cependant la maturité de leurs enfants.

– *Le style permissif* : style prédominant des parents peu contrôlants, clairs et chaleureux dans la communication, mais qui ne favorisent pas la maturité de leurs enfants.

– *Le style directif* : style des parents contrôlants, clairs et chaleureux dans la communication et qui favorisent aussi la maturité de leurs enfants.

Maccoby (1980) a montré que les enfants dont les parents sont de style autoritaire ou de style permissif sont plus dépendants, plus agressifs, plus désobéissants, moins amicaux avec leurs pairs et manquent de confiance en eux.

Pourtois et Kellerhals (1984) ajoutent que toutes les variables distales (socioculturelles et socio-économiques) ou les variables proximales (interactions parents-enfants, pratiques et attitudes éducatives) ont de multiples répercussions sur le comportement des enfants.

De plus, pour Perrez, Minsel et Wimmer (1990), deux dimensions principales sont favorables à l'adaptation sociale et scolaire de l'enfant : l'autonomie et l'autoresponsabilisation. L'autonomie peut se définir comme la capacité que possède l'individu à trouver lui-même des moyens de se rapprocher de ses objectifs. L'autoresponsabilité est la conscience d'être responsable de son propre comportement et la capacité de s'auto-évaluer d'après des critères reconnus socialement.

Les champs d'étude en éducation familiale

Six champs de recherche et d'intervention sociale en éducation familiale sont en général distingués par la plupart des spécialistes d'après Boutin et Durning (1994) :

1. L'étude des processus éducatifs mis en œuvre par les parents en direction des enfants qu'ils élèvent.

2. Les relations entre les différentes instances participant à l'éducation des enfants : familles et crèche, familles et école, familles et centre de réadaptation, etc.

3. Les formations de parents et les interventions conduites en direction des familles pour les aider dans l'exercice de leurs fonctions éducatives (éducation parentale).

4. Les formations d'intervenants coopérant avec les familles, les aidant ou encore suppléant à certaines de leurs fonctions.

5. Les interventions de suppléance familiale mises en œuvre dans des dispositifs, comme des familles d'accueil ou les internats, dans lesquels les enfants sont élevés en dehors de leur famille.

6. L'analyse des politiques sociales en direction des familles.

Notre recherche porte essentiellement sur l'étude des représentations et des habiletés éducatives des parents dans le but de concevoir une intervention adaptée à leurs besoins. Nous nous situons donc dans l'étude des processus éducatifs (1) et dans la formation parentale (3).

Les divers types d'interventions en éducation parentale ont été évalués. Goodson et Hess (1975) les ont regroupées en trois grands modèles en fonction de leur méthodologie et de leur efficacité.

– *Les programmes d'information* : lettres, communications téléphoniques, bulletins, rencontres parents-éducateurs individuelles ou en groupe, visites des écoles ou des garderies fréquentées par les enfants, diffusion d'informations à caractère éducatif par des articles ou des documents audiovisuels, conférences offertes par des spécialistes (psychologue, orthophoniste, etc.).

– *Les programmes de discussion*, en groupe, animées par des spécialistes, où l'échange d'expériences, de méthodes, sert à dédramatiser des situations et à résoudre des problèmes.

– *Les programmes de formation* où il s'agit véritablement d'apprendre aux parents à développer leurs habiletés éducatives ou à en acquérir de nouvelles.

Les deux premiers modes d'intervention seraient moins efficaces que le dernier pour aider les parents à actualiser leurs habiletés éducatives. Ils peuvent, tout au plus, favoriser une certaine prise de conscience chez les parents qui vont alors développer des attitudes favorables envers l'intervention et inciteront donc l'enfant à participer, sans pour autant s'y investir eux-mêmes. Les programmes de formation, en revanche, sont plus susceptibles de susciter des changements dans le parentage (Halpern, 1984).

Les parents jouent un rôle prépondérant dans le développement cognitif de l'enfant et certaines de leurs attitudes et de leurs pratiques éducatives sont plus favorables que d'autres à l'adaptation sociale et scolaire de celui-ci. Cependant, plusieurs questions se posent :

– Comment peut-on favoriser l'actualisation dans ce sens du potentiel éducatif de parents en difficulté, voire « à risques » ?

– Dans une optique préventive, est-il possible de modifier des attitudes et des pratiques parentales fortement ancrées dans les habitudes des sujets ?

– Quels sont les principaux acteurs pouvant favoriser ce changement chez des mères en difficulté et placées dans des institutions spécialisées ?

Les objectifs du projet

Pour mener à bien le programme de formation, nous avons pensé qu'il fallait d'abord s'appuyer sur les sujets eux-mêmes, et notamment sur leurs capacités d'auto-évaluation, puisqu'ils sont les principaux acteurs de leur propre changement, et sur les professionnels signifiants de leur entourage, dont les hétéro-évaluations avaient plus de chances d'être acceptées comme une aide, en dehors de toute idée de « sanction ».

Nous avons conçu ainsi une procédure d'auto et d'hétéro-évaluation, dans le cadre d'un bilan diagnostic, qui permet de rédiger un contrat de formation individualisée, négocié et signé entre les éducateurs référents et les mères. Ce contrat met en évidence des objectifs précis, définis à partir du bilan diagnostic et de l'observation des mères, ainsi que des moyens à mettre en œuvre pour les atteindre. Il facilite un suivi individuel de chaque mère durant la formation.

En effet, nos recherches antérieures montrent que le renforcement des activités auto-évaluatives sont indispensables dans la gestion des activités de la vie quotidienne (éducatives, scolaires et professionnelles). En tant que processus métacognitifs, elles participent à la gestion et à l'acquisition des connaissances et des pratiques. Mais elles ne sont pas innées et doivent faire l'objet d'un apprentissage social rigoureux et contrôlé (Bandura, 1986). Elles peuvent aussi s'amenuiser et disparaître, si les mesures d'aide et de régulation externes à l'individu ou à sa cellule familiale sont multipliées. L'une de ces mesures pour renforcer et contrôler cette activité métacognitive consiste à faire appel aux évaluations de professionnels (ici les éducatrices et les puéricultrices) qui connaissent, entourent et aident ces populations. Leurs connaissances de celles-ci et du « métier de parent » (normes, valeurs et nécessité d'avoir des pratiques rigoureuses et cohérentes dans l'éducation des enfants) leur permettent d'évaluer les attitudes et les pratiques des mères, à l'aide d'instruments valides et pertinents. À défaut de normes standards et établies en éducation (critères d'évaluation absolus), il reste la nécessité pour les éducateurs et les mères d'expliciter leurs référents, de justifier leurs points de vue à l'aide d'exemples concrets, de discuter ce bilan diagnostic, voire d'apprendre à négocier ensemble le contrat de formation individualisée qui en découle. Cette confrontation sociocognitive s'avère efficace et acceptable pour les partenaires concernés en situation d'évaluation formative et selon des règles déontologiques précises. En effet, elle renforce le réalisme des sujets, améliore le rapprochement des points de vue entre les mères et les professionnels et favorise l'adaptation des sujets à autrui, ainsi qu'aux exigences de leur environnement social et organisationnel (Pithon et Bernard, 1992 ; Pithon et Maisonneuve, 1995).

Il nous paraissait donc nécessaire :
– de concevoir un modèle de formation dont la méthodologie, les contenus, les exercices d'entraînement et d'évaluation formative... facilitent les changements des attitudes et des pratiques de ces mères « à risques » ;
– de vérifier les effets de ce modèle sur l'actualisation du potentiel éducatif de ces mères (évaluation informative).

Ainsi, nous nous sommes fixé comme principaux objectifs :
– d'approfondir les connaissances sur les attitudes, les pratiques et le sentiment de compétence éducatifs d'une population de jeunes mères monoparentales « à risques » par rapport à une population de jeunes mères « tout venant » ;
– d'élaborer un modèle de formation pour ces mères qui pourrait être adapté à des contextes similaires et à des populations plus nombreuses (en milieu ouvert, dans des centres de protection maternelle infantile, etc.), en utilisant les ressources du milieu et en instaurant un réel rapport contractualisé de partenariat entre les parents et les intervenants (éducatrices, puéricultrices, psychologues, etc.).

Nous avons donc tenté de vérifier les hypothèses suivantes :

1. Dans une optique d'évaluation diagnostique, les instruments utilisés devraient permettre de cerner les éventuelles difficultés psychologiques spécifiques aux mères monoparentales « à risques » sur le plan des attitudes, des pratiques et du sentiment de compétence éducatifs. Sur le plan individuel, ils devraient pouvoir, entre autres, servir de référence pour élaborer des contrats individualisés de formation à partir de la confrontation du point de vue des professionnels et des mères.

2. Dans une optique d'évaluation informative, visant à cerner les effets du programme de formation proposé, les mères « à risques » devraient se rapprocher, dans leur auto-évaluation en fin de formation, des mères « tout venant ». Cette évaluation, confirmée par l'hétéro-évaluation des référents, devrait montrer que les pratiques éducatives sont plus élaboratives, les attitudes moins contrôlantes et le sentiment de compétence plus élevé.

LA MÉTHODOLOGIE DE RECHERCHE ET D'INTERVENTION

Pour mettre en place un programme de formation adapté à ces populations « à risques », il était souhaitable :

– De concevoir d'abord un dispositif d'évaluation diagnostique (prétest) à l'aide d'instruments qui fassent apparaître les éventuelles difficultés psychologiques de ces mères adolescentes par rapport à des mères de la population « tout venant ».

– De construire ensuite un programme collectif de formation ayant pour objectifs de remédier à ces éventuelles difficultés, tout en assurant un suivi personnalisé des apprentissages à l'aide de contrats éducatifs individualisés et d'exercices d'évaluation formative.

– Enfin, de repérer les changements induits par la formation afin d'apprécier le degré de pertinence de l'intervention et d'améliorer, si nécessaire, les programmes ultérieurs (évaluation informative en post-test).

L'échantillon

Deux établissements spécialisés de la région ont participé à ce projet. Ces deux institutions accueillent des mères en difficulté et à forts risques psychosociaux (délinquance, drogue, prostitution, mauvais traitements, viol, inceste...). Ces mères qui constituent le premier groupe ont toutes un enfant très jeune (de quelques mois à 4 ans), mais elles se différencient par leur âge : mères adolescentes pour le premier établissement et jeunes mères adultes pour le second. Le second groupe est composé de mères dont les enfants sont inscrits dans des crèches et des haltes garderies de Montpellier et de Nîmes. Elles appartiennent à des familles ordinaires, sans difficultés sociales ou économiques notables. Elles constituent le groupe de référence, dit « tout venant », et ne font l'objet d'aucun suivi éducatif particulier. Enfin, un « groupe contrôle », composée de mères en difficulté, a pu être testé dans les mêmes conditions que le groupe 2.

Les instruments d'évaluation

Deux instruments d'évaluation indirecte sont administrés à ces populations. Leurs qualités psychométriques ont été établies aux États-Unis et, en langue française au Québec, mais devraient faire ultérieurement l'objet d'une validation approfondie en France.

– *Le Questionnaire d'évaluation des attitudes et des pratiques éducatives parentales (QEAPEP)*, conçu et validé au Québec (Terrisse et

Rouzier, 1986; Rouzier, 1986; Terrisse, Trudelle et Rouzier, 1997). Il mesure le degré d'élaboration des pratiques éducatives sur une échelle «limitation-élaboration» et le degré de tolérance dans les attitudes éducatives sur une échelle «contrôle-autonomie». Cet instrument a récemment été revalidé et complété par une échelle de «locus» de contrôle parental (Terrisse et Larose, 1998).

– *Le Questionnaire d'auto-évaluation de la compétence éducative parentale (QAECEP)*, conçu et validé aux États-Unis par Gibaud-Wallston (1977), puis traduit et adapté au Québec par Terrisse et Trudelle (1988). Ce questionnaire mesure deux dimensions : le sentiment d'efficacité et le sentiment de satisfaction face au rôle parental (Terrisse, Trudelle et Rouzier, 1997).

Pour améliorer la conception et la gestion des pratiques d'évaluation, nous avons conçu, fait développer, puis testé un logiciel expérimental d'assistance aux pratiques évaluatives (Pithon et Samatan, 1994). Ce logiciel ne dépend pas d'une matière ou d'un contenu particulier. Il laisse aux utilisateurs une grande diversité de pratiques, mais nécessite soit de créer des questions appropriées, soit d'utiliser des questionnaires avec des échelles d'appréciation (du type QEAPEP ou QAECEP). Il permet notamment d'élaborer des référentiels de compétences, des taxonomies évolutives d'objectifs à maîtriser dans l'exercice d'une tâche, d'un métier, ou de capacités à acquérir lors d'une formation. Nous l'avons expérimenté dans des activités variées, notamment pour gérer les évaluations formatives et sommatives de contractions de textes (Pithon et Bernard, 1992), issues d'entretiens d'appréciation (Pithon et Arnol, 1992), ou de formations en entreprise (Pithon et Maisonneuve, 1995). La représentation graphique des profils individuels et collectifs (d'auto ou d'hétéro-évaluation) permet d'opérationnaliser le bilan forces-faiblesses d'un apprenant par superposition de son profil d'auto-évaluation au profil d'évaluation établi par le formateur ou un expert servant de référence (hiérarchisation automatique des points forts et des points faibles). Ce support graphique facilite la mise en œuvre des contrats pédagogiques négociés et adaptés à chaque apprenant dans une perspective de remédiation ou de soutien. Chaque contrat est ainsi rendu transparent en explicitant les critères des objectifs à maîtriser, en spécifiant les efforts à fournir ou les ressources à travailler. Il permet aux évaluateurs (formateurs, éducateurs référents...) d'assurer un suivi individuel et collectif des apprenants qui peuvent ainsi régulièrement situer l'évolution de leurs acquisitions dans le parcours pédagogique défini et négocié au départ (Prévôt, Landau et Pithon, 1997).

Le dispositif de recherche et d'intervention auprès des populations concernées

L'usage des épreuves d'évaluation n'est pas le même dans les deux groupes au cours des trois étapes de l'intervention (*cf.* tableau 2) :

– Dans le groupe 1, le bilan diagnostic est obtenu par confrontation de l'auto-évaluation des mères « à risques » à l'hétéro-évaluation des professionnels (puéricultrice et éducatrice référantes). L'analyse des résultats (bilans et profils hiérarchisés) pour le groupe 1 se fait à l'aide de l'assistance informatique.

– Dans le groupe 2 (mères adultes «tout venant»), le déroulement est identique, mais, en l'absence de professionnel référent, il n'y a qu'une auto-évaluation des mères.

– Dans le groupe contrôle 3 (mères monoparentales «à risques»), le déroulement est identique au groupe 2.

Tableau 2
Le protocole de recherche

Groupes	Etape 1 évaluation diagnostique	Etape 2	Etape 3 évaluation informative
Groupe 1 mères mono- parentales «à risques»	A.E. H.E. Éduc./puér. Confr. soc.-cogn.	Formation Évaluation formative	A.E. H.E. Éduc./puér. Confr. soc.-cogn.
Groupe 2 mères biparentales «tout venant»	A.E.	——	A.E.
Groupe 3 mères monoparentales «à risques»	A.E.	——	A.E.

Légende
éduc. = éducatrice référente
puér. = puéricultrice référente
confr. Soc.-cogn. = confrontation socio-cognitive entre H.E. et A.E.
A.E. = auto-évaluation des mères
H.E. = hétéro-évaluation de l'éduc. et de la puér.

L'intervention pédagogique

L'organisation et l'animation de la formation ont été assumées dans les deux établissements par deux chercheurs de l'Université de Montpellier III (Landau, 1995 ; Prévôt, 1997). Chaque séance de formation comporte quatre séquences (1. déclencheur ; 2. discussion ; 3. apport d'information ; 4. entraînement). Le déclencheur peut revêtir plusieurs formes (jeux de rôle, dessins humoristiques, diapositives, vidéo) et a pour objectif de dynamiser la séance puis de permettre d'introduire une discussion sur un thème particulier. La discussion-information suit donc le déclencheur en s'appuyant sur le vécu et l'expérience des mères. De cet échange émergent des informations sur les avantages et inconvénients de telles ou telles attitudes ou pratiques éducatives. L'apport d'informations vient compléter ces premiers constats. L'entraînement est constitué d'études de cas et de mises en situation afin que les mères puissent mettre en pratique les contenus théoriques proposés pendant la séance. Une séance est constituée de plusieurs séquences pédagogiques et, à chacune d'elle, correspondent des objectifs spécifiques et des exercices individuels ou collectifs.

ANALYSE DES RÉSULTATS

Les résultats du groupe contrôle 3 de «mères à risques» ne diffèrent pas de ceux du pré-test du groupe expérimental 1, constitué également de mères en difficulté. Par ailleurs, il n'y a pas de changement significatif entre le pré et le post-test. Nous ne présenterons donc pas ces résultats dans ce chapitre.

Les évaluations diagnostiques

Seules les données de l'auto-évaluation peuvent servir de comparaison entre ces deux ensembles de groupes dans cette phase d'évaluation diagnostique. Nous ne présentons dans ce texte que les scores globaux (comparés à l'aide du test statistique U de Mann et Whitney pour échantillons indépendants).

Les mères «à risques» (N = 59) se différencient nettement du groupe 2 de mères «tout venant» (N = 44) eu égard aux dimensions étudiées (*cf.* tableau 3).

Pour les pratiques éducatives, les mères «tout venant» pensent avoir des pratiques éducatives plus élaboratives ($p < 0,05$), donc plus adaptées à l'éducation des enfants.

Tableau 3
Évaluation diagnostique effectuée à partir des auto-évaluations.
Comparaisons entre mères «à risques» (N = 59) et mères «tout venant» (N = 44)

Domaines	Type de famille	$\overline{X}$	E.t.	p
Pratiques éducatives	«à risques»	99,73	13,22	
	«tout venant»	103,6	12,7	**0,05***
Attitudes éducatives	«à risques»	48,90	7,99	
	«tout venant»	53,57	9,42	**0,02***
Sentiment de compétence éducatif	«à risques»	64,51	8,48	
	«tout venant»	68,89	7,74	**0,02***

Pour les attitudes éducatives, les mères «tout venant» pensent avoir des attitudes éducatives plus favorables à l'autonomie des enfants (p < 0,02).

Pour le sentiment de compétence éducatif, les mères «tout venant» donnent l'impression d'avoir un sentiment de compétence parentale moins fort que les «mères à risques». La différence est statistiquement significative du point de vue du score global (p < 0,02), et cette tendance se confirme pour le score partiel concernant la dimension «satisfaction» (p < 0,01). En revanche, les résultats obtenus pour le sentiment d'efficacité sont très surprenants : les mères «à risques» se sentent significativement plus efficaces que les mères «tout venant» (p < .05).

Ces résultats globaux vont dans le sens de la confirmation des études de validation de ces épreuves effectuées aux États-Unis et au Québec. Ces épreuves discriminent bien une population sans risques particuliers d'une population placée en institution en raison de ses difficultés à élever ses enfants de façon autonome. (Pour confirmer ces analyses, il faudrait disposer d'un échantillon français plus important.) Par la suite, nous approfondirons ces données à l'aide des scores partiels.

L'évaluation informative des effets possibles de la formation

Les résultats présentés concernent la comparaison des deux échantillons appariés (mêmes mères avant et après la période de formation). L'étude de la significativité des différences a été faite à l'aide du test de Wilcoxon (*cf.* tableau 4).

Les mères «tout venant», n'ayant pas suivi de formation particulière, ont été testées en auto-évaluation (AE) deux mois après la première passation avec les mêmes instruments. L'effectif est ici un peu plus faible (N = 28) car une partie du groupe n'a pas répondu au post-test.

Pour les mères « à risques », qui ont pu suivre l'ensemble de la formation (N = 14), nous utilisons également le point de vue des « professionnels » référents, (éducatrice et puéricultrice), qui ont évalué ensemble (à deux) les mères à l'aide des mêmes instruments en hétéro-évaluation (HE). Cette procédure d'évaluation a été choisie pour plusieurs raisons : pour les mères, elle donne plus de crédibilité à l'évaluation ; pour les évaluatrices, elle leur permet d'assumer leur responsabilité de « référent » plus particulièrement chargé d'une mère et de son enfant dans l'institution. C'est aussi l'occasion, parfois exceptionnelle, d'une confrontation et d'un échange à propos de points précis plus ou moins bien perçus par les professionnels ; enfin, cette procédure donne un point de vue unique pour les deux référents. Il aurait été possible de demander les deux points de vue séparés pour engager une discussion sur les points à forte divergence entre les professionnels. Mais cette procédure risquait de susciter d'éventuels conflits au sein de l'équipe éducative et de diminuer la crédibilité des référents aux yeux des mères qui auraient pu demander les profils séparés. Sachant que ces épreuves discriminent bien les mères « à risques » des mères « tout venant », les profils individuels, tout particulièrement les points faibles, où il y a une bonne convergence entre mères et professionnels, ainsi que les observations effectuées pendant des activités de jeu ou de soin, ont apporté des éléments concrets pour établir des contrats individualisés de formation.

Tableau 4
L'évaluation informative des effets de la formation

Domaines	Types de famille	Types d'évaluations	$\overline{X}$ Pré-test	$\overline{X}$ Post-test	E.t. Pré-test	E.t. Post-test	p
Pratiques éducatives	« à risques »	Auto-éval.	99,4	107,4	11,2	16,2	0,05*
		Hétéro-éval.	79,9	86,1	13	16,6	0,10*
	« tout venant »	Auto-éval.	104,2	106,3	13,8	15,9	N.S.
Attitudes éducatives	« à risques »	Auto-éval.	50,2	54,6	9,4	9,1	0,05*
		Hétéro-éval.	46,4	53,5	10,8	9,3	0,05*
	« tout venant »	Auto-éval.	54,3	54,5	10,2	9,3	N.S.
Sentiment de compétence éducatif	« à risques »	Auto-éval.	63,5	68	8,7	8,5	0,10*
		Hétéro-éval.	53,9	61,9	11,9	9,3	0,02*
	« tout venant »	Auto-éval.	69,7	71,5	8,3	7,6	N.S.

– *Pour les pratiques éducatives*, les mères « tout venant » ne pensent pas avoir changé de style dans leurs pratiques éducatives. Cette stabilité des réponses révèle une bonne fidélité de l'instrument. Par contre, les mères « à risques » pensent avoir amélioré leurs pratiques éducatives ($p < 0,05$), au point de dépasser, de façon non significative cependant, les mères « tout venant ». Les référents ne perçoivent pas de progrès substantiels (NS), mais ils se caractérisent par une évaluation très sévère, aussi bien avant qu'après la formation ($p < 0,10$). Ils attestent sans doute par là d'un niveau d'exigence très élevé ou d'une représentation protypique de la mère « à risques ».

– *Pour les attitudes éducatives*, les mères « tout venant » confirment la stabilité de leurs réponses deux mois après la première passation. L'épreuve sur les attitudes éducatives aurait donc également une bonne fidélité. Les progrès enregistrés par les mères « à risques » sont significatifs ($p < 0,05$) et leurs scores rejoignent le niveau de ceux des mères « tout venant ». Enfin, les référents, toujours plus sévères avant et après la formation, perçoivent un net progrès dans les attitudes de ces mères ($p < 0,05$).

– *Pour le sentiment de compétence éducatif*, les mères « tout venant » ne donnent pas l'impression d'avoir un meilleur sentiment de compétence deux mois après la première passation. Cette épreuve semble avoir également une bonne fidélité. Les mères « à risques » disent avoir, en moyenne, un meilleur sentiment de compétence parentale, mais cette différence n'est pas statistiquement significative ($p < 0,10$). Les référents indiquent nettement que les mères ont un meilleur sentiment de compétence parentale ($p < 0,02$). Leurs évaluations restent toujours en deçà de l'auto-évaluation des mères « à risques ».

Le personnel de l'établissement (éducatrices, puéricultrices, psychologue clinicienne), lors de l'évaluation qualitative de groupe à la fin de l'étape 3, a clairement indiqué que les mères faisaient souvent référence, et à bon escient, aux exercices de formation lorsqu'elles étaient confrontées à des situations problématiques avec leur enfant. Il s'agit sans doute d'un effet possible du transfert des apprentissages en situation de formation vers des situations de la vie quotidienne mais malheureusement plus difficile à appréhender de façon expérimentale.

DISCUSSION DES RÉSULTATS

Ce premier compte rendu de cette recherche exploratoire permet de constater que les deux principales hypothèses sont confirmées dans leur ensemble.

Les résultats de l'évaluation diagnostique permettent de caractériser les difficultés spécifiques d'une population de mères «à risques» par rapport à une population de mères «tout venant». Les profils individuels dressés à l'aide de ces outils, grâce à la méthode de confrontation des points de vue professionnels/mères, constituent donc des éléments valides et sensibles pour établir des contrats individualisés de formation (points forts à perfectionner, points intermédiaires à discuter et, surtout, points faibles à surmonter grâce aux exercices d'apprentissage proposés pendant la formation).

Les résultats de l'évaluation informative, qui ne portent toutefois que sur un groupe expérimental restreint, sont très encourageants :

– Les mères «à risques» ont vraiment l'impression d'avoir progressé au point d'arriver à des seuils similaires à ceux enregistrés par des mères «tout venant».

– Les mères «tout venant» manifestent une stabilité de leurs réponses sur les quatre outils utilisés, ce qui confirme les qualités métrologiques des instruments utilisés.

– Les référents (éducatrices et puéricultrices), seuls professionnels habilités à évaluer les mères «à risques», attestent également des progrès réalisés par celles-ci à la suite de cette formation, mais de façon moins évidente qu'elles.

Cependant, les résultats confirment l'extrême sévérité de l'évaluation des professionnels à l'égard de populations en difficulté dont ils ont la charge. Nous avons déjà observé ce phénomène auprès d'autres professionnels travaillant auprès d'adolescents caractériels. Tout se passe comme s'ils avaient besoin de justifier leur mission d'évaluateurs auprès de populations en difficulté. Seule une analyse lourde et complexe de films vidéo portant sur les pratiques effectives de ces mères pourrait nous indiquer si ces évaluations ne relèvent pas d'une évaluation protypique à l'égard de ces populations en difficulté.

CONCLUSION

Les résultats de cette recherche exploratoire indiquent nettement qu'il est possible de faire évoluer favorablement les attitudes et les pratiques éducatives ainsi que le sentiment de compétence de mères «à risques». Cette étude préliminaire devrait être reprise avec plus de moyens et sur des échantillons plus importants. Il serait aussi nécessaire de procéder à une validation des instruments québécois (QEAPEP, QAECEP) auprès de populations françaises. Cette recherche soulève aussi des interrogations sur les représentations qu'ont les professionnels des populations en difficulté. Il peut s'agir de représentations réalistes de la situation, voire plus réalistes que celles des sujets eux-mêmes. Il peut aussi s'agir de préjugés, de prédictions auto-déterminantes négatives. Ce fait, à lui seul, mériterait d'être approfondi par la recherche.

Il serait souhaitable, mais plus coûteux en raison du suivi longitudinal de la population d'enfants à réaliser, de montrer que ce type d'intervention auprès de parents « à risques » facilite l'adaptation sociale et scolaire de leurs enfants, voire leur insertion professionnelle ultérieure. Compte tenu de l'augmentation des familles « à risques », et notamment des mères adolescentes, il paraît donc indispensable de développer des pratiques de prévention en éducation parentale.

BIBLIOGRAPHIE

BANDURA, A. (1986), *Social Foundations of Thought and Action*, Englewood Cliffs, NJ : Prentice-Hall.

BAUMRIND, D. (1967), « Child Care Practices Anteceding Three Paterns of Preschool Behavior », *British Journal of Education Psychology*, 75, 1, 43-88.

BAUMRIND, D. (1971), « Current Patterns of Parental Authority », *Developmental Psychology Monograph*, 4, 3, 1-103.

BAUMRIND, D. (1973), « The Development of Instrumental Competence through Socialization », p. 42-91, dans *Symposium on Child Psychology*, vol. 7, sous la direction d'A.D. Pick, Minneapolis, Min. : University of Minnesota Press.

BÉLAND, F. (1992), « La mesure des attitudes », p. 399-423, dans *Recherche sociale : de la problématique à la collecte des données*, 2e éd., sous la direction de B. Gauthier, Ste-Foy, Qué. : Presses de l'Université du Québec.

BISSEL, (1971), *Implementation of Planned Variation in Head Start*, vol. 1, Review and Summary of the Standford Research Institute Interim Report; 1st year of Evaluation, Washington, DC : Nationale Institute of Child Health and Human Development.

BLOOM, B., ENGLEHART, M., FURST, E., HILL, W. et KRATHWOHL, D.A. (1971), *Taxonomy of Educational Objectives*, vol. 1, *The Cognitive Domain*, New York : Longmans Green.

BOUTIN, G. et DURNING, P. (1994), *Les interventions auprès des parents*, Toulouse : Privat.

BRONFENBRENNER, U. (1979), *The Ecology of Human Development*, Cambridge, Mass. : Harvard University Press.

FARRAN, D.C. (1990), « Effects of Intervention with Disadvantaged and Disabled Chidren : a Decade Review », p. 501-540, dans *Handbook of Early Childhood Intervention*, sous la direction de S.J. Meisels et J.P. Schonkoff, Cambridge, Mass. : University of Cambridge Press.

FONTAINE, A.M. (1990), « Pratiques éducatives familiales et motivation pour la réussite d'adolescents en fonction du contexte social », p. 209-224, dans *Education familiale et intervention précoce*, sous la direction de S. Dansereau, B. Terrisse et J.M. Bouchard, Montréal, Qué. : Éditions Agence d'Arc.

GIBAUD-WALLSTON, J. (1977), *Self-Esteem and Situational Stress : Factors Related to Sense of Competence in New Parents*, Thèse de doctorat non publiée, Département de psychologie clinique, New York : George Peabody College of Teachers, University of Rhode Island.

GOODSON, B.D. et HESS, R.D. (1975), *Parents as Teachers of Young Children : an Evaluative Review of Some Contemporary Concepts and Programs*, Stanford, Cal. : Stanford University.

HALPERN, R. (1984), «Lack of Effects of Home-based Early Intervention. Some Possible Explanations?», *Journal of American Orthopsychiatric Association*, janvier, 54, 3, 33-42.

LANDAU, D. (1995), *Accompagnement de la relation parent-enfant et dispositif de protection de l'enfant : les apports de l'éducation parentale (d'une formation en institution à la faisabilité d'un outil de prévention interinstitutionnel «en milieu ouvert»)*, Rapport de DESS de psychologie du travail non publié, Montpellier : Université Paul-Valéry, Montpellier III, laboratoire de psychologie sociale.

MACCOBY, E.E. (1980), *Social Development : Psychological Growth and the Parent Child Relationship*, New York : Harcourt, Brace et Jovanovitch.

PERREZ, M., MINSEL, B. et WIMMER, H. (1990), *Ce que les parents devraient savoir*, Bruxelles : Éditions Labor, Collection «Horizon-famille».

PITHON, G. (1985), «Évaluation du travail pluridisciplinaire : enjeux et principes méthodologiques élémentaires», p. 119-130, dans *La pluridisciplinarité*, sous la direction du CTNERHI, Paris : Les publications du CTNERHI (diffusion PUF).

PITHON, G. et ARNOL, G. (1992), «'Mentor' : un logiciel pour assister les pratiques d'évaluation», p. 185-196, dans *Questionnements automatisables*, Actes du 2ᵉ colloque international de la Chambre de commerce, Paris : Université Paris VII, ESIEE.

PITHON, G. et BERNARD, C. (1992), «Expérimenter en formation des adultes un logiciel d'évaluation», p. 191-199, dans *Évaluation et innovation dans les organisations*, sous la direction de C. Lemoine, Paris : EAP.

PITHON, G. et MAISONNEUVE, S. (1995), «Contractualiser et optimiser l'évaluation : effets d'une charte de formation sur les compétences professionnelles», *Psychologie du travail et des organisations*, 1, 1, 49-66.

PITHON, G. et SAMATAN, A. (1994), «Gestion informatisée des évaluations», p. 51-64, dans *À quoi sert aujourd'hui la psychologie sociale?*, sous la direction de G. Guigouain et F. Le Poultier, Rennes : Presses de l'Université de Rennes.

PITHON, G. et TERRISSE, B. (1995), «L'évaluation diagnostique et formative assistée par ordinateur appliquée à un processus de formation en éducation parentale», p. 360-384, dans *Famille en transition*, sous la direction de M. Perrez, J.L. Lambert, C. Emert et B. Plancherel, Fribourg/Berne : Presses de l'Université de Fribourg/Hans-Huber Verlag.

POURTOIS, J.P. et KELLERHALS, J. (1984), *Comment éduquer les parents?*, Bruxelles : Éditions Labor.

PRÉVOT, O. (1997), *Parentage : prévention et formation. Recherches sur les attitudes, les pratiques éducatives et le sentiment de compétence parentale de mères françaises en difficulté*, Thèse de doctorat non publiée, Montpellier : Université Paul-Valéry, Montpellier III, Département de psychologie.

PRÉVOT, O., LANDAU, D. et PITHON, G. (1997), «Le contrat individualisé de formation en éducation parentale, confrontation des points de vue des mères à risques, des travailleurs sociaux et des formateurs dans un contexte institutionnel français», p. 87-105, dans F. Tochon (éd.) *Éduquer avant l'école, l'intervention préscolaire en milieux défavorisés et pluriethniques*, Montréal, Qué. : Presses de l'Université de Montréal, Bruxelles, De Bœck.

ROUZIER, F. (1986), *L'élaboration d'un questionnaire d'évaluation des attitudes et des pratiques éducatives des parents d'enfants d'âge préscolaire*, Mémoire de maîtrise non publié, Montréal, Qué. : Département des sciences de l'éducation, Université du Québec à Montréal.

SCALLON, G. (1988), *Évaluation formative des apprentissages*, Québec, Qué. : Presses de l'université Laval.

SCRIVEN, M. (1967), «The Methodology of Evaluation», p. 39-83, dans *Perspectives of Curriculum Evaluation*, sous la direction de R. Tyler, AERA Monograph Series on Curriculum Evaluation, n° 1, Chicago, Ill. : Rand McNally.

SHEINTUCH, G. et LEWIN, G. (1981), «Parent's Attitudes and Children's Deprivation : Child Rearing Attitudes of Parents as Key to the Advantaged-Disavantaged Distinction in Preschool Children», *International Journal of Behavior Development*, 4, 1, 125-142.

SUMMERS, G.F. (1970), *Attitudes Measurement*, Chicago, Ill. : Rand McNally.

TERRISSE, B. et LAROSE, F. (1998), *L'échelle des compétences éducatives parentales (ECEP)*, St-Sauveur, Qué. : Les éditions du Ponant.

TERRISSE, B. et PINEAULT, C. (1989), «Contexte théorique et analyse des effets du programme d'éducation familiale (PEF) sur les attitudes et les pratiques éducatives des parents d'enfants d'âge préscolaire», p. 165-191, dans *Les thématiques en éducation familiale*, sous la direction de J.P. Pourtois, Bruxelles : Éditions De Bœck-Wesmael Université, Collection «Pédagogie en développement».

TERRISSE, B. et ROUZIER, F. (1986), *Questionnaire d'évaluation des attitudes et des pratiques éducatives des parents d'enfants d'âge préscolaire*, Montréal, Qué. : Groupe de recherche en adaptation scolaire et sociale, Département des sciences de l'éducation, Université du Québec à Montréal.

TERRISSE, B. et TRUDELLE, D. (1988), *Questionnaire d'auto-évaluation de la compétence éducative parentale, QAECEP* (adaptation de la «Parenting Sense of Competence Scale» de J. Gibaud-Wallston), Montréal, Qué. : Groupe de Recherche en adaptation scolaire et sociale, Département des sciences de l'éducation, Université du Québec à Montréal.

TERRISSE, B., TRUDELLE, D. et ROUZIER, F. (1997), *L'évaluation des compétences éducatives parentales : I. Attitudes et pratiques éducatives ; II. Sentiment de compétence*, Montréal, Qué. : Groupe de recherche en adaptation scolaire et sociale, département des sciences de l'éducation, Université du Québec à Montréal.

VANDEVELDE, L. et LEBRUN, B. (1975), «Essai d'évaluation scolaire informative», *Revue belge de psychologie et de pédagogie*, 152, 37, 27-78.

Chapitre 10
La méthode «*Cercle*» : une approche innovatrice de coopération interdisciplinaire en intervention précoce avec la participation des parents

Ines Schlienger*, Hedi Jantsch** et Klaus Hasemann***
Centre universitaire spécialisé de pédagogie thérapeutique, Zurich, Suisse*, Institut de ressources pour les centres d'intervention précoce hessois, Cassel, Allemagne**, Université de Bonn, Allemagne***

Depuis deux ans, notre équipe de recherche dont les membres sont à Zurich, à Cassel et à Bonn, de part et d'autre de la frontière germano-suisse, s'intéresse à la coopération entre professionnels ainsi qu'à la coopération entre professionnels et parents dans le cadre de l'intervention précoce auprès d'enfants handicapés. En observant les inquiétudes et les soucis quotidiens des professionnels et des parents, nous nous sommes aperçus qu'ils réclamaient depuis longtemps une coopération plus intense et soutenue dans la pratique. Malgré des efforts dans ce sens, les effets escomptés n'ont été que rarement atteints : soit professionnels et parents se résignent, soit ils essaient d'atteindre leurs objectifs par des entretiens bilatéraux, soit ils restent sur leurs positions. Mais les parents sont-ils vraiment aussi difficiles d'accès, aussi peu coopératifs et aussi incapables d'assumer leurs problèmes que le pensent beaucoup de professionnels ? Les professionnels utilisent-ils délibérément un jargon incompréhensible vis-à-vis des parents afin de mieux pouvoir préserver leur statut, comme le leur reprochent ceux-ci ? Les médecins et les pédagogues ne sont-ils habituellement en désaccord qu'en raison de leur différence de langage ? Les thérapeutes de formations différentes rivalisent-ils entre eux de façon acharnée parce qu'ils ne se sentent pas appréciés à leur juste valeur du point de vue professionnel ? Les parents dressent-ils les professionnels les uns contre les autres parce qu'ils sont inquiets ? Tous ces questionnements se rencontrent dans la pratique (Herberg, Jantsch et Sammler, 1992). Ils indiquent clairement qu'il est urgent de faire appel à de nouveaux concepts théoriques et pratiques, à des expériences contrôlées ainsi que d'ancrer institutionnellement une coopération élargie. Dans un tel contexte, nous avons retenu les points suivants pour conceptualiser la méthode « *Cercle* ». Il s'agissait de développer une méthode qui :

– stimule et favorise le dialogue entre tous les professionnels impliqués auprès de la famille de l'enfant handicapé ;

– intègre les parents sur un pied d'égalité dans les entretiens interdisciplinaires ;

– tienne compte des différences (dans les rôles, fonctions, devoirs, structures relationnelles) entre les parents et les professionnels, ainsi qu'entre les professionnels entre eux ;

– réduise les « jargons » spécifiques et facilite la compréhension réciproque ;

– renforce la conscience personnelle et professionnelle de chacune des personnes impliquées, favorisant ainsi son autonomie, son assurance et son bien-être ;

– conduise à une réduction des projections, des connotations négatives ou restrictives et de l'exercice du pouvoir ;

– ouvre des espaces de liberté afin de déclencher des processus de transformation dans le domaine des représentations et des attitudes vis-à-vis de l'enfant handicapé ou vis-à-vis des autres référents ;

– favorise les interventions des professionnels aussi bien dans le sens d'une plus grande transparence et d'une plus grande clarté dans les accords que d'une organisation optimale de l'environnement de l'enfant handicapé.

LES FONDEMENTS THÉORIQUES DE LA MÉTHODE « *CERCLE* »

Trois courants fondamentaux ont été déterminants pour le développement du concept que nous présentons ici :

L'«*empowerment*» (Weiss, 1992) et l'orientation de ressources dans le travail pédagogique et psychosocial (Dunst, Trivette et Deal, 1988). Les idées directrices sont d'intégrer, dans l'intervention auprès des personnes handicapées, les ressources de toutes les personnes concernées, en particulier des parents, et de protéger par principe et avec le plus grand soin toutes ces personnes contre les sentiments de honte, les expériences d'échec et la toute-puissance des professionnels.

La pédagogie coopérative (Schönberger, Jetter et Praschak, 1987; Schlienger, 1990) qui nécessite, dans l'intérêt d'une promotion optimale des enfants handicapés, la coopération de tous les professionnels impliqués. Elle accorde une extrême importance à l'analyse des situations de coopération, analyse qui se situe sur le plan des valeurs culturelles (rapports entre tous les participants dans une situation donnée), sur le plan des objectifs (décisifs dans cette situation) et sur le plan des démarches concrètes nécessaires pour atteindre les objectifs fixés. Il y a coopération seulement lorsque toutes les valeurs ont été clarifiées, lorsque toutes les personnes concernées se sont mises d'accord sur les objectifs et qu'elles sont prêtes à des actions réciproques (tour à tour symétriques et complémentaires) dans le cadre d'un processus de promotion. C'est ainsi que seront déterminés clairement les compétences respectives et les domaines d'activités des différentes personnes impliquées.

La perspective systémique, en général (Andersen, 1991; Selvini-Palazzoli et Boscolo, 1981) et, en particulier dans l'intervention précoce (Schlienger, 1990) qui amène chez les professionnels un changement dans leurs relations et dans la conception de leurs tâches. Dans cette perspective, les références aux valeurs, les objectifs de la famille pour l'éducation et le développement de l'enfant ainsi que les objectifs pour tous les membres de la famille, sont placés au premier plan, et les objectifs à atteindre sont discutés par toutes les personnes concernées. Cela signifie pour les professionnels qu'ils doivent prendre temporairement de la distance par rapport à leurs propres conceptions d'objectifs ou de valeurs dans l'esprit d'une négociation coopérative. De récentes délimitations de la perspective systémique de la thérapie familiale démontrent que la pensée et l'action systémiques sont possibles dans le cadre d'une intervention pédagogique ou médicale.

Toutes ces approches se fondent sur un point de vue philosophique et scientifique donné, celui du constructivisme (Maturana et Varela, 1987), d'après lequel :

– toute réalité est empreinte par la faculté de perception et la résistance à la persuasion de la personne qui perçoit, interprète et réagit. Ceci détermine non seulement le *comment* de la perception, mais aussi fondamentalement le *quoi*;

– chaque «réalité», par conséquent, n'existe qu'en tant que réalité subjective de celui qui perçoit. Elle dépend donc du contexte social et se trouve sujette à des variations, lesquelles sont dues à une modification du schéma individuel de perception et d'interprétation ou à une modification des conditions sociales.

Nous sommes conscients que cette approche peut être empreinte de relativisme. Cependant, le rapprochement entre la coopération et le constructivisme nous paraît actuellement être le plus adapté. Selon ce dernier, l'être humain n'est pas uniquement un organisme réagissant à des stimuli extérieurs, mais un sujet qui se réfère à des théories subjectives et qui agit selon ces théories. C'est pourquoi il est considéré comme capable d'autoréflexion, de rationalité et de communication. La signification des théories subjectives sur le monde, sur soi-même, sur les autres et sur les relations interindividuelles se pose ainsi au premier plan pour chaque individu et pour toute structure relationnelle. Dans cette nouvelle optique, le sujet interrogé (et lui seul) est expert en ce qui concerne son champ d'action intérieur. Cependant, nous ne prétendons pas que ces structures cognitives soient présentes dans la conscience et qu'elles pourraient être exprimées avec précision sur demande. Mais nous supposons que les théories subjectives peuvent se refléter, s'actualiser et se reconstruire dans le dialogue avec un interlocuteur qui n'émet pas de jugement de valeur. Les influences extérieures (conseils, critiques, exigences) constituent, la plupart du temps, une atteinte à l'intégrité de la personne et provoquent une déstabilisation grave. Ceci signifie aussi que des interventions imposées de l'extérieur, empiétant de façon autoritaire sur le schéma d'interprétation du monde, sont ressenties plutôt comme une menace que comme une aide. Dans la plupart des cas, elles ne sont donc pas acceptées. Par contre, les transformations venant de l'intérieur peuvent changer la perception et l'interprétation du monde, ce qui favorise davantage la confiance en soi et la réalisation du concept personnel.

À partir de ces hypothèses fondamentales, nous avons essayé de développer une approche méthodique tenant compte de la multitude des perspectives, de la subjectivité de chaque interaction et en situation sociale. Elle favorise en même temps la coopération entre tous les participants. Nous avons trouvé dans l'approche d'une équipe norvégienne de thérapeutes les principes fondamentaux du constructivisme associés avec les nécessités d'une coopération interdisciplinaire et d'une collaboration avec les patients concernés. Cette approche, appelée «équipe de réflexion» (Andersen, 1991), a été expérimentée en Norvège et aux États-Unis dans des cliniques et des établissements pédagogiques spécialisés, puis perfectionnée pour être utilisée dans la formation et la supervision de professionnels. Nous avons adapté cette approche à nos objectifs (non-thérapeutiques) et l'avons appliquée dans le travail interdisciplinaire d'intervention précoce. Nous avons cependant conservé comme concept central la nécessité d'une transformation radicale de la situation de discussion.

Notre préoccupation principale est de donner la possibilité aux professionnels de clarifier et de légitimer leur travail spécifique afin qu'ils puissent l'accorder avec celui des autres professionnels et le rendre transparent non seulement à ceux-ci mais aussi aux parents. Nous attribuons aux parents une position propre, celle de réflexion, qui leur permet, d'une part, de s'exprimer après les professionnels et qui, d'autre part, leur accorde suffisamment d'espace et de temps pour introduire leur propre problème et leur position dans cette discussion, sans qu'ils soient relégués dans un rôle minoritaire ou de trouble-fête, comme cela arrive souvent lors de discussions de cas où ils participent.

Cette méthode peut surtout être utilisée avec profit dans les situations où les relations des professionnels entre eux ou avec les parents sont conflictuelles, manquent de transparence ou sont bloquées quelle qu'en soit la raison. Les réunions qui ont lieu régulièrement, selon des intervalles de quelques mois, doivent durer aussi longtemps que les participants l'estiment nécessaire. Elles peuvent être également repris à des intervalles réguliers plus longs dans l'intérêt de toutes les personnes concernées, surtout lorsqu'il s'agit de discuter du choix de certaines mesures ou d'organiser le remplacement d'un thérapeute d'une façon satisfaisante pour tout le monde.

La méthode «*Cercle*» n'est ni une thérapie familiale, ni une forme de supervision pour les professionnels; c'est une forme d'accompagnement des parents et du personnel participant à l'intervention qui met en évidence et développe leur compétence, qui réunit aussi leur savoir-faire dans l'intérêt de l'enfant.

Ceci se reflète clairement dans le style d'agencement grâce auquel parents et professionnels discutent de l'organisation de l'environnement de l'enfant, acceptent les processus de transformation à mettre en œuvre, chacun à son niveau, et les mesures adoptées ensemble afin de se réjouir des éventuelles évolutions positives de l'enfant.

LA MÉTHODE «*CERCLE*» ET SES EFFETS

Lors de l'élaboration de la structure concrète des discussions selon la méthode «*Cercle*», nous avons posé des règles claires qui définissent leur cadre. Ces conditions, conformes à la «philosophie» de cette méthode et permettant la transposition du concept dans la réalité ou essayant de la garantir, sont de deux types. Il y a, d'une part, celles qui concernent l'agencement extérieur, soit les conditions spatiales et temporelles et, d'autre part, celles qui structurent le déroulement des discussions entre les parents, les professionnels et l'animateur : il s'agit du genre et de la forme des discussions, de leur déroulement, de leurs contenus et de leurs résultats. Ces deux niveaux sont structurés de telle sorte que ce qui se passe chez chacune des personnes impliquées, c'est-à-dire la modification de la perception et des interactions, soit encouragé de façon positive.

Les caractéristiques de la méthode

Il est indispensable que toutes les personnes participant aux discussions connaissent les conditions-cadre afin que tout le monde soit également informé et puisse s'y conformer. Des écarts aux règles convenues sont possibles dans la mesure où ils s'avèrent nécessaires pour la poursuite des discussions et s'ils sont conformes aux principes fondamentaux de la méthode «*Cercle*». Un écart à la règle n'est possible qu'à condition que toutes les personnes participant aux discussions soient d'accord.

Nous partons du principe que les parents ainsi que les professionnels s'engagent dans l'action avec leur individualité et leur système de valeurs. Ils agissent ainsi sur la réalité du vécu environnemental de l'enfant. L'objectif de la méthode «*Cercle*» est justement de reconnaître cette individualité et cette interprétation de la réalité de chacune des personnes impliquées comme conditions essentielles pour la compréhension et la transformation de soi au sens du constructivisme. Ainsi doit-on permettre le croisement des réalités subjectives comme condition nécessaire pour arriver à une définition commune du problème, trouver de nouvelles solutions et transformer les attitudes inhibant le développement. Même la personne qui dirige et anime les discussions agit par sa subjectivité sur leur déroulement. Ces effets doivent être réduits à certains caractères centraux (l'ouverture, la structure et la création d'un espace de liberté et de sécurité) et il est donc nécessaire d'imposer des règles valables pour les parents, pour les professionnels ainsi que pour l'animateur.

La démarche méthodique de la méthode «*Cercle*» permet d'atteindre la communauté de compréhension et d'action des parents et des professionnels vis-à-vis de l'enfant placé au centre de leurs préoccupations. Elle permet également de traiter les différences sans que l'intégrité individuelle ou professionnelle des personnes impliquées ne soit remise en question. Lors des processus de clarification ou lors de situations conflictuelles, les règles s'avèrent utiles pour éviter une violation blessante de frontières personnelles dans les sphères d'activités et pour assurer à chaque individu du groupe la sécurité nécessaire afin qu'il puisse continuer à s'ouvrir aux autres. Il s'agit donc fondamentalement de créer une situation qui permette de trouver des solutions allant dans le sens du constructivisme : le but est de cerner les points de vue individuels des personnes qui s'occupent de l'enfant, la façon dont les parents et les professionnels perçoivent cet enfant et structurent son univers ainsi que d'arriver à de nouvelles solutions corrigées et adaptées aux situations, grâce au croisement de ces différentes perspectives.

Les règles du déroulement des discussions selon la méthode «*Cercle*» sont élémentaires et faciles. Leurs effets semblent, paradoxalement, d'autant plus importants. Les règles ont pour but :

– d'accorder à chaque participant un rôle de même importance pendant le déroulement des discussions;

– d'établir un rapport de réciprocité par une intervention personnelle dans les discussions et l'ouverture d'esprit nécessaire pour écouter les avis divergents d'autres intervenants;

– de créer une atmosphère dans laquelle il est possible pour tous de s'exprimer sur les sujets qui les préoccupent à propos de la situation de l'enfant et de sa famille ainsi que sur l'intervention auprès de l'enfant, et d'évoquer les questions épineuses;

– de donner à chacun la possibilité de percevoir une opinion qui diverge de la sienne comme une autre perspective pour résoudre le problème et de prendre position à ce sujet sans crainte d'entrer dans une lutte de pouvoir;

– de créer un cadre pour formuler les objectifs distincts de chaque branche d'activité des professionnels dans un langage compréhensible et accessible aux autres, pour les rendre transparents, pour en discuter avec les autres professionnels et pour négocier en cas de désaccord;

– de respecter la compétence de chacun;

– de préciser les responsabilités individuelles et professionnelles de chacun et de prendre ainsi des engagements clairement définis;

– d'ouvrir des espaces de liberté pour des processus de transformation intérieurs, qu'ils soient en rapport avec la perception de soi, d'une tierce personne, d'un groupe, de l'enfant ou de la famille.

La méthode «*Cercle*» souligne l'autoresponsabilité de chacune des personnes participant aux discussions et contribue, grâce à ses conditions-cadre, à mettre en évidence les conceptions personnelles de chacun, ses points de vue, ses schèmes de comportement et ses appréciations. Ceci est nécessaire pour optimiser la coopération de toutes les personnes concernées dans le cadre d'une compréhension mutuelle approfondie.

LES MODALITÉS D'OPÉRATIONNALISATION DE LA MÉTHODE «*CERCLE*»

Sur le plan pratique, l'application de la méthode «*Cercle*» nécessite que les participants au groupe de discussion soient bien ciblés et que la gestion de l'espace et du temps soit précise.

Les participants

Sont invitées aux débats du «*Cercle*» toutes les personnes qui veulent travailler dans le sens d'une assistance adéquate, du soutien et de la promotion d'un enfant handicapé ainsi que de l'accompagnement de ses parents. Ce sont donc d'abord les parents puis tous les professionnels en pédagogie, psychologie, thérapie et travail social. La présence de tous ces personnages-clé constitue l'un des éléments essentiels de l'efficacité des discussions. À défaut, il peut apparaître des conflits (jugements de valeur, exclusions, luttes de pouvoir) contraires à la conception fondamentale de la méthode «*Cercle*» et perturbant le processus de discussions constructives. Dans la mesure où nous appliquons le principe de la participation volontaire, il s'avère quelquefois difficile de motiver toutes les personnes à prendre part à la discussion. Toutefois, les effets positifs qui surgissent, après la première réunion, réduisent généralement ces craintes et la motivation grandit progressivement. Certains professionnels sont peu concernés par le cas de certaines familles et leur présence n'est pas nécessaire. La participation des parents a une importance capitale pour la prise de décision. Une chaise vide pendant les discussions permet d'attirer l'attention sur les personnes absentes, mais dont la présence serait éventuellement importante. Le cas échéant, il est possible d'inviter en plus d'autres personnes à assister aux séances ultérieures.

La présence de l'enfant n'est pas prévue, contrairement à ce qui se passe dans les thérapies systémiques dans lesquelles les interactions réciproques entre les membres de la famille font directement l'objet de discussions. Dans notre modèle, qui ne prévoit aucune intervention de l'extérieur, mises à part les règles de structuration des débats, ce sont les représentations que se font les participants sur l'enfant et ses interactions réciproques, qui constituent l'objet central des discussions. C'est ainsi que nous pouvons nous attendre à ce qu'une modification des attitudes et des perceptions ait à son tour, indirectement, des répercussions sur l'enfant. C'est pourquoi nous ne voyons pas ce que la présence de l'enfant pourrait apporter. Ceci représente, par ailleurs, un avantage pour les parents qui sont plus tranquilles, peuvent s'investir dans la discussion et écouter sans devoir surveiller continuellement leur enfant. En outre, pour les parents comme pour les professionnels, il est possible de mieux se concentrer sur leur propre vécu intérieur lorsqu'ils ne sont pas distraits par les activités de l'enfant.

L'organisation spatiale et temporelle

Les conditions extérieures comme l'espace et le temps sont des éléments essentiels pour structurer les discussions ainsi que les processus internes des participants entre les différentes séances. L'endroit où celles-ci se déroulent doit offrir aux personnes présentes la possibilité de s'asseoir selon différentes constellations : au début de chaque séance, les participants forment un grand cercle commun, qui est ensuite subdivisé en deux cercles de discussion : d'un côté les parents, de l'autre les professionnels. La personne qui conduit les discussions se déplace d'un groupe à l'autre et se tient toujours dans le groupe qui discute pendant que l'autre groupe est en position d'écoute. Il faut cependant que toutes les personnes présentes aient la possibilité de suivre les discussions. Cette répartition en deux groupes indique clairement les différences de position et n'estompe pas les différences structurelles qui sont présentes dans l'accompagnement et la prise en charge de l'enfant handicapé, mais elle exclut le dialogue direct entre les deux groupes. Cette séparation spatiale, que les participants enregistrent intérieurement très vite, n'est pas, dans un premier temps, facile à respecter : il est d'ailleurs inhabituel de vouloir empêcher un discours et une réaction directs entre les deux catégories de participants. Ceci présente cependant pour les deux parties en présence, tant pour les parents que pour les professionnels, un avantage considérable et correspond souvent à un vrai besoin : les deux groupes peuvent ainsi exprimer leurs remarques dans un espace protégé, chercher à trouver une solution à leurs problèmes, puis affirmer leurs propres opinions sans devoir s'exposer directement et immédiatement à des explications ou à des remises en question par des personnes de l'autre groupe.

Par ailleurs, la position d'écoute crée également une distance intérieure permettant une compréhension des discussions différente de la situation où les participants se placent directement dans les discussions et où ils y répondent directement. Ainsi, l'auditeur se trouve dans un espace protégé susceptible de lui faciliter une confrontation avec ce qu'il a entendu et de l'intégrer. L'agencement des deux cercles de discussions empêche aussi que les deux groupes puissent s'interpénétrer.

Les modalités d'application comportent aussi des conditions temporelles qui ont un effet évident sur l'égalité de traitement et l'acceptation des participants. Ceci a une fonction de clarification pour toutes les personnes impliquées et les aide à articuler leur propre position ou leur avis sur les problèmes posés à l'intérieur d'un certain intervalle de temps. Elles peuvent ainsi écouter les commentaires et les impressions des autres participants, ce qui leur permet de se concentrer sur les éléments essentiels et sur les principales préoccupations.

L'ANIMATION DES GROUPES

Dans la méthode «*Cercle*», l'animateur qui conduit les discussions n'est pas impliqué, en principe, dans le contexte spécifique de travail qui amène les interlocuteurs à se regrouper pour discuter, donc dans ce qui constitue l'objet même de ces discussions. En ce sens, sa position est «neutre». Pour pouvoir comprendre les différents aspects spécifiques des discussions, une certaine compétence dans le domaine est cependant requise. Lors de l'entretien préliminaire, les participants ont la possibilité de faire connaissance avec la personne appelée à animer et, le cas échéant, de la refuser si elle ne leur convient pas.

Les tâches de l'animateur

Lors des discussions de cas, il s'agit de discours alternés de différente longueur individuelle selon l'ordre des demandes de parole, le cœur de la méthode «*Cercle*» consiste par contre à écouter et à mieux se comprendre en formulant sa propre position. L'animateur doit montrer l'exemple en adoptant une attitude d'acceptation exempte de jugements de valeur, leur présenter ce modèle et les encourager à l'imiter. L'animateur a pour fonction, en sa qualité d'interlocuteur «neutre», d'encourager les participants à exposer leur propre position durant la discussion générale.

L'intervention de l'animateur est donc assez réduite. Il n'a pas le droit de beaucoup s'exprimer, ne doit en aucun cas émettre son avis personnel et ne peut interrompre les votes. Par contre, il doit donner des avertissements à ceux qui parlent trop longtemps et inciter ceux qui se taisent à prendre la parole. Ainsi, les règles de la méthode «*Cercle*» permettent d'éviter de commettre les erreurs inhérentes à la conduite traditionnelle des discussions. Chaque participant peut aussi constater que toutes les autres personnes, y compris l'animateur, l'écoutent attentivement, qu'elles réagissent au moment opportun aux paroles qu'il exprime et qu'elles prennent position face à son discours.

Le fait que l'animateur se déplace d'un groupe à l'autre souligne l'importance témoignée à toutes les opinions, à toutes les perspectives et à toutes les fonctions. Ceci induit qu'il peut se servir de son rôle en tant que catalyseur et souligner la différence entre la responsabilité des parents et celle des professionnels ainsi que l'importance capitale des parents. Il doit veiller à ce que :

– chaque participant puisse apporter sa contribution à chaque séance de discussion et qu'il ne soit pas interrompu pendant son discours ;

– les membres d'un groupe particulier (parents/professionnels) arrivent à communiquer entre eux, mais que, par contre, il n'y ait pas de dialogue direct entre les membres des deux groupes, afin qu'ils puissent écouter et assimiler ce qu'ils ont entendu ;

– l'objet des débats soit clairement défini et qu'aucun des points exprimés dans les différentes opinions individuelles ne soit négligé ;

– les résultats de chaque séance, ainsi que les progrès réalisés, soient notés ;

– les démarches pratiques à accomplir dans un proche avenir soient formulées à la fin de chaque séance («Qui doit faire quoi, quand, dans quel but, avec qui ? ») ;

– les sujets qui n'ont pas été traités soient réexaminés lors de la séance suivante.

D'une part, l'animateur restreint donc la marge de liberté des individus participant aux débats, mais, d'autre part, il ne dispose pas de certains instruments utilisés dans la conduite traditionnelle des discussions, comme par exemple les incitations thématiques, la rétroaction positive ou les sanctions. Ceci a pour but d'éviter que le contenu des sujets traités au cours des discussions dépende de l'avis de l'animateur et d'empêcher une «fixation» trop forte des participants à son égard.

Le style d'animation

L'animateur, dans la méthode «*Cercle*», adopte une position formelle dans les discussions. Si l'on qualifie habituellement d'activité de «direction» l'activité exercée par une personne engagée dans une institution pour diriger les discussions (Schneider, 1985), l'activité de l'animateur dans la méthode «*Cercle*» peut être qualifiée de cette façon, mais celui-ci doit, dans une large mesure, obéir à des règles bien précises. Il en résulte un style d'animation très particulier dont ni l'animateur lui-même ni les participants ne peuvent s'écarter. Ce style est «directif sur la forme» parce que le déroulement des discussions obéit à un schéma bien précis et qu'il est soumis à un contrôle (Sader, 1991). Il est aussi «non directif sur le fond» parce que la thématique des discussions, et les objectifs poursuivis, sont fixés uniquement par les participants et parce que l'animateur doit s'abstenir d'émettre tout avis personnel, d'apporter un jugement individuel ou de se prononcer sur le fond. Il intervient donc uniquement pour structurer les thèmes qui seront débattus.

Les traits qui caractérisent l'animateur dans la méthode «*Cercle*» sont, dans une large mesure, ceux qui permettent de façon optimale de réussir une animation fructueuse (Argyle, 1972). Sa fonction essentielle réside dans les accessoires procéduraux mis à sa disposition qui garantissent la transparence et permettent d'éviter les discussions interminables :

– il incite de façon équitable tous les participants à s'exprimer individuellement et de façon précise sans cependant se perdre dans des détails ennuyeux et souligne ainsi l'égalité entre eux ;

– il accepte toute déclaration et ne fait lui-même aucune remarque sur le fond ;

– il veille à clarifier les propos et les contenus lorsque certains participants ont besoin d'explications concernant le sujet traité ou la procédure ;

– il pose des questions servant uniquement à améliorer la communication. L'autonomie de chacun est garantie par rapport à sa contribution dans les discussions et les participants sont invités, en cas de besoin, à devenir eux-mêmes actifs et à poser des questions ;

– il veille à ce que les solutions élaborées conjointement soient acceptables pour tous les participants,

– il veille au respect de l'horaire et s'assure que la durée du débat n'excède par une heure et demie.

Tout ceci représente une limitation importante de la communication verbale pour l'animateur. Nous escomptons cependant, par ces procédures, une diminution de l'efficacité de la hiérarchie informelle ainsi que des effets paralysants de la hiérarchie formelle des statuts, ce qui peut avoir un effet constructif.

Les conflits de rôles dans l'animation

L'animateur assume, par sa fonction de directeur des discussions, un rôle bien défini par les normes liées à une position (droits et devoirs) dans un groupe (Crott, 1979). Il est donc soumis aux conditions générales de tout jeu de rôle. La nature des attentes que les participants ont vis-à-vis de son rôle (personnage) dépend, entre autres, de leurs caractéristiques (personnalité, sexe, statut, profession) ainsi que de ce qu'ils espèrent obtenir comme résultats à la suite de ces discussions. Par ailleurs, les attentes sont empreintes de l'impression que le participant s'est faite de l'animateur lors de l'entretien préliminaire ainsi que de son statut.

Lors du premier entretien selon la méthode «*Cercle*», et au cours des entretiens suivants, ces attentes se modifient, dans certains cas, en fonction du degré d'acceptation par les participants du rôle de l'animateur. Ce qui, à son tour, dépend de l'influence plus ou moins grande d'éléments hiérarchiques, de sentiments de dépendance, de relations interpersonnelles ainsi que de la façon dont ceux-ci se transforment avec le temps. L'animateur devra percevoir ces structures informelles qui influenceront dans une certaine mesure les discussions. D'une part, ces perceptions lui permettront de modifier son style d'animation pour parvenir à supprimer certains comportements hiérarchiques ou dominateurs, d'autre part, elles peuvent porter préjudice à sa neutralité. Des conflits de rôle sont presque inévitables et une position d'impartialité peut, dans de telles situations, être très utile. Ceci est également vrai lorsque des participants placent leurs espoirs dans l'animateur qui, selon la méthode «*Cercle*», n'a pas le droit de les satisfaire ou lorsque certains participants se sentent lésés par ces règles. Pour réagir avec souplesse à certains comportements d'attente, il ne dispose que d'une marge de manœuvre très étroite.

Si l'animateur n'est pas considéré comme étant absolument neutre dans la conduite des discussions, nous pourrons observer sans doute des effets positifs mais aussi négatifs. Tout d'abord, il sera soumis à certaines pressions et se trouvera devant un dilemme. En effet, si son comportement répond aux attentes des participants, les réactions de ceux-ci pourraient être considérées comme positives : amélioration de l'atmosphère de discussion, ouverture envers les suggestions des autres participants, activation de la communication, modification des points de vue, augmentation de l'engagement et du désir de coopérer. Par contre, les effets causés par de tels liens seraient susceptibles de peser sur la neutralité de l'animateur.

L'agencement en deux cercles de discussion (professionnels/animateur et parents/animateur) empêche cependant que les deux groupes se heurtent et permet à l'animateur de ne pas s'engager sur le fond lors des discussions. Les intervalles de plusieurs mois entre les réunions, constituant, à vrai dire, une pause, ont pour conséquence d'éviter que l'animateur soit impliqué dans le jeu interpersonnel des professionnels entre eux ainsi qu'entre eux et les parents. Ainsi, par cette structure et par cette approche dans l'animation des débats, nous avons établi des barrières pour éviter que des conflits de rôles trop violents, et par là-même vraiment perturbateurs pour l'animateur, ne se développent.

CONCLUSION

Actuellement, huit familles, des équipes de professionnels allemands et suisses sont impliquées depuis deux ans dans notre projet ainsi que trois animateurs. Les groupes se rencontrent selon des intervalles de deux à cinq mois. Les séances de discussions sont filmées et enregistrées sur cassettes-vidéo et évaluées selon des critères de fond. Des entrevues ont été menées et des questionnaires distribués aux parents et aux professionnels au début, un an après puis à la fin du projet. Ils ont pour objectif de nous fournir des informations supplémentaires sur la nature et le degré de coopération, sur les évaluations et les transformations mises en œuvre.

Le climat psychologique, qui résulte de l'arrangement spatial dans lequel les débats ont lieu, de la structuration du temps et des règles qui encadrent la conduite des débats, semble avoir une importance capitale pour le déroulement de chaque séance ainsi que pour les transformations qui s'opèrent entre les différentes séances. Il ouvre la voie à la compréhension réciproque, à l'acception, à l'estime ainsi qu'à la confiance en soi du point de vue professionnel et personnel. Ceci pourrait peut-être s'expliquer par le fait que la possibilité de s'exprimer, sans crainte et sans avoir à se justifier, a un effet d'intégration et de stabilisation. La conscience de soi personnelle et professionnelle qui en résulte permet à chacun d'admettre intérieurement, d'une façon plus large et plus intense, les conceptions des autres et de parvenir ainsi à relativiser son propre point de vue.

C'est ainsi que peuvent s'expliquer les transformations à l'intérieur du complexe relationnel enfant/parents/professionnels, sur le plan d'une conception systémique, par une rencontre des différentes perspectives, et sur le plan psychologique, par un accroissement du respect et de l'estime réciproques entre les professionnels, entre les parents et entre ces deux groupes. L'autonomie des parents et des professionnels est également renforcée et permet des rencontres paradoxalement moins crispées et plus spontanées, même en dehors des groupes de discussion, qui eux-mêmes se caractérisent par l'intensité des échanges.

En résumé, il faut rappeler que l'agencement des groupes de discussion selon la méthode «*Cercle*» a été conçu afin que les discussions et les débats puissent avoir un effet constructif sur les enfants, les professionnels et les parents. Il se produit quelque chose «d'intermédiaire», que nous ne cernons pas encore avec précision, mais dont les participants cependant sentent l'effet. Nous espérons, grâce à l'évaluation de ce projet, pouvoir approfondir ultérieurement les connaissances sur ce phénomène.

BIBLIOGRAPHIE

ANDERSEN, T. (1991), *Das Reflektierende Team*, Dortmund : Modernes Lernen.
ARGYLE, M. (1972), *Soziale Interaktion*, Cologne : Kiepenheuer et Witsch.
BATESON, G. (1981), *Die Ökologie des Geistes*, Francfort/Mein : Suhrkamp.
CROTT, H. (1979), *Soziale Interaktion und Gruppenprozesse*, Stuttgart : Klett.
DUNST, C., TRIVETTE, C. et DEAL, A. (1988), *Enabling and Empowering Families — Principles and Guidelines for Practice*, Cambridge, Mass. : Brookline Books.
HERBERG, K.-H., JANTSCH, H. et SAMMLER, C. (1992), *Frühförderung im Team. Förderverläufe aus der Sicht von Eltern und Fachkräften*, Munich/Bâle : Ernst Reinhardt.
MATURANA, H.R. et VARELA, F. (1987), *Der Baum der Erkenntnis*, Berne : Scherz.
SCHLIENGER, I. (1990), *Elternbeteiligung an der Früherkennung von Behinderungen*, Göttingen : Hogrefe.
SCHÖNBERGER, F., JETTER, K. et PRASCHAK, W. (1987), *Bausteine der Kooperativen Pädagogik*, Stadthagen : Ute Bernhardt-Pätzold.
SADER, M. (1991), *Psychologie der Gruppe*, Weinheim : Beltz.
SCHNEIDER, H.D. (1985), *Kleingruppenforschung*, Stuttgart : Klett.
SELVINI-PELAZZOLI M. et BOSCOLO, L. (1981), «Hypothetisieren Zirkularität — Neutralität», *Zeitschrift Familiendynamik*, 6, 4, 123-139.
WEISS, H. (1992), «Annäherung an den Empowerment-Ansatz als handlungsorientiertes Modell in der Frühförderung», *Frühförderung interdisziplinär*, 11, 4, 157-169.

Chapitre 11
Les tendances de l'intervention précoce au début du XXIe siècle aux États-Unis

Robert Sheehan*, Scott Snyder** et Heather Sheehan***
Université de Cleveland, Ohio,
*Université de l'Alabama, Birmingham, Alabama**,*
Services de la recherche « Quick Count »,
*Cleveland, Ohio***, États-Unis*

Au début du siècle prochain, l'intervention précoce aux États-Unis sera probablement très différente de ce qu'elle a été depuis 1960. Au cours du XXe siècle, au moins trois facteurs ont influencé de façon décisive les concepts et les pratiques en intervention précoce, mais l'influence de ces facteurs devrait diminuer.

Nous prévoyons un ralentissement des pratiques en intervention précoce ainsi qu'une diminution du nombre de programmes d'intervention. D'autres facteurs apparaîtront, n'ayant aujourd'hui, qu'une influence minime, mais qui, à l'avenir, détermineront les contenus de l'intervention précoce. Nous pouvons faire un pronostic plus différencié : au XXe siècle, il y aura aux États-Unis de nombreux programmes d'intervention précoce, mais ils auront moins de cohérence théorique, partiront d'une approche plus globale et seront davantage en compétition pour leur financement avec d'autres services sociaux. Les causes de ces changements sont multiples et complexes.

APERÇU RÉTROSPECTIF SUR L'INTERVENTION PRÉCOCE AU XXe SIÈCLE AUX ÉTATS-UNIS

Au cours de ce siècle, trois facteurs ont exercé une grande influence sur les concepts et les pratiques en intervention précoce :

– les « écoles de pensée » théoriques, plaçant l'enfant au centre des préoccupations contemporaines, ont joué un rôle important ;

– le gouvernement fédéral a eu une grande influence sur la législation et le financement des programmes d'intervention aux États-Unis ;

– le gouvernement fédéral et le gouvernement des états ont joué un rôle important, tant dans l'élaboration des programmes visant à combattre les inégalités sociales que dans leur gestion.

Les modèles théoriques et les « écoles de pensée »

En premier lieu, il faut citer l'élaboration et l'application de différentes théories concurrentes sur le développement, l'apprentissage et l'enseignement. Ces théories sont celles de l'approche comportementale par le conditionnement, selon Watson (1924), Pavlov (1941), Bijou et Baer (1961) et Skinner (1968), de l'approche maturationniste selon Gesell (1945) et Erickson (1950), et de l'approche cognitivo-constructiviste selon Piaget (1936), Montessori (1949) et Kohlberg (1968).

Ces théories constituaient la base des programmes universitaires (« graduate ») et pré-universitaires (« undergraduate ») utilisés pour former le personnel en intervention précoce. De 1960 à 1990, elles servaient également de références lors de l'analyse des résultats des programmes d'intervention précoce et influençaient, dans une large mesure, le développement des instruments d'évaluation lors de la mise en place et la réalisation des programmes. Si ceux-ci se fondaient sur des principes théoriques de type comportemental, leurs résultats étaient évalués à l'aide de modèles d'analyse du comportement individuel, selon les règles de l'analyse comportementale appliquée. Si, par contre, ils reposaient sur des théories maturationnistes, les progrès réalisés par les enfants étaient évalués à l'aide d'échelles de développement, comme par exemple les échelles de Bayley (1969) et de McCarthy (1972). Pour les programmes qui se référaient à l'approche cognitivo-constructiviste, inspirés de Montessori (1949) et Piaget (1936), les progrès des enfants étaient évalués stade par stade, au moyen d'épreuves spécifiques, notamment sur la permanence de l'objet, les opérations concrètes, les bases pré-opératoires et les différents stades du développement moral.

Pendant cette période, même un observateur non averti en matière d'intervention précoce aurait pu constater que les programmes étaient, dans la pratique, fortement orientés vers l'apprentissage et que des objectifs explicites étaient fixés. Les activités et le matériel étaient sélectionnés et présentés selon des principes clairement orientés dans ce but. Dans les centres d'intervention précoce, pour de nombreux thérapeutes et éducateurs, il était important que leurs principes philosophiques se reflètent dans les programmes. Les programmes d'intervention précoce qui ont eu le plus de succès pendant les années 60 et 70 sont donc ceux qui orientaient le plus clairement leurs objectifs sur l'apprentissage et l'entraînement.

L'influence du gouvernement fédéral sur la législation et le financement des projets d'intervention précoce

En deuxième lieu, l'adoption de toute une série de lois par le gouvernement fédéral, qui ont abouti à un soutien financier des mesures d'intervention précoce ainsi qu'à des réglementations administratives régissant les programmes, a exercé une influence déterminante qui s'est manifestée pour la première fois en 1968 par l'adoption de la loi *PL. 90-538*. Celle-ci a instauré le «*Handicaped Children's Early Education Program*», qui a eu pour conséquence de favoriser la création de toute une série de projets-pilotes. Ceux-ci ont été financés et appliqués durant trois ans et certains ont été reconduits durant 9 ou 12 ans.

Quelques années plus tard, en 1975, l'«*Education for all Handicapped Children Act*» a établi un système d'assistance obligatoire pour tous les enfants d'âge scolaire et leur famille. Cette législation a été amendée et étoffée en 1983 et en 1986 et a permis de créer un système national d'intervention précoce (insuffisamment financé du reste) pour les enfants de la naissance jusqu'à l'âge de la scolarité obligatoire (Garwood, Gray et Sheehan, 1989). L'attribution de moyens financiers par le pouvoir législatif était probablement le facteur le plus fragile du dispositif car il impliquait un engagement du gouvernement fédéral. L'un des résultats concrets de ces dispositions législatives réside dans l'adoption d'instruments et de mesures non utilisés auparavant dans les programmes d'intervention précoce. Toutes les prestations d'intervention qui se fondaient sur cette législation devaient suivre des méthodologies d'intervention individualisée : Le «*Plan d'éducation individualisé, PEI*» («*Individualized Educational Plan, IEP*») pour les enfants d'âge préscolaire et le «*Plan de services individualisé à la famille, PSIF*» («*Individualized Family Services Plan, IESP*») pour les nourrissons et les très jeunes enfants (0-2 ans). Le contenu, l'étendue et la réalisation de ces plans étaient soumis à un strict contrôle légal, tout comme leur remaniement, leur modification ou la décision de les instaurer. Le rôle des parents et des éducateurs, lors de l'élaboration et du contrôle de ces programmes, était clairement défini dans les textes de lois : les enfants n'étaient pas admis dans un programme d'intervention précoce tant que les parents et les spécialistes n'avaient pas élaboré un programme précis d'intervention.

De nombreuses études ont, entre-temps, tenté de vérifier si, au cours des premières années après l'introduction de ces programmes d'intervention, les performances des enfants et la coopération avec leur famille s'étaient améliorées. L'intégration des parents dans le processus d'élaboration du programme constitue le premier résultat positif. Leur adhésion, indiquée par leur signature du plan, exprime clairement leur soutien au programme d'intervention individualisé proposé (McGonigel, Kaufmann et Johnson, 1991). Le deuxième résultat positif, c'est que le PEI exige de la part des personnes concernées un certain degré de responsabilité et qu'il peut servir de référence pour garantir les services d'intervention nécessaires aux enfants.

Certains aspects de ces plans sont cependant négatifs. Zigler et Anderson (1979) ont été les premiers à montrer que, parfois, des données importantes ne figuraient pas dans les PEI. Elles étaient souvent mal présentées ou n'étaient pas suffisamment différenciées pour aider efficacement les éducateurs ou les thérapeutes. Récemment, Goodman et Bond (1993) ont mis en évidence le fait que les PEI n'ont que très peu ou pas du tout d'influence sur la pratique de l'intervention. Brown (1991) a aussi publié des résultats plutôt pessimistes sur le développement des PSIF destinés aux nourrissons et aux très jeunes enfants (0-2 ans). Nombre d'entre eux font l'objet d'une intervention précoce sans pour autant bénéficier des prestations d'un PSIF. Par ailleurs, de nombreuses questions sont restées sans réponse pour définir les meilleurs moyens afin d'établir les programmes des PSIF. Toutefois Bailey (1991) et McGonigel, Kaufmann et Johnson (1991) ont fait des propositions pour développer ces programmes.

Le rôle du gouvernement fédéral et du gouvernement des états dans l'élaboration et la gestion des programmes aux États-Unis

En troisième lieu, il faut mentionner le rôle prédominant des législateurs, à l'échelon du gouvernement fédéral comme à celui du gouvernement des états. Ils étaient les porte-paroles des initiatives gouvernementales de grande envergure et préconisaient des solutions législatives aux problèmes humains. Dans les écoles publiques, lorsque le milieu scolaire s'est aperçu que les enfants provenant de familles des milieux socio-économiquement faibles accusaient des déficits dans leurs performances scolaires, le gouvernement fédéral a décidé de créer à l'échelle nationale le programme «*Head Start*» pour promouvoir la réussite des enfants d'âge préscolaire provenant de ces familles (Zigler et Anderson, 1979). Quand il fut constaté que les parents d'enfants handicapés se sentaient «perdus» dans le système d'écoles spécialisées et que la qualité des interventions était douteuse, il fut réclamé au niveau fédéral une planification individuelle des programmes et une participation des parents à ceux-ci.

Il faut restituer le début de ces mesures gouvernementales dans le contexte de la campagne pour combattre la pauvreté («*War on Poverty*») du Président Johnson en 1960. Cette initiative reposait sur le fait que le gouvernement fédéral avait une mission à assumer pour réduire les effets de la pauvreté et de la maladie. Des expériences dans le domaine social, comme le programme «*Head Start*» pour les enfants d'âge préscolaire et le programme «*Follow Through*» pour les enfants à l'école primaire, ont été appliquées sur tout le territoire. Tous les problèmes semblaient pouvoir être résolus au niveau fédéral.

Entre 1960 et 1990, au niveau fédéral comme à celui des états, des lois ont souvent été adoptées sans qu'un financement suffisant n'ait été prévu pour leur application. C'est ainsi qu'en 1986 des amendements à l'«*Education of the Handicapped Act*» (*Part H-PL. 99-457*) prévoyaient que les états obtiendraient un financement pour installer de vastes systèmes d'intervention pour les nourrissons et les très jeunes enfants (0-2 ans), mais, finalement, par manque de moyens financiers, ces services n'ont pu être mis en place. Les moyens financiers disponibles n'étaient pas attribués selon le nombre des enfants bénéficiant des interventions mais selon le taux escompté des naissances dans la population. Le gouvernement fédéral avait, certes, pour objectif d'instituer un système d'intervention à l'échelle nationale, mais les budgets qu'il y a affectés ont été utilisés en premier lieu pour la planification et l'administration de ce système national. Ce sont les différents états et les collectivités locales qui auraient dû, en complément, subvenir au financement du système d'intervention précoce proprement dit.

Les dispositions du gouvernement fédéral prévoyaient que les PEI et les PSIF devaient être établis individuellement pour chaque enfant et devaient être remaniés et mis à jour tous les ans, mais les administrations des états et des collectivités locales n'ont reçu aucun moyen financier pour garantir une telle intervention individualisée. À l'échelle fédérale, les responsables espéraient qu'une planification individuelle des mesures d'intervention deviendrait une pratique de routine dans les programmes d'intervention.

L'INTERVENTION PRÉCOCE À LA FIN DU XXe SIÈCLE AUX ÉTATS-UNIS

À la fin du XXe siècle, deux nouveaux facteurs semblent émerger :

– La nette diminution de l'influence des «écoles de pensée» théoriques, qui plaçaient l'enfant au centre des préoccupations de l'intervention ;

– La faible probabilité que de nouvelles initiatives législatives soient prises et que des moyens financiers supplémentaires soient débloqués par le gouvernement fédéral. Celui-ci, en effet, a perdu son influence sur la gestion (le «micro-management») des services publics des différents états et des collectivités locales dans le domaine de l'intervention précoce et a diminué ses octrois financiers.

La diminution de l'influence des modèles théoriques et des «écoles de pensée»

Nous exposerons cet aspect par le biais de deux propositions de recherche qui pourraient être réalisées en Europe et qui seraient similaires à celles que nous avons réalisées aux États-Unis.

L'objectif de la première recherche serait d'analyser l'engagement et les attitudes des équipes d'intervention à l'égard des fondements des programmes. Nous proposons de sélectionner au hasard, à l'aide d'échelles de type Likert, 100 membres du personnel des centres d'intervention précoce travaillant dans une région. Les variables dépendantes suivantes devraient être considérées : concepts pédagogiques utilisés, intérêt et facilité à les mettre en œuvre, etc. Les variables indépendantes seraient constituées par les caractéristiques des personnes travaillant en intervention précoce, tels que leur ancienneté dans cette activité, leurs modèles théoriques en ce qui concerne l'intervention et les programmes spécifiques d'apprentissage qu'ils préfèrent. Il faudrait aussi retenir comme variables indépendantes de cette étude les caractéristiques des enfants faisant l'objet de l'intervention, par exemple les particularités de leur développement et de leur environnement familial.

Les résultats de nos recherches (Hulburt, 1996) démontrent qu'une faible variation seulement peut être décelée dans l'appréciation des différents concepts guidant l'intervention chez les personnes travaillant dans ce domaine. C'est ainsi que certains thérapeutes et éducateurs ont adopté toute une série de positions théoriques contradictoires en soi et ils étaient fiers de leurs théories éclectiques. Alors que la plupart des éducateurs en intervention précoce décrivaient leur philosophie d'intervention comme « développementale », ils se prononçaient, d'après les résultats de l'étude, en faveur de stratégies comportementales et utilisaient des exercices structurés pour certaines situations d'apprentissage. Nos résultats mettent aussi en évidence qu'aucune de nos variables indépendantes ne peut expliquer plus de 10 % de la variance des attitudes des éducateurs vis-à-vis des modèles théoriques d'apprentissage (ceci vaut également dans le cas d'une combinaison des variables indépendantes).

Nous pouvons tirer une conclusion à partir de ces données. Les éducateurs ont étudié et appris un grand nombre de théories et semblent à l'aise dans le choix de leurs stratégies s'inspirant de ces théories selon les situations qui se présentent à eux. Cependant, nous constatons qu'aux États-Unis les interventions structurées selon des méthodes clairement formulées sont peu à peu remplacées par des interventions fondées sur l'intuition des éducateurs ou par une démarche empirique inspirée au jour le jour. Nous ignorons si des observations similaires ont été faites en Europe.

Une seconde recherche pourrait consister à analyser des facteurs en corrélation avec les services proposés en intervention précoce. Nous proposons, par exemple, de choisir au hasard un échantillon de 30 à 50 programmes d'intervention précoce. La variable dépendante de cette étude serait dans ce cas le nombre total de prestations (d'interventions) d'une durée d'une demi-heure chacune (périodes de thérapie du langage, de rééducation psychomotrice ou d'ergothérapie, intervention ambulatoire ou à la maison...) dont l'enfant bénéficie sur une période de 12 mois. Les variables indépendantes de l'étude seraient l'âge des enfants au moment de leur prise en charge, leur date de naissance et leurs caractéristiques individuelles en terme de développement (par exemple, l'importance des retards de développement). La structure familiale des enfants, les caractéristiques des éducateurs, leurs théories de l'apprentissage et du développement, les méthodes de diagnostic et d'évaluation utilisées et le programme d'intervention lui-même (évalué selon un système de points de 1 à 50) seraient aussi retenus comme variables indépendantes.

Nous chercherions d'abord à cerner s'il existe des différences dans le type et le nombre des prestations reçues par les enfants. Dans notre étude (Hulburt, 1996), nous avons constaté de telles différences. Dans 50 programmes différents, il est peu probable que tous les enfants bénéficient du même genre et de la même quantité de services.

Nous tenterions ensuite de savoir dans quelle mesure il existe des différences en ce qui concerne les variables indépendantes. Selon l'enquête que nous avons réalisée aux États-Unis, il existe de nombreuses différences concernant l'âge, les caractéristiques de développement et les structures familiales parmi les enfants bénéficiant de programmes d'intervention précoce. Des différences existent également entre les éducateurs en ce qui concerne leurs modèles théoriques de l'apprentissage et du développement, leurs méthodes de diagnostic et d'évaluation et ils diffèrent aussi par les caractéristiques de l'équipe dont ils font partie.

Nous analyserions enfin les différences dans le type et la quantité des prestations. D'un point de vue statistique, il y aurait plusieurs possibilités d'analyse : faire d'abord des analyses de régressions multiples, en traitant chaque genre d'intervention comme une variable dépendante, puis constituer deux ou trois groupes d'enfants, selon le genre d'intervention dont ils font l'objet et effectuer ensuite une analyse discriminante. Il serait aussi possible de procéder à une analyse de corrélations canoniques ou à d'autres formes d'analyse de classification. L'objectif primordial de tous ces types d'analyse serait de comprendre quels sont les facteurs qui déterminent le genre et la quantité des prestations auprès des enfants.

Si des théories d'apprentissage et de développement guidaient l'intervention précoce, nous pourrions nous attendre à ce que les théories relatives au développement dans les programmes et les modalités de diagnostic et d'évaluation des éducateurs expliquent bien mieux les variations observées que toute autre combinaison de variables. Si les éducateurs sont éclectiques dans leurs conceptions de l'apprentissage et du développement et préfèrent plutôt des approches personnelles, nous pourrions nous attendre à ce que les caractéristiques des enfants expliquent davantage la différence de genre et de quantité des prestations que toute autre combinaison de variables. Ceci constituerait la vérification proprement dite de la conclusion énoncée précédemment, selon laquelle les éducateurs sélectionnent leurs méthodes d'intervention à partir de leurs conceptions individuelles.

Que peut apporter une telle démarche ? Au cas où des études similaires aux nôtres (Odom, Sheehan, Short et Bedwell, 1989) seraient faites en Europe, les chercheurs pourraient vérifier que les catégories d'enfants bénéficiant de services varient plus dans un même programme qu'entre différents programmes. Il serait probablement tout aussi facile de constater que les caractéristiques des enfants, comme, par exemple, le degré et la nature de leurs retards de développement, ne sont que très faiblement corrélés avec le type et le nombre de prestations dont ils ont fait l'objet.

Lors d'une telle étude, les chercheurs pourraient montrer que l'âge des enfants est en corrélation avec l'intervention dispensée à la maison. Le programme d'intervention lui-même serait la variable qui explique le mieux la fréquence des mesures d'intervention. Nous avons constaté, aux États-Unis, que l'intervention dont l'enfant fait l'objet dépend plus fréquemment de la nature des programmes d'intervention que des caractéristiques de l'enfant ou des modèles théoriques sur lesquelles se fondent ces programmes. Nous nous sommes aperçu, par ailleurs, que les facteurs qui influencent la mise en place de différents programmes d'intervention dépendent bien davantage des moyens financiers disponibles et du personnel que de toute autre variable (Odom, Sheehan, Short et Bedwell, 1989).

Aux États-Unis, l'importance des programmes d'intervention précoce centrés sur l'enfant diminue. Nous avons déjà exposé, par ailleurs (Sheehan et Snyder, 1996), que les programmes d'intervention précoce se concentraient de plus en plus sur la famille et qu'ils avaient une orientation écologique. Nous croyons que des assises théoriques se développeront pour ce genre de programmes, ce qui inclut une procédure de diagnostic écologique pertinente.

Nous pensons qu'une intervention précoce orientée dans un sens écologique doit prendre en compte tout particulièrement les problèmes de la famille. L'insuffisance de visites médicales préventives prénatales conduit, encore aujourd'hui, dans de nombreux cas, à la naissance d'enfants présentant des troubles du développement. Chaque dollar dépensé dans un bon système de soins des nourrissons est bien investi. Les vaccinations des nourrissons et des enfants en bas âge ne sont pratiquées que trop rarement (par exemple, à Cleveland, près de 64 % des enfants de deux ans ne sont pas vaccinés). La naissance d'un enfant handicapé entraîne des frais de santé plus élevés et le risque de perdre le droit à l'assurance-maladie pour tous les membres de la famille. Dans une récente publication (Sheehan et Snyder, 1996), nous avons d'ailleurs présenté un diagramme qui mettait en évidence les fortes interactions entre l'intervention précoce et la santé des enfants. Nous désirons rappeler ici quelques statistiques sur la santé aux États-Unis :

– Les États-Unis se placent en 22ᵉ position des pays industrialisés pour ce qui est du taux de mortalité infantile au cours de la première année. Le taux national de mortalité infantile est de 8,9 décès pour mille naissances d'enfants vivants.

– Le poids sous la normale à la naissance (moins de 2 kilogrammes) amène un état de santé précaire et des retards de développement. Il constitue la cause la plus fréquente de décès du nourrisson. Cependant, c'est l'une des causes parmi les plus faciles à prévenir. Le nombre de nourrissons qui sont nés en 1993, avec un poids sous la normale, est de 7 %. Il s'agit d'un chiffre record depuis 1978. Le nombre de naissances d'enfants avec un poids sous la normale est deux fois plus élevé dans la population afro-américaine que dans la population caucasienne.

– Près de 20 % des 738 200 femmes enceintes annuellement aux États-Unis utilisent, à un moment ou à un autre de leur grossesse, une ou deux substances illégales.

– Plus de 25 % de toutes les femmes américaines qui mettent un enfant au monde ne bénéficient d'aucune visite médicale de prévention prénatale. Chez les femmes afro-américaines, ce chiffre s'élève à 40 %. Dans certaines villes, telle que Cleveland, la situation est encore plus catastrophique. Ce triste bilan risque de s'aggraver avec la diminution de l'intervention du gouvernement fédéral.

La diminution de l'intervention du gouvernement fédéral

Les résultats des dernières élections aux États-Unis conduiront très probablement à des modifications dans les initiatives fédérales pour l'assistance aux enfants handicapés. Pour la première fois, en quarante ans, le Parti Républicain contrôle les deux chambres du Congrès (le Sénat et la Chambre des Représentants). Le Parti Républicain a été élu avec le mandat de réduire l'ampleur, les coûts et les initiatives du gouvernement fédéral, d'équilibrer le budget national et de réformer les pratiques du Congrès.

Dès ses premières mesures, le Parti Républicain a drastiquement diminué le nombre des commissions. L'objectif de la plupart des dispositions législatives à venir sera de réduire les dettes et les interventions du gouvernement fédéral, ainsi que de le tenir à l'écart des affaires de la sécurité sociale. Les commissions, qui doivent s'attendre à subir une réduction de leur budget, seront probablement celles concernées par les affaires sociales, dont fait partie l'intervention précoce pour les enfants handicapés. Une réduction du soutien apporté par les commissions signifierait que les lois relatives aux handicapés ne seraient plus prorogées après la date d'échéance ou qu'elles ne seraient plus financées de façon suffisante.

L'une des conséquences de ces élections est que les projets parlementaires portant sur les programmes d'intervention précoce ne seront probablement plus réalisés. Certains états ou certaines administrations locales désireront poursuivre leur soutien aux programmes d'intervention précoce. Ces programmes seront donc en concurrence directe avec d'autres programmes visant à lutter contre la criminalité, à créer des logements pour les sans-abri, à procurer des ressources alimentaires aux indigents et à soigner les personnes dépourvues d'assurance-maladie.

De façon accrue, les républicains s'efforceront aussi de démanteler ce qu'on appelle la gestion locale (le «micro-management») qui s'est de plus en plus développée aux dépens du gouvernement fédéral. Les gouverneurs des états réclament que le gouvernement fédéral leur donne peut-être moins d'argent mais qu'il les laisse disposer librement des moyens qu'il leur a accordés. Ils aimeraient aussi obtenir un moratoire pour les lois qui n'ont pas été financées ou qui l'ont été trop peu. Le Parti Républicain semble réceptif à ces demandes. Les programmes alimentaires pour les nécessiteux semblent arriver à expiration, comme, par exemple, le programme «*Women, infants and children, WIC*» (programme pour les femmes, les nourrissons et les enfants) ainsi que le programme de distribution des cartes d'alimentation aux familles socio-économiquement faibles. D'une manière générale, les républicains recommandent aux gouverneurs des états et aux administrations locales de gérer de façon souple les maigres moyens financiers dont ils disposent. L'aide nationale apportée aux programmes d'intervention précoce et la législation nationale relative à l'intervention précoce vont donc très probablement aller en décroissant.

LES PERPECTIVES POUR LE XXIe SIÈCLE

Au cours des deux premières décennies du siècle prochain, nous pensons que trois tendances vont caractériser l'intervention-précoce :
– Le développement de l'intervention précoce centrée sur la famille, dans une perspective écologique visant surtout à améliorer la santé.
– L'imprécision des programmes d'intervention, assumés par des éducateurs ayant des orientations théoriques éclectiques et qui ne seront pas en mesure d'expliquer les critères de décision de leur action.
– La concurrence accrue entre les programmes d'intervention précoce et d'autres programmes sociaux pour obtenir des moyens pourtant réduits. Une meilleure gestion, une meilleure évaluation et de solides justifications des interventions seront exigées par les organismes subventionnaires.

Il est difficile de faire des prédictions sur les événements à venir. Mais la meilleure prédiction sur l'avenir proche réside dans le passé récent. Des prédictions à long terme sont évidemment bien plus difficiles et cependant elles sont d'une importance capitale pour planifier les concepts et les programmes du futur. Nous pouvons faire au moins quelques pronostics sur l'évolution qui se fera d'ici la deuxième décennie du prochain siècle.

L'émergence des programmes centrés sur l'approche écologique

L'approche centrée sur la famille, à orientation écologique, va gagner du terrain et, dans une large mesure, cette évolution est due aux travaux théoriques et pratiques de Dunst, Johanson, Trivette, Hamby et Pollock (1990, 1992) ainsi qu'aux travaux de Bailey et Simeonsson (1988). Il ne s'agit pas d'une évolution éphémère. Bien au contraire, nous sommes en présence d'un mouvement continu qui passe d'un modèle médical où les enfants en difficulté sont suivis par des spécialistes et d'un modèle de collaboration avec les parents où les éducateurs sont aidés par les parents, pour arriver à la position actuelle qui tente de couvrir les besoins de la famille toute entière (par «famille», nous entendons l'ensemble de l'environnement social de l'enfant). Avec un modèle centré sur la famille, les problèmes d'alimentation et de santé devraient être mieux résolus. Tous les membres de la famille devraient bénéficier d'une nourriture saine, d'un contrôle médical régulier, des vaccins nécessaires et d'une vie familiale «équilibrée». L'assistance sanitaire apportée aux salariés par les entreprises devrait être améliorée par des mesures complémentaires, tels que des congés de maternité ou de paternité lors de la naissance d'un enfant et, si nécessaire, par des congés en cas de maladie des enfants.

Le temps est révolu où les spécialistes soignaient uniquement une difficulté de développement de l'enfant pour le remettre ensuite dans le même environnement. La tendance actuelle englobe une large prise en compte du développement de l'enfant, dans sa totalité, ce qui transforme évidemment le rôle des spécialistes de l'intervention précoce. Aujourd'hui, ceux-ci sont plutôt considérés comme des membres d'une équipe que comme des personnes agissant séparément. Au siècle prochain, l'option dominante en intervention précoce sera d'assister l'enfant et toute sa famille.

L'imprécision de fondements théoriques des programmes

À l'exception des programmes centrés sur la famille, l'intervention précoce repose de moins en moins sur des concepts et des théories pertinentes. Cette évolution est regrettable. Même si les théories centrées sur l'enfant, son apprentissage, son développement et sa formation n'ont pas apporté toutes les assises nécessaires à la pratique, elles se sont avérées être un bon point de départ en intervention précoce. Il y a aux États-Unis une expression que nous citons souvent : « Que vas-tu faire lundi matin ? ». Comme le lundi matin indique le début de la semaine de travail, il est demandé aux intervenants quels sont les critères de décision qui vont guider leurs actions lors des différentes mesures d'intervention qu'ils appliqueront aux enfants. Sans une base théorique explicite, ce point de départ reste « flou ». Les stratégies d'intervention sont difficiles à choisir sans un fondement théorique cohérent.

Les théories sur l'apprentissage, le développement et l'enseignement ne constituent pas les seules sources de référence pour de bonnes pratiques. De nombreux programmes d'intervention précoce s'appuient sur des curriculums prenant comme point de départ les compétences spécifiques des enfants. Ces « programmes d'apprentissage » reposent en général sur une ou plusieurs approches théoriques. Nous estimons cependant que les spécialistes en intervention précoce du prochain siècle ne disposeront probablement pas des connaissances théoriques suffisantes pour, en cas de besoin, modifier les programmes ou les considérer d'un œil critique. D'après nos observations, les programmes d'intervention les plus efficaces étaient ceux qui avaient une bonne consistance théorique, qui étaient bien formulés et dont les membres de l'équipe partageaient la même optique vis-à-vis de l'enfant, de la consultation avec les parents et des objectifs à atteindre.

Nous constatons que l'intervention précoce, en raison de la diminution de l'influence des modèles théoriques, peut dégénérer et devenir en quelque sorte un service social ordinaire, qui serait difficile à justifier en raison de la concurrence à laquelle il faut s'attendre avec les autres services sociaux.

La concurrence accrue avec les autres programmes sociaux

Aux États-Unis, les courants politiques qui, autrefois, ont contribué dans une large mesure à développer l'intervention précoce, remettent en question aujourd'hui la multiplication et le financement de tels programmes. Nous craignons qu'à l'avenir le soutien du gouvernement fédéral et la législation en intervention précoce soient très problématiques. Les lois qui ont été adoptées et modifiées au cours des années 80 et 90 seront à nouveau présentées pour être prorogées. Mais cette prorogation ne sera pas automatique. On peut s'attendre, au vu de la réduction des moyens financiers actuels, que des sommes importantes soient déduites des budgets pour l'intervention précoce, que les programmes soient considérablement réduits et que les moyens financiers octroyés aux états et aux administrations locales se réduisent à des directives. Les nouvelles initiatives, dans le domaine de l'intervention précoce, seront très probablement financées à l'avenir par des moyens provenant plutôt des états et des administrations locales que du gouvernement fédéral. La concurrence pour obtenir un financement sera intense et difficile. À tous les niveaux de la gestion de l'intervention précoce, l'accent devra être mis sur la justification et l'évaluation des programmes d'intervention.

Les programmes d'intervention précoce, qui auront un contenu substantiel et qui seront bien formulés, seront plus faciles à exposer et pourront proposer des mesures d'intervention avec une plus grande probabilité de succès.

CONCLUSION

Il est certain qu'il existera toujours au siècle prochain des programmes d'intervention précoce qui apporteront une aide aux enfants et à leur famille et qui prendront une orientation nettement écologique. Nous exprimons cependant notre inquiétude quant à la perte d'influence des bases théoriques. Une telle évolution ne peut donner de bons résultats au cours des prochaines années. Enfin, l'intervention précoce a toujours été étroitement liée à la gestion et elle a profité de façon décisive de l'aide du gouvernement fédéral, des états et des administrations locales. À l'avenir, il ne faut pas s'attendre à une assistance aussi importante. Nous devons nous préparer à défendre solidement les projets de programmes en intervention précoce, à présenter clairement des résultats qui témoignent des succès et à indiquer quels sont les nouveaux défis.

De nombreux citoyens, aux États-Unis, semblent accepter des changements inévitables. Selon les alternances politiques, il y a des hauts et des bas dans le soutien accordé aux initiatives sociales. Nous ne devrions cependant pas, dans ce cas précis, être indifférents et accepter des changements dangereux pour le développement de nos enfants. Les enfants du siècle prochain ont besoin d'un enseignement qualifié, de vaccinations, d'une alimentation saine, ainsi que de soutien ou de thérapie en cas de problèmes. Les familles de ces enfants nécessitent toute l'aide ou l'assistance que nous pourrons leur accorder. Il ne sera certainement pas plus facile d'élever un enfant handicapé au XXIe siècle qu'aujourd'hui. Nous ne voudrions pas donner l'impression, par nos remarques, qu'il y aura moins d'assistance aux enfants et à leur famille, mais nous risquons cependant d'avoir plus d'efforts à fournir afin d'assurer une aide à ceux qui en ont le besoin le plus urgent.

BIBLIOGRAPHIE

BAYLEY, N. (1969), *Manual for the Bayley Scales of Infant Development*, New York : The Psychological Corporation.

BAILEY, D. (1971), « Building Positive Relationships between Professional and Families », p. 29-38, dans *Guidelines and Recommended Pratices for the Individualized Family Services Plan*, sous la direction de M. McGonigel, R. Kaufmann et B. Johnson, Bethesda, Md : Association for the Care of Children's Health.

BAILEY, D. et SIMEONNSON, R. (1988), *Family Assessment in Early Intervention*, Columbus, Oh. : Merrill Publishing Company.

BIJOU, S. et BAER, D.M. (1961), *Child Development*, vol. 1, « A Systematic and Empirical Theory », New York : Appleton-Century-Crofts.

BROWN, C. (1991), « IFSP Implementation in the Fourth Year of PL. 99-457 : The Year of the Paradox », *Topics in Early Childhood Special Education*, 11, 3, 1-18.

DUNST, C.J., JOHANSON, C., TRIVETTE, C.M., HAMBY, D. et POLLOCK, B. (1992), « Family-Oriented Early Intervention Policies and Practices : Family Centered or not? », *Exceptional Children*, 58, 3, 115-126.

DUNST, C.J., JOHANSON, C., TRIVETTE, C.M., HAMBY, D. et POLLOCK, B. (1990), « Family Systems Correlates of the Behavior of Young Children with Handicaps », *Journal of Early Intervention*, 14, 3, 204-218.

ERICKSON, E.H. (1950), *Childhood and Society*, New York : W.W. Norton and Co.

GARWOOD, S., GRAY, B. et SHEEHAN, R. (1989), *Implementing Early Intervention for Infants and Toddlers : the Challenge of Public Law 99-457*, Austin, Tx. : Pro-Ed.

GESELL, A. (1945), *The Embryology of Behavior*, New York : Harper and Row.

GOODMAN, J. et BOND, L. (1993), « The Individualized Education Program : A Retrospective Critique », *The Journal of Special Education*, 26, 4, 408-422.

HULBURT, J. (1996), *A Comparison of the Usefulness of Dynamic Assessment Reports, Standard Psychological Reports and Curriculum Based Assessment Reports to Preschool Teachers in Designing Instruction for Young with Disabilities*, Thèse de doctorat non publiée, Cleveland, Oh. : College of Education, Cleveland State University.

KOHLBERG, L. (1968), « Early Education : A Cognitive-Developmental Approach », *Child Development*, 39, 3, 1013-1062.

McCARTHY, D. (1972), *McCarthy Scales of Children's Abilities*, New York : The Psychological Corporation.

McGONIGEL, M., KAUFMANN, R. et JOHNSON, B. (1991), *Guideliness and Recommended Practices for the Individualized Family Services Plan*, Bethesda, Md : Association for the Care of Children's Health.

MONTESSORI, M. (1949), *The Absorbent Mind*, New York : Holt, Rinehart and Winston.

ODOM, S., SHEEHAN, R., SHORT, M. et BEDWELL, D. (1989), *The Nature and Effects of Early Intervention for Infants with Disabilities and their Families : A Statewide Case Study Analysis*, Communication présentée au National Center for Clinical Infant Programs, Washington, D.C.

PAVLOV, I.P. (1941), *Conditioned Reflexes and Psychiatry*, New York : International.

PIAGET, J. (1936), *The Construction of Reality in the Child*, New York : Ballantine Books.

SHEEHAN, R. et SNYDER, S. (1996), «Recent Trends and Issues in Program Evaluation in Early Intervention», dans *Early Childhood Intervention : Theory, Evaluation, and Practice*, sous la direction de M. Brambring, H. Rauh et A. Beelman.

SKINNER, B.F. (1968), *The Technology of Teaching*, New York : Appleton-Century-Crofs.

WATSON, R.I. (1924), *Behaviorism*, New York : W.W. Norton and Co.

ZIGLER, E. et ANDERSON, K. (1979), «An Idea whose Time has come», dans *Project Head Start : A Legacy of the War on Poverty*, sous la direction de E. Zigler et J. Valentine, New York : Free Press.

Chapître 12
L'intervention précoce auprès des enfants présentant des retards de développement : une approche écologique et intégratrice

Otto Speck
Université Ludwig-Maximilians, Munich, Allemagne

Depuis 20 ans, de nombreux centres régionaux d'intervention précoce ont été créés en Bavière, à l'initiative de l'État et de l'administration bavaroise. Auparavant, quelques projets pilotes isolés avaient été menés par des groupes émanant de différentes instances. La création de ces centres répondait à deux objectifs : d'une part, garantir un fondement institutionnel aux nouveaux programmes et, d'autre part, compléter les importants centres cliniques qui s'étaient constitués de façon isolée, comme le centre pédiatrique de Munich, par un réseau d'institutions couvrant tout le territoire bavarois et fournissant, entre autres, des services éducatifs. Le but de ces nouveaux centres régionaux est de pouvoir rejoindre et assister tout enfant présentant des problèmes dès sa première phase de développement, et ce, quel que soit son lieu de résidence. Il était donc nécessaire de mettre sur pied un grand nombre de petits centres. Selon le principe de proximité des services pour la famille, des services itinérants de consultation assurés par le personnel de ces petits centres ont été développés. Le deuxième principe fondamental est celui de la nécessité d'une coopération interdisciplinaire entre les différents groupes de professionnels. Ce principe a depuis été intégré au *Code Bavarois sur l'Éducation et l'Enseignement.*

Nous voudrions décrire ici sommairement la voie sur laquelle ce système, à l'époque nouveau, s'est engagé. Elle montre bien l'évolution scientifique qui a eu lieu, pendant les 20 dernières années, dans le domaine de l'assistance aux personnes handicapées. Nous avons eu la chance de bénéficier d'une collaboration scientifique lors de l'implantation des 114 centres d'intervention précoce qui existent actuellement en Bavière et de recueillir des données relatives à leur mise en place. Nous avons accès aux résultats de travaux de recherche réalisés depuis 20 ans dans le domaine de l'intervention précoce. Nous les relaterons ici et nous exposerons aussi nos propres travaux de recherche dans ce domaine. Mais avant de développer dans le détail les buts, les concepts et les résultats des recherches, nous proposerons une définition sommaire du terme «*intervention précoce*».

Nous entendons par là un ensemble de mesures médicales, pédagogiques, psychologiques et sociales visant à soutenir l'enfant dans son développement et dans ses apprentissages sociaux au cours de ses premières années. Ce type d'intervention vise les enfants présentant des problèmes de développement et les enfants «à risques». Ces mesures doivent être comprises comme un soutien pour l'enfant et pour ses parents afin de leur permettre de s'aider eux-mêmes et non pas comme un programme extérieur visant à modifier le comportement. À cet égard, l'utilisation du terme «intervention» peut donc être quelque peu ambigue.

D'UN MODÈLE CENTRÉ SUR L'ENFANT À UN MODÈLE DE COOPÉRATION AVEC LA FAMILLE ET LA COMMUNAUTÉ

L'initiative amorcée dès 1974 par le ministère bavarois de l'Éducation se fondait à l'époque sur une publication qui venait de paraître, suivant les recommandations du *Conseil allemand de l'Éducation* (Deutscher Bildungsrat, 1973). Celui-ci se prononçait en faveur d'une amélioration des mesures éducatives pour les élèves handicapés et les élèves «à risques». Nous avions également préparé à l'époque un avis pour le *Conseil allemand de Formation* (Speck, 1973). Le principe général énoncé dans le cadre de ces recommandations était de créer plus de structures qui permettent des apprentissages communs entre les enfants handicapés et les enfants non-handicapés, en vue de favoriser leur intégration à l'école et hors de l'école. En outre, il ressortait de ces recommandations la nécessité d'assurer, dès le plus jeune âge, les services nécessaires afin de prévenir, à ce stade très important, l'apparition des handicaps et d'éviter le placement ultérieur en classe spéciale. Par conséquent, l'intervention précoce s'inscrivait dès le départ comme une mesure d'intégration. Cette conception de l'intervention précoce ne concernait pas uniquement l'enfant mais aussi ses parents. Il s'agissait d'empêcher le «glissement» des familles ayant un enfant handicapé vers le statut de famille «anormale». Soucieux d'offrir un véritable soutien initial, nous nous sommes efforcés de rejoindre l'enfant et ses parents le plus tôt possible et de prévenir leur isolement social. Nous avons concentré nos efforts sur la période couvrant les trois premières années de la vie de l'enfant. Ce n'est que plus tard que nous avons étendu nos activités en intervention précoce aux enfants d'âge préscolaire fréquentant l'école maternelle (Speck, 1977; Arbeitsstelle Frühförderung [Groupe de travail sur l'intervention précoce], 1982).

Il y a 20 ans, les approches en intervention précoce se centraient directement sur l'enfant qui était la cible unique d'intervention. Les mesures éducatives étaient organisées en fonction des stades de développement habituel et visaient à réduire les écarts individuels avec la norme. Elles s'inscrivaient dans une approche de conditionnement de type comportemental (Schamberger, 1978; Strassmeier, 1981). Cette approche interventionniste structurée et axée sur le développement a, dans un premier temps, connu des succès partiels et encourageants mais, par la suite, ses inconvénients sont apparus. D'une part, sa conception étroite et unilatérale entraînait le risque de traiter l'enfant comme un objet dépendant de l'autorité des experts et de leurs critères, d'autre part, il était difficile de rejoindre les enfants de milieux socio-économiquement faibles dont les parents ne fréquentaient pas les centres d'intervention précoce. Lors de l'implantation des premiers programmes d'intervention précoce, les parents étaient associés à l'action éducative et encouragés à la poursuivre à la maison en suivant les conseils des professionnels. Ils étaient donc entièrement soumis aux directives de ceux-ci. L'enfant et les parents se trouvaient dans une situation de dépendance.

Ce modèle de professionnel-expert s'est heurté progressivement à la réserve croissante et à la critique des parents. Ceux-ci considéraient les tâches de cothérapeutes qui leur étaient imposées comme une ingérence dans la sphère familiale et se sentaient par conséquent déstabilisés dans leur rôle de parents. Ces difficultés ont été signalées, en particulier, par des intervenants itinérants auprès des familles relevant des centres d'intervention précoce parce qu'il était hors de question pour eux d'agir en tant qu'experts. Une relation unilatérale de dépendance des parents vis-à-vis des spécialistes s'est montrée contraire à la réalité et ce modèle d'intervention s'est donc avéré impraticable.

Une lettre, écrite par une mère de famille à l'issue d'un congrès réunissant des spécialistes et des parents, a été l'événement déclencheur de la transformation du modèle professionnel alors en vigueur (Holthaus, 1983). Le reproche principal contenu dans cette lettre était le suivant : l'intervention précoce est autoritaire et contraignante ; centrée sur les mesures précises, elle ne laisse pas assez de place à la spontanéité naturelle de la mère et ne prend pas suffisamment en considération la situation particulière de chaque famille. Bref, l'auteur affirmait que les responsables n'avait pas le droit de considérer l'enfant uniquement comme un objet de thérapie. Cette lettre, largement diffusée, constituait un défi fondamental aux spécialistes. Les discussions qu'elle a déclenchées nous ont conduit à reviser notre approche, comme le montre déjà le rapport du *Groupe de travail sur l'intervention précoce* (Arbeitsstelle Frühförderung, 1982). Il s'agissait en fait d'un changement de paradigme dans le domaine de l'intervention précoce ; l'ancien modèle, où les experts étaient omnipotents et les parents ainsi que les enfants unilatéralement dépendants, ayant été remplacé par un modèle de coopération (Speck et Warnke, 1983). Ce changement de perspective ne signifiait pas l'abandon de l'approche centrée sur le développement et sur la stimulation de l'enfant lui-même mais plutôt son intégration dans un programme plus complexe.

Le terme «*coopération*», d'après nous, évoque un modèle de base de collaboration entre différentes instances autonomes poursuivant un but commun, dans ce cas précis, la stimulation du développement de l'enfant présentant des troubles du développement (ou risquant d'en présenter) au sein de son environnement social. Nous avons constaté que les instructions et les conseils transmis par les professionnels aux parents et à l'enfant n'étaient pas transposés dans la pratique. Le parent n'est pas une «machine à reproduire» mais un «système» autonome, qui, à sa façon, individuellement, perçoit, évalue, sélectionne, accepte ou rejette les informations et décide de les mettre en pratique ou non.

Dans le cadre d'une étude longitudinale sur l'intervention précoce (Arbeitsstelle Frühförderung, 1988), nous avons d'abord examiné le champ émotif et psychologique existant dans le «triangle» pédago-thérapeutique (parents, enfants, professionnels). Ce faisant, nous nous sommes surtout intéressés aux modèles relationnels basés sur les liens affectifs existant entre les personnes. Les tensions émotives qui restent en général à l'arrière-plan de la scène thérapeutique sont pourtant d'une importance capitale dans l'implantation d'une intervention précoce spécialisée. Ainsi, nous avons pu constater que les difficultés émotionnelles des parents, liées à l'acceptation du handicap de leur enfant, réduisaient l'efficacité des mesures pédago-thérapeutiques. Le problème réside surtout dans le fait qu'il est difficile, pour une personne étrangère à la famille, d'accéder à une compréhension complète du contexte familial. Les conflits conjugaux ou ceux concernant l'acceptation du handicap représentent souvent, pour les parents, un problème bien plus grave que ce que les spécialistes supposent en général. Les parents doivent faire face à des problèmes quotidiens qui ne peuvent être que partiellement identifiés et encore moins résolus de l'extérieur, mais qui influencent énormément leur comportement vis-à-vis de l'enfant. Or, les parents sont les premières personnes de référence pour l'enfant (Speck et Thurmair, 1989).

La façon dont les parents perçoivent le travail des professionnels en intervention précoce a été illustrée, entre autres, par une recherche de Weiss (1989) qui a étudié ce phénomène à partir de nombreux entretiens avec des parents dont l'enfant était suivi par un centre d'intervention précoce. Il a constaté que la même situation pédago-thérapeutique était, à certains égards, perçue et évaluée différemment par les deux parties en présence. Mais, en même temps, et ceci est essentiel, il s'est avéré qu'il y avait des éléments communs dans leurs points de vue et leurs objectifs, ainsi que dans leur désir d'une plus grande coopération.

Sur la base de telles conclusions, l'intervention précoce s'est orientée vers un modèle de «coopération avec les parents» (Speck et Warnke, 1983). Nous avons donc élargi la définition du concept en lui faisant dépasser le cadre étroit du modèle professionnel et en le considérant comme un «mésosystème», au sens de Bronfenbrenner (1979), soit un ensemble de systèmes partiels relativement autonomes constitués de la famille et des professionnels. Il était alors nécessaire de considérer le travail des professionnels dans un rapport de dépendance vis à vis du système familial et l'autonomie de chaque système partiel comme essentielle, même si elle n'était que relative. Le rapport entre les deux systèmes peut être analysé comme une interdépendance de deux systèmes autonomes en soi qui coopèrent sur la base d'intérêts communs.

À partir de ces constatations, d'autres questions de recherche ont été posées, en particulier par Peterander et ses collaborateurs (Speck et Pete-

rander, 1994) qui ont concentré leur attention sur les deux thèmes suivants :
- Comment se conçoit et se perçoit chaque système à l'intérieur du mésosystème.
- Comment chaque système partiel perçoit l'autre.

Le but de ces recherche était d'obtenir des indications sur les questions suivantes qui nous préoccupaient :
- Comment se déroule globalement l'intervention précoce ?
- Quels sont les processus interactionnels positifs et négatifs dans le cadre d'une intervention précoce ?
- Quels sont les aspects de l'intervention professionnelle à améliorer en vue d'une plus grande efficacité au niveau de l'enfant ?

Nous avons, pour ce faire, mené deux études, l'une auprès des intervenants, l'autre auprès des parents.

L'INTERVENTION PRÉCOCE VUE PAR LES SPÉCIALISTES

La première étude, qui consistait à recueillir le point de vue des professionnels, a été réalisée en 1989-90 à partir d'un sondage en deux étapes auprès du personnel des centres d'intervention précoce bavarois (Peterander et Speck, 1993b). Au total, 440 personnes ont participé et répondu à deux questionnaires qui leur avaient été expédiés. Compte tenu de la longueur de ces questionnaires, comportant l'un 645 items et l'autre 495 items, nous considérons que le taux de réponse de presque 50 % confirme la pertinence et l'intérêt d'une telle étude. Les items présentés concernaient différentes dimensions du travail interdisciplinaire et l'importance que le personnel des centres leur accordait. Les aspects étudiés sont :
- Les différents groupes professionnels (en tout huit, sans les médecins) ;
- L'aspect organisationnel ;
- La compétence professionnelle et les conditions de travail dans chaque centre ;
- Les services itinérants ;
- La direction du centre et les réunions d'équipe ;
- Le perfectionnement des professionnels ;
- Les modalités de la stimulation du développement de l'enfant ;

– La situation personnelle et professionnelle du personnel ;
– La coopération avec les parents, les autres institutions, les médecins et les écoles maternelles.

Nous avons exposé les résultats de cette étude dans un rapport détaillé (Peterander et Speck, 1998). Ils ont fait aussi l'objet de discussions approfondies avec le personnel des centres d'intervention précoce. Nous ne pouvons pas ici en rendre compte de façon détaillée, mais nous nous contenterons d'exposer quelques résultats qui nous paraissent particulièrement importants dans la perspective d'une approche écologique.

– La nécessité d'un modèle d'intervention interdisciplinaire a été expressément confirmée ; les problèmes, déficits et desiderata existant dans ce domaine ont pu être mis en évidence. Il y a en moyenne, par centre, des intervenants issus de 11 groupes professionnels différents.

– Le climat entre collègues, l'atmosphère et les conditions de travail revêtent une importance toute particulière pour chaque membre du personnel et pour l'efficacité de son travail. Nous avons identifié de façon détaillée un ensemble de variables importantes qui favorisent ou entravent les interventions, en particulier certains aspects spécifiques de la structure organisationnelle.

– L'importance des « services itinérants » a été expressément confirmée, malgré des divergences entre les divers groupes professionnels et les divers centres.

– La personne qui est responsable de la direction de l'institution joue un rôle particulièrement important ainsi que ses qualités de gestion et de coordination. Celles-ci influencent la satisfaction de chacun vis-à-vis de son propre rôle professionnel et le succès des mesures entreprises par l'institution.

– Le travail en équipe, qui permet l'échange d'informations et de critères d'évaluation entre les différents groupes professionnels, revêt une importance fonctionnelle similaire pour le travail de chacun. L'organisation de réunions régulières de l'équipe joue un rôle incontestable dans la qualité du travail des spécialistes.

La valeur de ces résultats ne réside pas tant dans la généralisation possible des données chiffrées, mais plutôt dans l'identification de détails sur le fond, pouvant être analysés en vue de modifier l'action entreprise. Ils doivent permettre de déterminer et d'étudier les points essentiels du réseau de coopération interdisciplinaire et de collaboration avec les systèmes externes, dont la collaboration avec les parents. Chaque centre d'intervention précoce constitue un système propre du point de vue qualitatif, avec ses spécificités dont il faut tenir compte. Il faut considérer d'un regard critique les tentatives visant à abolir ces différences par la création de normes uniformisantes. Globalement, les résultats ont démontré qu'il ne fallait pas concevoir l'intervention précoce uniquement comme une stimulation du développement de l'enfant avec un encadrement auprès des parents. Il faut considérer également que l'efficacité pédago-thérapeutique de l'intervention dépend d'un réseau de variables internes, structurelles et individuelles, ainsi que des influences de l'environnement et des interactions qui en résultent.

L'INTERVENTION PRÉCOCE VUE PAR LES PARENTS

La deuxième étude s'est déroulée en même temps auprès des parents et selon la même méthodologie. La famille, qui représente le premier lieu de développement et d'apprentissage de l'enfant, constitue le partenaire le plus important des professionnels en intervention précoce. Nous avons souligné, dans la première étude auprès des professionnels, que le travail avec les parents était jugé comme essentiel par les spécialistes en intervention précoce qui ont affirmé que 25 % de leur temps de travail y était consacré (Peterander et Speck, 1993b). Deux types d'action en direction des parents ont été identifiés selon les professionnels :
- Une forme indirecte durant l'intervention auprès de l'enfant ;
- Une forme directe, par des entretiens individuels et des consultations en groupe.

Les 1 099 parents que nous avons interrogés émettent, quant à eux, le désir d'instituer des groupes de parents et d'obtenir, au moyen d'exposés ou des nouveaux médias, de plus amples informations (Peterander et Speck, 1993a). Nous désirions connaître leur opinion sur ce que les experts appellent le « travail avec les parents » et vérifier si celui-ci créait véritablement une complémentarité entre les deux partenaires dans l'intérêt du développement de l'enfant. Ceci représentait pour nous une question cruciale : le concept d'intervention précoce établi sur le principe de partenariat et de coopération avec la famille, tel que nous le définissons, est-il accepté par les parents ? Le fait d'avoir des intentions communes suffit-il à établir une complémentarité intelligente de deux systèmes autonomes en soi, et ce, au bénéfice de l'enfant ?

Nous rapportons ici sommairement deux résultats. Il se dégage de la comparaison avec les résultats du questionnaire soumis aux professionnels une grande convergence de vues entre ceux-ci et les parents en ce qui a trait aux objectifs de l'intervention précoce. À la question de savoir quel devrait être l'objectif majeur de l'intervention précoce, parents et spécialistes ont répondu que :

- L'enfant devrait « se sentir bien dans sa peau » (97,6 % des parents et 96,8 % des spécialistes) ;
- Les parents devraient pouvoir identifier les progrès les plus minimes de leur enfant (94,7 % des parents et 95,7 % des spécialistes) ;
- Les parents devraient apprendre à accepter le handicap de leur enfant (85,7 % des parents et 94,8 % des spécialistes) ;
- Les parents devraient être satisfaits du programme d'intervention pour leur enfant (84 % des parents et 67,7 % des spécialistes).

Ce degré relativement élevé d'accord entre les parents et les spécialistes permet de supposer que nous sommes en présence d'une pratique basée sur le principe directeur d'une coopération ouverte avec les parents dans le sens d'une co-construction de la réalité. L'évaluation générale des parents relativement au travail des spécialistes (Speck et Peterander, 1994) confirme cette hypothèse :

- 94,7 % coopèrent volontiers et ont plaisir à travailler avec le personnel ;
- 93,6 % ont confiance dans le travail du personnel ;
- 92,9 % acceptent la manière d'agir du personnel ;
- 92,8 % considèrent que le personnel est compétent ;
- 89,2 % croient que le personnel coopère volontiers et aime travailler avec eux ;
- 86,6 % trouvent que les discussions avec le personnel sont constructives ;
- 80,4 % sont satisfaits des consultations dont ils bénéficient ;
- 79,1 % sont satisfaits de la capacité du personnel à comprendre la situation de leur famille.

CONCLUSION : L'APPROCHE ÉCOLOGIQUE EN INTERVENTION PRÉCOCE

L'intervention précoce auprès des enfants présentant des troubles du développement s'avère être un champ d'action extrêmement complexe, ce qui constitue le défi principal des chercheurs. Les actions entreprises dans le cadre d'une intervention précoce se concentrent sur une phase relativement courte de la vie de l'enfant. Elles ont, par contre, des répercussions importantes sur la vie de toute la famille. Il s'agit d'une période d'une importance capitale pour l'enfant et pour toutes les personnes concernées. Étant donné qu'il n'est possible d'aider efficacement l'enfant qu'en le considérant comme une entité psycho-physique en situation dans son propre environnement, il serait irresponsable de ne lui fournir qu'une juxtaposition de différentes approches d'experts. La spécialisation professionnelle visant à répondre de façon différenciée aux besoins de l'individu, il est essentiel de coordonner les différentes interventions des spécialistes auprès de l'enfant. Cette nécessité d'une action de coopération entre les divers spécialistes entraîne de nouveaux champs d'action et d'investigation mais aussi de nouveaux problèmes.

Certains pourraient se demander si, en mettant trop l'accent sur les rapports écologiques (spécialistes, parents), l'intervention directe auprès de l'enfant et la stimulation de son développement ne sont pas en fait négligés. Nous considérons que les deux aspects sont importants et complémentaires et que nous devons porter attention à l'un comme à l'autre. La recherche doit donc s'intéresser aux deux thèmes suivants :
– Analyse des microprocessus (comme par exemple les différentes conditions et variables qui agissent sur le développement individuel) afin de perfectionner les approches pédago-thérapeutiques ;
– Analyse des rapports entre les différents systèmes partiels, sachant que chaque système est relié à d'autres et que ses intentions propres, ses responsabilités et ses compétences ne peuvent être réalisées qu'en collaboration avec les autres systèmes impliqués dans la tâche commune.

En négligeant de prendre en considération les liens existants entre les divers intervenants auprès de l'enfant, les spécialistes prennent le risque, en travaillant de façon isolée, d'ignorer le contexte social et les réalités de la vie de l'enfant. Mais il existe aussi le danger, si l'on ne développe pas les différentes approches de chaque discipline impliquée, que l'aide directe des spécialistes soit peu différenciée et caractérisée par une communication incontrôlable. Nous pouvons constater, dans le champ somme toute récent de l'intervention précoce, que certains changements particulièrement importants s'appliquent, tout comme dans le domaine du soutien et de l'intégration des personnes handicapées :
– Prévention de l'isolement social ;
– Autonomie institutionnelle dans le cadre d'un réseau d'assistance ;
– Conception de l'aide en tant que mission commune de différentes instances sur la base d'un respect mutuel et dans le sens d'autonomie interdépendante et de co-construction de la réalité commune ;

– Établissement d'un partenariat entre parents et professionnels en vue d'un but commun.

La valeur particulière de cette approche écologique tient au fait qu'il s'agit d'une approche de recherche très proche de la pratique et de la vie. Ses résultats ne sont pas des constatations définitives issues d'une base scientifique claire, mais plutôt des résultats contextualisés qui invitent à la réflexion et à la conception d'une nouvelle orientation commune liant toutes les personnes concernées. L'élément-clé est, ici, l'établissement permanent et le maintien d'intérêts communs. Ces derniers créent des liens sans pour autant supprimer la responsabilité et la compétence de chacun. Les interventions concrètes dont l'être humain a besoin ne peuvent certainement être construites qu'avec les différents partenaires.

BIBLIOGRAPHIE

ARBEITSSTELLE FRÜHFÖRDERUNG (1982), *Pädagogische Frühförderung behinderter und von Behinderung bedrohter Kinder*, Munich : Abschlussbericht der wissenschaftlichen Begleitung des Projektes der Bund-Länder-Kommission für Bildungsplanung.

ARBEITSSTELLE FRÜHFÖRDERUNG (1988), *Verlaufsstudien zur Frühförderung : Spannungsfelder im pädagogisch-therapeutischen Dreieck*, Munich : Abschlussbericht der wissenschaftlichen Begleitung des Projektes der Bund-Länder-Kommission für Bildungsplanung.

BRONFENBRENNER, Y. (1979), *The Ecoloy of Human Development : Experients by Nature and Design*, Cambridge, Mass. : Harvard University Press.

DEUTSCHER BILDUNGSRAT (1973), *Empfehlungen der Bildungskommission : Zur pädagogischen Förderung behinderter und von Behinderung bedrohter Kinder und Jugendlicher*, Bonn : Deutscher Bildungsrat.

HOLTHAUS, H. (1983), «Brief einer Mutter», p. 21-24, dans *Frühförderung mit den Eltern*, sous la direction de O. Speck et A. Warnke, Munich/Bâle : Ernst Reinhardt.

PETERANDER, F. et SPECK, O. (1993a), *Eltern in der Frühförderung. Unveröffentlichter Fragebogen*, Munich : Université Ludwig Maximilians.

PETERANDER, F. et SPECK, O. (1993b), *Abschlussbericht zum Forschungs projekt «Strukturelle und inhaltliche Bedingungen der Frühförderung*, Munich : Forschungs gruppe, Université Ludwig Maximilians.

PETERANDER, F. et SPECK, O. (1998), *Eltern in der Frühförderung. Unveröffentlichter Abschlussbericht*, Munich : Groupe de recherche sur l'analyse de l'intervention précoce, Université Ludwig-Maximilians.

SCHAMBERGER, R. (1978), *Frühtherapie bei geistig behinderten Säuglingen und Kleinkindern. Untersuchungen bei Kindern mit Down Syndrom*, Weinheim/Bâle : Belz Verlag.

SPECK, O. (1973), «Früherkennung und Frühförderung behinderter Kinder», p. 111-150, dans *Sonderpädagogik 1. Behindertenstatistik, Früherkennung, Frühförderung*, sous la direction de J. Muth, Bonn : Gutachten und Studien der Bildungskommission, vol. 25.

SPECK, O. (1977), *Frühförderung entwicklungsgefährdeter Kinder. Der pädagogische Beitrag zu einer interdisziplinären Aufgabe*, Munich/Bâle : Ernst Reinhardt.

SPECK, O. et PETERANDER, F. (1994), «Elternbildung, Autonomie und Kooperation in der Frühförderung», *Frühförderung interdisziplinär*, 13, 3, 108-120.

SPECK, O. et THURMAIR, M. (1989), *Fortschritte der Frühförderung entwicklungsgefährdeter Kinder*, Munich/Bâle : Ernst Reinhardt.

SPECK, O. et WARNKE, A. (1983), *Frühförderung mit den Eltern*, 1re édition, Munich/Bâle : Ernst Reinhardt.

STRASSMEIER, W. (1981), *Frühförderung konkret. 260 lebenspraktische Übungen für entwicklungsverzögerte und behinderte Kinder*, 2e édition, Munich/Bâle : Ernst Reinhardt.

WEISS, H. (1989), *Familie und Frühförderung. Analysen und Perspektiven der Zusammenarbeit mit Eltern entwicklungsgefährdeter Kinder*, Munich/Bâle : Ernst Reinhardt.

Chapitre 13
Les facteurs familiaux associés à la réussite des enfants de milieu socio-économiquement faible dans les programmes d'intervention éducative précoce

Bernard Terrisse*, Marie-Louise Lefebvre*,
François Larose** et Nathalie Martinet*
Université du Québec à Montréal,
*Université de Sherbrooke**, Québec, Canada*

Dans le cadre élargi d'une analyse des caractéristiques des mesures d'intervention éducative précoce (IEP), le *Groupe de recherche en adaptation scolaire et sociale (GREASS)* de l'Université du Québec à Montréal mène actuellement une recherche de type longitudinal sur les effets à moyen terme des programmes québécois d'IEP sur l'adaptation scolaire et sociale d'enfants de milieu socio-économiquement faible (m.s.e.f). Ce projet bénéficie d'une subvention de recherche (1996-98) du Conseil québécois de la recherche sociale, CQRS (Terrisse, Lefebvre et Larose, 1996). Il s'inscrit dans le cadre des études menées en vue d'améliorer les interventions auprès des groupes vulnérables, ici les jeunes enfants des m.s.e.f, par le développement de programmes en milieu scolaire et familial. Un échantillonnage d'enfants ayant fait l'objet d'une IEP en 1992-1993, de leurs familles et des enseignants intervenant dans les programmes permet la cueillette de données longitudinales sur la réussite socioscolaire et les facteurs qui l'affectent. Des variables structurelles et organisationnelles, liées aux pratiques d'intervention et aux caractéristiques des intervenants dans les programmes (compétence, expérience, attitudes), ont une incidence directe sur la performance des élèves. Des variables familiales (compétences éducatives parentales, dynamique familiale) peuvent aussi influer sur la pérennité des effets de ces mesures. Une étude sur les facteurs de résilience (facteurs permettant une adaptation réussie malgré des conditions défavorables) examine donc en quoi l'efficacité des divers programmes d'IEP, telle que mesurée par le rendement scolaire, l'absentéisme et le recours aux services d'adaptation scolaire, est pondérée par les critères socio-économiques servant à la définition des clientèles tels que la monoparentalité, la scolarité de la mère et le chômage prolongé du père (Larose, Terrisse et Lefebvre, 1998). Cette étude s'intéresse également à certaines variables du contexte familial, telles les attitudes et pratiques éducatives des parents (Terrisse et Rouzier, 1986; Terrisse et Larose, 1998) ou leurs attentes et aspirations scolaires (Lefebvre, 1994) et à des variables scolaires liées aux programmes et à leur application.

LE CONTEXTE DE LA RECHERCHE

Au contraire de l'Europe, le Québec a mis longtemps à inscrire dans le système scolaire des programmes d'IEP, les besoins éducatifs particuliers des enfants de milieu socio-économiquement faibles (m.s.e.f.) semblant plus relever des services de la santé et des services sociaux. Pourtant, les quelque 300 000 enfants pauvres du Québec qui, dans la grande région de Montréal, forment près de 24 % de la clientèle scolaire (CSIM, 1991), présentent les mêmes caractéristiques que celles observées internationalement chez l'ensemble des élèves issus de groupes vulnérables : retards scolaires et redoublement, taux élevé d'absentéisme, concentration dans des classes à rythme faible, sur-représentation dans les services d'adaptation scolaire, abandon précoce du système scolaire.

Dans la foulée de l'*Economic Opportunity Act* (PL88-452) (US Congress, 1964) et des projets «*Head Start*» (Bissel, 1971) pour la petite enfance initiés aux États-Unis, la plus importante commission scolaire montréalaise, la Commission des écoles catholiques de Montréal (CÉCM), a expérimenté, à la fin des années soixante, le *Projet d'action scolaire et sociale* (CÉCM, 1967) qui a servi d'assise pour la conception d'un plan d'action devant permettre à l'école de lutter contre la pauvreté et d'assurer l'égalité des chances en éducation : l'*Opération Renouveau*, OR (CÉCM, 1994). Dès son premier plan quinquennal, en 1970, l'OR s'inspirera largement des expériences américaines en instaurant des services en milieu scolaire pour les élèves de cinq ans. Cependant, un examen rapide des cinq plans quinquennaux (1971-1996) démontre combien les approches commandant l'intervention ont varié en 25 ans. Ces approches ont d'abord été curatives, renvoyant à l'enfant son échec scolaire, puis se sont élargies au fil des années pour adopter un point de vue systémique qui inscrit l'élève dans la dynamique d'un ensemble de conditions structurelles influençant et conditionnant ses apprentissages. Cette perspective écosystémique (Bronfenbrenner, 1979) se retrouve dans les orientations de l'OR vers des pratiques encourageant un partenariat avec le milieu familial et la communauté locale où s'inscrit le développement de l'enfant (ce partenariat est conçu comme une relation égalitaire entre les différents acteurs dans les processus de prise de décision, dans une perspective de partage des savoirs et d'auto-responsabilisation).

Plusieurs documents d'orientation, rapports de discussions et séminaires de réflexion, permettent de retracer l'historique du développement de l'OR auprès des jeunes enfants de m.s.e.f. en milieu scolaire. Par contre, comme dans tous les projets similaires, mais d'envergure moindre (animations « Passe-partout », groupes « Soleil », maternelles-maison, etc.), il est facile de constater une disparité des modes et mesures d'évaluation qui permettent de juger des effets des programmes d'intervention. À part la tentative de Hohl (1985), au moment du troisième plan quinquennal de l'OR, d'évaluer le rendement scolaire et certaines variables reliées au développement de compétences ou au bien-être affectif des élèves pauvres, la portée des mesures d'IEP est mal connue. Ceci, au moment même où le Ministère de l'éducation du Québec (MEQ) généralise l'accès de tous les enfants à une maternelle à 5 ans et à temps plein et instaure progressivement des services éducatifs complémentaires à la pré-maternelle à 4 ans et à mi-temps pour les élèves de m.s.e.f. (MEQ, 1997). Des études ponctuelles réalisées au cours des vingt dernières années présentent des résultats contradictoires : en 1977, l'impact des maternelles 4 ans sur le rendement scolaire est évalué comme « minime » (Bonnier-Tremblay, 1977), comme d'ailleurs l'ensemble des mesures d'IEP étudiées par le MEQ (1981). Par contre, en 1993, le même ministère constate que les clientèles ayant bénéficié d'une scolarisation précoce ont vu leur taux de diplomation à l'issue du secondaire augmenter de 2,6 % (MEQ, 1993), alors que les récents travaux de Tremblay (1997) mettent en évidence l'importance du contenu plutôt que de la structure-horaire du programme. Il est impossible d'en conclure quoi que ce soit puisque, dans ces évaluations partielles de projets divers, les résultats varient selon l'enjeu visé et le type de mesures utilisées : impact sur les élèves (en terme d'apprentissage, de comportement, etc.), sur l'institution scolaire (climat de l'école, perceptions et pratiques pédagogiques des enseignant(e)s, etc.), sur le milieu (famille, communauté, réseaux, etc.). Dans la très grande majorité des programmes, les familles, bien que participant à des projets comme bénéficiaires mais aussi comme actrices, ne font l'objet, ni ne sont le sujet d'aucune évaluation formelle (Martinet, 1997). Après un quart de siècle d'IEP en milieu scolaire et malgré l'importance des ressources, tant humaines que matérielles, consacrées à l'OR et à des programme similaires, il n'est pas possible de dire à quoi sert l'intervention scolaire en petite enfance ni comment et sur quoi elle agit. Des «cartes de défavorisation» du Conseil scolaire de l'île de Montréal ont été établies en 1960, 1980 et 1990 (CSIM, 1990) visant à cibler les zones défavorisées montréalaises. Elles permettent d'identifier par ordre d'importance non seulement les quartiers les plus pauvres, mais également les écoles les plus défavorisées où doivent être affectées des ressources éducatives supplémentaires dans le cadre de l'OR. Leur lecture est pour le moins inquiétante car elles permettent de constater, en les superposant, que loin de diminuer, la pauvreté à Montréal, après avoir été longtemps héréditaire, devient contagieuse, pour ne pas dire épidémique.

DESCRIPTION DU PROGRAMME DE RECHERCHE

Les nouveaux programmes scolaires pour les enfants âgés de 4 et 5 ans, sans compter le programme des garderies pour ceux de 3 ans à frais réduits pour les familles monoparentales dont 67 % vivent sous le seuil de la pauvreté, vont demander, dès l'automne 1997, un investissement majeur à une époque de réduction généralisée des budgets en éducation. Il est donc légitime d'imposer à ces programmes l'exigence d'atteinte de leurs objectifs. Cette obligation de succès serait plus probante si, outre les facteurs scolaires (programmes, structures, contenu, approches pédagogiques) de la réussite des IEP auprès d'élèves vulnérables, les caractéristiques environnementales qui influent sur ce parcours étaient davantage connues. Afin d'identifier ces facteurs, l'équipe du *Groupe de recherche en adaptation scolaire et sociale (GREASS)* de l'Université du Québec à Montréal (Terrisse, Lefebvre et Larose, 1996) a initié l'an dernier une vaste étude évaluative des IEP (programmes, structures, contenu, approches pédagogiques) auprès d'un échantillon de plusieurs milliers d'enfants de m.s.e.f. ayant bénéficié en 1992-93 et/ou 1993-94 d'un programme pour les enfants âgés de 4 ou 5 ans. Le terrain d'échantillonnage couvre la grande région montréalaise, touche 133 écoles appartenant à une quinzaine de commissions scolaires et les informations à recueillir s'étalent sur une période de cinq ans. Entre la première inscription des enfants à un programme d'intervention préscolaire et la fin de leur 3e année du primaire, un nombre impressionnant de renseignements ont disparu des dossiers scolaires (s'ils y furent jamais enregistrés), ce qui nous oblige à fixer un échantillon de base dépassant les 3 000 élèves. Les chercheurs du GREASS veulent examiner, à cinq ans de distance, le devenir scolaire de cette clientèle (performances scolaires, taux d'absentéisme, recours à des services spécialisés) en l'inscrivant dans une analyse écosystémique qui inclut l'identification de facteurs de résilience comme éléments explicatifs de la réussite ou de l'échec de l'enfant. L'étude des facteurs de protection (résilience) familiaux et scolaires veut tenter d'expliquer pourquoi, malgré leur vulnérabilité, certains élèves développent un sentiment d'efficacité personnelle (sur les plans scolaire et social) et une image de soi positive, notamment au regard des capacités de performance et de persévérance scolaire.

Le concept de résilience est défini par Wang et Hertel (1995), qui se sont inspirés de Masten, Best et Garmezy (1990), comme la «capacité de s'adapter avec succès à l'environnement social ou scolaire malgré des circonstances menaçantes ou adverses» (traduction libre). Dans leur cadre de référence, Wang et Hertel (1995) identifient trois contextes principaux où les facteurs de risque et les facteurs de protection peuvent interagir afin de favoriser ou, au contraire, diminuer les probabilités de résilience : l'environnement familial, scolaire et communautaire. Les auteurs se situent aussi dans un cadre de référence de type écosystémique (Bronfenbrenner, 1979). Au cœur des facteurs de protection, ils retrouvent un environnement familial (microsystème) qui favorise le développement du sentiment d'auto-efficacité (ontosystème); un environnement scolaire (mésosystème) favorisant l'apprentissage des stratégies métacognitives, l'autorégulation des apprentissages et des interactions ainsi que l'implication parentale dans les activités ou les programmes scolaires. Au sein de l'environnement communautaire (exosystème), ils notent l'expression et l'observation de normes ainsi que de valeurs sociales explicites et consistantes.

Il paraît donc pertinent de procéder à une étude de résilience afin d'identifier certains facteurs susceptibles de nuancer l'évaluation de l'efficacité des diverses mesures d'IEP offertes aux enfants de m.s.e.f. Le sous-échantillon servant à l'étude de résilience sera constitué de parents d'enfants dont les performances et l'intégration scolaires se situent aux extrémités de la courbe normale : des enfants vulnérables qui défient les probabilités statistiques en réussissant nettement mieux que la moyenne (groupe-cible) et, par opposition, ceux qui se trouvent le plus dans une situation d'échec (groupe-contrôle). Ils seront catégorisés sur une échelle de deux niveaux (défavorisés ou moyennement défavorisés) selon qu'ils répondent à trois ou quatre, ou à seulement deux des critères tels qu'énoncés par le CSIM (1993), soit le revenu familial, la scolarité de la mère, le statut familial (bi ou monoparentalité) et la présence du père sur le marché du travail. L'étude de résilience permettra de tenir compte de façon distincte de l'effet du degré réel de défavorisation sur chacune des variables mesurées (absentéisme, recours aux services d'adaptation scolaire et rendement scolaire). Enfin, une étude sur un échantillon d'enseignant(es) titulaires de classe permettra de caractériser leurs pratiques éducatives dans le cadre des différents types de mesures d'intervention privilégiées. Ceci devrait permettre de déterminer les profils pédagogiques les plus favorables et aussi d'identifier les antécédents et représentations des titulaires en relation avec les besoins et les caractéristiques des élèves de leurs groupes-classes.

LE MODÈLE D'ANALYSE ÉCOSYSTÉMIQUE

Certaines études de résilience ont déjà été réalisées au Québec (Bouchard et St-Amant, 1994 ; Bouchard, Coulombe et St-Amant, 1996), aux États-Unis (Kolbo, 1996 ; Cowen, Wyman et Work, 1996) ou en Europe (Montandon, 1991) et se sont intéressées aux élèves de m.s.e.f. qui défient les probabilités statistiques en réussissant sur le plan scolaire. Cependant, l'orientation de notre programme de recherche vers des études de résilience relève de l'analyse écosystémique. Nous devons donc rattacher l'ensemble, et chacun des projets, moins à des « axes » de recherche qu'à des niveaux de recherche et d'intervention correspondant au modèle écosystémique de Bronfenbrenner (1979). Bien qu'il s'agisse d'une dynamique en constante interrelation, nous avons donc choisi de présenter ce programme en le divisant selon les cinq niveaux du modèle écologique : le macrosystème, l'exosystème, le mésosystème, le microsystème et l'ontosystème. Nous situerons ici chacun des niveaux par rapport à l'identification des facteurs familiaux et scolaires.

Au niveau du macrosystème

Le macrosystème désigne les croyances, valeurs et idéologies qui sont à la base de l'organisation de la vie collective. Il se réfère à l'ordre, sous la forme et le contenu de sous-systèmes tels les micro, méso ou exosystèmes qui existent ou qui pourraient exister, au niveau des sous-cultures ou de la culture à part entière. C'est à ce niveau que se situent les normes (valeurs, lois, culture, coutumes et usages) qui commandent l'organisation politique et socio-économique d'une société. C'est donc là que prend sa source la notion même de groupe « vulnérable » dont la définition marque toutes les recherches et interventions qui s'effectuent à d'autres niveaux. En effet, la manière dont est définit l'indice de vulnérabilité sociale et le poids accordé à chaque variable pour constituer une catégorisation des m.s.e.f., ont un impact sur l'ensemble des autres sous-systèmes puisqu'il oriente la définition de la pauvreté qui est renvoyée à l'individu, à sa famille et aux intervenants scolaires et sociaux. Une trentaine de variables d'ordre socio-économique et culturel, depuis la scolarité de la mère et le revenu familial en passant par le nombre de pièces dans le logement, les pratiques de loisirs ou le réseau social de soutien de voisinage, servent à identifier cet indice de vulnérabilité. Le présent programme d'études vise à pondérer l'importance relative de chacune de ces variables en identifiant leur poids respectif sur la réussite des enfants du groupe-cible. L'instrument utilisé pour l'identification de l'indice de vulnérabilité socio-économique des familles (IVF) est le *Questionnaire sur l'environnement familial* (QEF) de Terrisse et Dansereau (1991), révisé par Terrisse, Larose et Lefebvre (1998). Il devrait permettre d'isoler une combinaison ou configuration de facteurs socio-économiques et culturels expliquant la résilience, lorsqu'associés à des variables psychologiques (attitudes et pratiques parentales).

Au niveau de l'exosystème

L'exosystème réfère à un milieu ou à des milieux dans lesquels la personne en évolution ne participe pas activement, sauf exception. Il s'agit des structures qui encadrent sa vie sociale. Néanmoins, les événements qui y prennent place (les conditions de travail, les diverses décisions prises au niveau politique, etc.) peuvent affecter ou sont affectés par ce qui arrive dans le milieu où la personne en développement se trouve. Tous les aspects de notre programme d'études, qui traitent du cadre de définition des programmes d'intervention ou des directives ou politiques concernant les groupes vulnérables, s'inscrivent à ce niveau. Ainsi, à titre d'exemple, Martinet (1997) a comparé les IEP offertes tant par les organismes communautaires et les centres locaux de services communautaires (CLSC) que par les garderies, aux jeunes enfants (de la naissance à 5 ans) et à leurs parents dans les zones socio-économiquement faibles de l'île de Montréal. Il existe certainement des facteurs de protection liés au contenu et à la définition même de ces programmes qu'une analyse de contenu devrait faire apparaître (Martinet, Terrisse et Lefebvre, 1997). Parallèlement, c'est aussi à ce même niveau de l'exosystème que se situe la définition de la formation des intervenants et intervenantes auprès des groupes vulnérables. La place qu'occupe la thématique de la pauvreté dans les programmes d'étude théorique (formation) et pratique (stages) des intervenant(es) auprès de la petite enfance est mal connue. Plus encore, l'identification des besoins de formation est plus souvent faite par des institutions (exosystème) que par les acteurs eux-mêmes (mésosystème) ou par les utilisateurs des services dispensés (micro et endosystème). À l'instar des programmes mis en place pour les enfants et les familles, l'inventaire des principes et orientations qui fondent les programmes de formation des intervenant(es) et l'analyse de leur structure et de leur contenu devraient faire ressortir des éléments susceptibles d'expliquer la réussite ou l'échec de l'IEP. Ce travail d'identification des profils de compétences professionnelles est (et sera) effectué auprès des institutions d'enseignement et de formation (collèges d'enseignement général et professionnel, universités, organismes publics et parapublics) à partir d'une grille d'identification et d'analyse des composantes des programmes (Bernhard, Lefebvre, Chud et Lange, 1995; Larivée, 1997). Il devrait mener à des recommandations pour un programme-cadre et des stratégies de formation. Cette étude devrait être suivie, en 1998-99, d'une recherche sur le même thème auprès des intervenant(es) et auprès des utilisateurs (parents) (Terrisse, Lefebvre et Larose, 1997).

Au niveau du mésosystème

Le mésosystème recouvre le réseau de voisinage et les services locaux : écoles, garderies, terrains de jeux, centres communautaires. Ce système comprend des interrelations au sein de deux milieux ou plus dans lesquels la personne en évolution participe activement. Les acteurs à ce niveau (mésosystème) agissent comme intervenants à plus d'un titre (travail social, enseignement, service de garde, animation de loisirs, etc.) auprès des populations vulnérables du micro et de l'endosystème. Les recherches de notre programme d'études inscrites au niveau du mésosystème visent donc à mieux connaître les pratiques et les besoins des intervenant(es) et à améliorer leur formation dont l'orientation et le contenu sont générés par l'exosystème. En effet, une littérature abondante (Bernhard, Lefebvre, Chud et Lange, 1997; Didham, 1990; Ogilvy, Beath, Cheyne, Jahoda et Schaffer, 1992) a déjà identifié comme facteur majeur de résilience les attentes des intervenant(es) (travailleurs(euses) des services sociaux, enseignant(es), etc.) face aux populations vulnérables. Ces attentes sont le fruit d'une perception différentielle de la pauvreté, des problèmes qu'elle engendre et des possibilités de les résoudre chez les intervenant(es) du microsystème. Elles sont à la base des choix de pratiques et d'approches pédagogiques qui favorisent la vulnérabilité ou l'invulnérabilité de groupes d'enfants socio-économiquement faibles. Dans le cadre de notre recherche actuelle, le travail de terrain auprès du personnel enseignant des écoles est abordé selon trois axes :

– En premier lieu, une identification de leur statut socioprofessionnel (âge, formation, expérience, etc.), puis de leur définition des compétences professionnelles souhaitables ainsi que leurs besoins de formation pour l'intervention auprès de populations vulnérables.

– En deuxième lieu, une étude de leur perception des facteurs de pauvreté, de la pauvreté elle-même (enfant, famille, quartier) et des problèmes scolaires et troubles de comportement qui lui sont reliés (Lefebvre, Terrisse et Larose, s.p.).

– En troisième lieu, enfin, une analyse de leurs pratiques pédagogiques et une qualification de leur mode d'intervention auprès des enfants de groupes vulnérables (Larose, Terrisse et Lefebvre, s.p.). Cette étude sur le terrain auprès des titulaires enseignants devrait permettre de dégager les compétences professionnelles et les pratiques et attitudes les plus favorables à la résilience.

Au niveau du microsystème

Le niveau microsystémique de l'environnement écologique désigne principalement la famille, sa forme, sa composition. Les jeunes enfants fréquentant des garderies ou des maternelles font également partie du microsystème constitué par leur groupe, c'est-à-dire leur enseignant(e) et leurs pairs. Le microsystème est un modèle d'activités, de rôles et de relations interpersonnelles vécus par la personne en évolution dans un milieu donné et qui présente des caractéristiques physiques et matérielles particulières. Les facteurs de résilience ayant été étudiés en général chez les intervenant(es) du macrosystème, une recherche similaire sera menée en parallèle au niveau du microsystème.

Au niveau mésosystémique présenté précédemment, nous cherchons à identifier des facteurs de résilience dans les attentes et pratiques des intervenant(es) auprès des enfants de m.s.e.f. La présente étude veut aussi identifier, chez les familles des enfants qui manifestent une certaine invulnérabilité, les attitudes et les pratiques éducatives parentales ainsi que les attentes et représentations parentales de l'univers scolaire susceptibles de faciliter l'adaptation scolaire et sociale de leurs enfants. Plusieurs recherches, dont une menée récemment à Laval auprès de 80 parents (Palacio-Quintin et Terrisse, 1997; Terrisse, Roberts, Palacio-Quintin et Larose [sous-presse]), suggèrent en effet qu'une stimulation éducative adéquate, telle que mesurée par le *Home-préscolaire* (Palacio-Quintin, Jourdan-Ionescu et Lavoie, 1989), constitue un facteur de protection chez les enfants de m.s.e.f., ainsi que le montre l'évaluation de leur développement (mesuré par l'*Inventaire de développement et de maturité préscolaire* de Terrisse et Dansereau, 1988). Les entrevues auprès d'un échantillon de familles dont les enfants sont très performants ou, au contraire, en échec par rapport à leur groupe, utilisent l'*Échelle des compétences éducatives parentales* (ECEP) (Terrisse et Larose, 1998) pour évaluer les attitudes et les pratiques parentales et le *Questionnaire sur les représentations parentales de la scolarisation (QRPS)* (Lefebvre, Terrisse et Larose, sous-presse) pour cerner leurs représentations et leurs attentes face à l'école. Les enseignants(es) des enfants répondent aussi au *Questionnaire sur la formation professionnelle des enseignants (QFPE)* (Lefebvre, Terrisse et Larose, sous-presse) sur la réussite des enfants pauvres.

CONCLUSION

Notre programme de recherche nous semble susceptible d'enrichir les recherches déjà en cours, de les compléter et de les élargir parce qu'il s'inscrit dans un modèle écologique qui dépasse le simple lien famille-enfant. Il établit des liens étroits entre chacun des sous-systèmes qui génèrent les conditions d'adaptation ou d'inadaptation d'un individu, envisage l'étude des facteurs de protection chez les groupes vulnérables et examine des stratégies de formation et d'intervention qui visent la prévention. Cependant, pour apporter une telle contribution, il doit résoudre les problèmes tant techniques que méthodologiques propres aux études longitudinales.

À ce problème technique s'ajoutent en second lieu les problèmes liés à l'utilisation d'un cadre théorique qui veut intégralement utiliser le modèle écosystémique. En ce sens, la construction des protocoles pour chacun des terrains de la recherche (élèves, parents, intervenant(es)) doit prévoir les influences mutuelles de chacun des niveaux. Il nous faut donc prendre en compte les impacts de la définition de la pauvreté (macro) sur la définition des programmes de formation des intervenant(es) (exo), sur les mesures choisies par l'institution scolaire (méso) et les pratiques adoptées par l'enseignant(e) dans sa classe (micro). À l'inverse, nous devons considérer les besoins de formation exprimés par les enseignant(es) ou les parents (micro) par rapport aux compétences attendues par l'école (méso) ou définies par les décideurs de l'exosystème, etc. Ce jeu d'influences mutuelles constitue un défi pour le «design théorique» du programme de recherche.

Enfin, la dernière difficulté réside dans le choix de travailler, par une approche basée sur l'étude des facteurs de résilience (protection), sur la faible proportion d'élèves «performants», plutôt que sur la majorité d'élèves en situation d'échec scolaire afin d'identifier les conditions du succès plutôt que celles de l'échec. Ce choix est certainement lié à notre souci de développer des approches préventives (dans ce cas en prévention primaire) plutôt que curatives, mais aussi à des expériences antérieures de recherche qui semblent démontrer à l'évidence que certaines variables individuelles, familiales ou scolaires, peuvent, seules ou en combinaison, peser plus lourd que d'autres dans le succès ou l'échec de mesures d'IEP. L'identification de ces facteurs de résilience dans l'ensemble des sous-systèmes qui encadrent le devenir d'un enfant nous semble le plus court chemin pour définir les éléments nécessaires à des interventions efficaces à court et à long termes auprès des groupes vulnérables.

BIBLIOGRAPHIE

BERNHARD, J.K., LEFEBVRE, M.L., CHUD, G. et LANGE, R. (1995), *Paths to Equity : Cultural, Linguistic and Racial Diversity in Canadian Early Childhood Education*, North York : York Lanes Press.

BERNHARD, J.K., LEFEBVRE, M.L., CHUD, G. et LANGE, R. (1997), «The Preparation of Early Childhood Educators in Three Canadian Areas of Immigrant Influx : Diversity Issues», *Canadian Children*, 22, (1), p. 26-34.

BISSEL, J.S. (1971), *Implementation of Planned Variation in Head Start, Review and Summary of the Standford Research Institut Interim Report, 1st Year of Evaluation*, vol. 1, Washington, D.C. : National Institute of Child Health and Human Development.

BONNIER-TREMBLAY, F. (1977), *Recherche Dedapam*, 3 vol., Montréal, Qué. : Commission des écoles catholiques de Montréal.

BOUCHARD, P. et ST-AMANT, J.-C. (1994), *Abandon scolaire et scolarisation selon le sexe*, Ste-Foy, Qué. : Centre de recherche et d'intervention sur la réussite scolaire, Université Laval.

BOUCHARD, P., COULOMBE, L. et ST-AMANT, J.-C. (1996), *Garçons et filles : stéréotypes et réussite scolaire*, Montréal, Qué. : Éditions du «Remue-Ménage».

BRONFENBRENNER, U. (1979), *The Ecology of Human Development*, Cambridge, Mass. : Harvard University Press.

COMMISSION DES ÉCOLES CATHOLIQUES DE MONTRÉAL (1967), *Projet d'action sociale et scolaire : rapport d'évaluation*, Montréal, Qué. : CECM.

COMMISSION DES ÉCOLES CATHOLIQUES DE MONTRÉAL (1994), *Opération Renouveau : 5ᵉ Plan d'action*, Montréal, Qué. : Service de la formation générale, CECM.

CONSEIL SCOLAIRE DE L'ÎLE DE MONTRÉAL (1990), *Statistiques et cartes sur la situation sur le territoire du Conseil scolaire de l'île de Montréal*, Montréal, Qué. : CSIM.

CONSEIL SCOLAIRE DE L'ÎLE DE MONTRÉAL (1991), *Les enfants de milieux défavorisés et ceux des communautés culturelles*, Montréal, Qué. : CSIM.

CONSEIL SCOLAIRE DE L'ÎLE DE MONTRÉAL (1993), *Carte de la défavorisation. Guide d'accompagnement*, Montréal, Qué. : CSIM.

COWEN, E.L., WYMAN, P.A. et WORK, W.C. (1996), «Resilience in Highly Stressed Urban Children. Concepts and Findings», *Bulletin of the New York Academy of Medicine*, 73 (2), 267-284.

DIDHAM, C.K. (1990), *Equal Opportunity in the Classroom : Making Teachers aware*, Annual Meeting of the Association of Teachers Educators, Las Vegas, N.V. : 5-8 février.

HOHL, J. (1985), «Les milieux socio-économiquement faibles, analyseurs de l'école», p. 75-103, dans *Éducation en milieu urbain*, sous la direction de Crespo et Lessard, Montréal, Qué. : Presses de l'Université de Montréal.

KOLBO, J.R. (1996), «Risk and Resilience Among Children Exposed to Family Violence», *Violence Victimization*, 11 (2), 113-128.

LARIVÉE, S. (1997), *Le profil des compétences socio-éducatives des enseignants(es) au préscolaire en milieu socio-économiquement faible*, Séminaire de doctorat non publié, Montréal, Qué. : Doctorat en éducation «Réseau», Université du Québec à Montréal.

LAROSE, F., TERRISSE, B. et LEFEBVRE, M.L. (1998), *L'évaluation des facteurs de vulnérabilité et de protection dans la famille : le questionnaire sur l'environnement familial*, Montréal, Qué. : Groupe de recherche en adaptation scolaire et sociale, Département des sciences de l'éducation, Université du Québec à Montréal.

LAROSE, F., TERRISSE, B. et LEFEBVRE, M.L. (s.p.), *Questionnaire sur les pratiques pédagogiques des enseignants(es) QPPE : Grille d'évaluation des approches épistémologiques sous-tendant les pratiques des enseignant(es)*, Montréal, Qué. : Groupe de recherche en adaptation scolaire et sociale, Département des sciences de l'éducation, Université du Québec à Montréal.

LEFEBVRE, M.L. (1994), *La participation des parents en milieu scolaire pluriethnique : étude exploratoire*, Montréal, Qué. : Groupe de recherche «Pluri», Département des sciences de l'éducation, Université du Québec à Montréal.

LEFEBVRE, M.L., TERRISSE, B. et LAROSE, F. (s.p.), *Le Questionnaire sur les représentations parentales de la scolarisation (QRPS)*, Montréal, Qué. : Groupe de recherche en adaptation scolaire et sociale, Département des sciences de l'éducation, Université du Québec à Montréal.

LEFEBVRE, M.L., TERRISSE, B. et LAROSE, F. (s.p.), *Le Questionnaire sur la formation professionnelle des enseignants (QFPE)*, Montréal, Qué. : Groupe de recherche en adaptation scolaire et sociale, Département des sciences de l'éducation, Université du Québec à Montréal.

MARTINET, N. (1997), *Les interventions éducatives précoces offertes par les garderies, les centres locaux de services communautaires et les organismes communautaires aux jeunes enfants (0 à 5 ans) et à leurs parents des milieux socio-économiquement faibles de l'île de Montréal : étude descriptive et comparative*, Mémoire de maîtrise non publié, Montréal, Qué. : Département des sciences de l'éducation, Université du Québec à Montréal.

MARTINET, N., TERRISSE, B. et LEFEBVRE, M.L. (1997), «Les interventions éducatives précoces offertes aux familles des milieux défavorisés de l'île de Montréal : analyse descriptive et comparative», *Psychiatrie, recherche et intervention en santé mentale (PRISME)*, n° spécial : École et Santé Mentale, 7 (3-4), 646-663.

MASTEN, A.S., BEST, K.M. et GARMEZY, N. (1990), «Resilience and Development : Contributions from the Study of Children who overcome Adversity», *Development and Psychopathology*, 2 (3), 425-444.

MINISTÈRE DE L'ÉDUCATION DU QUÉBEC (1981), *Évaluation des interventions en milieu économiquement faible : rapport final*, Québec, Qué. : Direction générale du développement pédagogique, MEQ.

MINISTÈRE DE L'ÉDUCATION DU QUÉBEC (1993), *Services éducatifs donnés aux enfants de quatre ans de milieu économiquement faible : Effets sur la diplomation*, Québec, Qué. : Direction de la recherche, MEQ.

MINISTÈRE DE L'ÉDUCATION DU QUÉBEC (1997), *Prendre le virage du succès. Plan d'action ministériel pour la Réforme de l'éducation*, Québec, Qué. : MEQ.

MONTANDON, C. (1991), *L'école dans la vie des familles : ce qu'en pensent les parents des élèves du primaire genevois*, Genève : Département de l'instruction publique. Service de la recherche sociologique.

OKAGAKI, L. et STERNBERG, R.J. (1993), «Parental Beliefs and Children's School Performance», *Child Development*, 64, (1), 36-56.

PALACIO-QUINTIN, E. et TERRISSE, B. (1997), «L'environnement familial et le développement de l'enfant d'âge préscolaire», *Revue internationale de l'éducation familiale, Recherche et intervention*, 1, (1), 71-82.

PALACIO-QUINTIN, E., JOURDAN-IONESCU, C. et LAVOIE, T. (1989), «Échelle 'Home' préscolaire révisée», *Cahiers du GREDEF*, Trois-Rivières, Qué. : GREDEF, Université du Québec à Trois-Rivières.

TERRISSE, B. et DANSEREAU, S. (1988), *L'Inventaire de développement et de maturité préscolaire (IDMP) pour les enfants de 2 à 6 ans*, St-Sauveur, Qué. : Éditions du Ponant (3e éd. révisée).

TERRISSE, B. et DANSEREAU, S. (1991), *Le questionnaire sur l'environnement familial*, Montréal, Qué. : Groupe de recherche en adaptation scolaire et sociale, Département des sciences de l'éducation, Université du Québec à Montréal.

TERRISSE, B. et LAROSE, F. (1998), *L'échelle des compétences éducatives parentales (ECEP), Forme revisée, (Manuel)*, St-Sauveur, Qué. : Les Éditions du Ponant.

TERRISSE, B., LAROSE, F. et LEFEBVRE, M.L. (1998), *Le questionnaire sur l'environnement familial, Forme révisée, (Manuel)*, St-Sauveur, Qué. : Les Éditions du Ponant.

TERRISSE, B., LEFEBVRE, M.L. et LAROSE, F. (1996), *Analyse des caractéristiques des mesures d'intervention éducative précoce et comparaison de leurs effets à moyen terme sur l'adaptation scolaire et sociale d'enfants de milieu socio-économiquement faible*, Recherche subventionnée par le Conseil Québécois de la recherche sociale (CQRS) 1996-1998, Montréal, Qué. : Groupe de recherche en adaptation scolaire et sociale, Département des sciences de l'éducation, Université du Québec à Montréal.

TERRISSE, B. LEFEBVRE, M.L. et LAROSE, F. (1997), *Les compétences socio-éducatives des intervenant(es) de première ligne auprès de jeunes enfants et de leur famille en milieu socio-économiquement faible*, Projet de recherche soumis au Conseil québécois de la recherche sociale pour fin de subvention, Montréal, Qué. : Groupe de recherche en adaptation scolaire et sociale, Département des sciences de l'éducation, Université du Québec à Montréal.

TERRISSE, B. et ROUZIER, F. (1986), *Le questionnaire d'évaluation des attitudes et des pratiques éducatives parentales*, Montréal, Qué. : Groupe de recherche en adaptation scolaire et sociale, Département des sciences de l'éducation, Université du Québec à Montréal.

TERRISSE, B., ROBERTS, D., PALACIO-QUINTIN, E. et LAROSE, F. (1998), «Effects of Parenting Practices ans Socioeconomici Status on Child Developement», *Swiss Journal of Psychology*, 57, 2, 114-123.

TREMBLAY, R. (1997), *Impact des mesures d'éducation préscolaire en milieux défavorisés sur l'île de Montréal*, Recherche subventionnée par le Conseil québécois de la recherche sociale (CQRS), Montréal, Qué. : Groupe de recherche en inadaptation sociale (GRIP), École de psycho-éducation, Université de Montréal.

US CONGRESS, HOUSE, COMMITTEE ON EDUCATION AND LABOR (1964), *Economic Opportunity Act*, Public Law, 88-452, Rapport, n° 1458, Washington, DC : US Congress, 3 juin.

WANG, M.C. et HERTEL, G.D. (1995), «Educational Resilience», p. 159-204, dans *Handbook of Special and Remedial Education. Research and Practice*, sous la direction de M.C. Wang, M.C. Reynolds et H.J. Walberg, Oxford : Elsevier Science Ltd.

Chapitre 14
La variabilité des fonctions motrices et sa signification en intervention précoce

Bert C.L. Touwen
Centre hospitalier universitaire de Groningen, Pays-Bas

Dans ce texte, nous exposerons tout d'abord la différence existant entre les tests de développement et l'examen neurologique du développement de l'enfant. Il sera ensuite question de l'évolution des conceptions relatives aux fonctions cérébrales et au développement de l'enfant. La troisième partie traitera, finalement, des conséquences de cette évolution des conceptions sur le diagnostic précoce et sur le traitement des développements anormaux.

LES TESTS DE DÉVELOPPEMENT ET L'EXAMEN NEUROLOGIQUE DU DÉVELOPPEMENT DE L'ENFANT

La mesure du niveau de développement est habituellement faite à l'aide de tests. Ceux-ci sont des exercices adaptés à l'âge de l'enfant.

Pendant la première année de la vie, ces exercices concernent principalement les domaines moteurs fonctionnels simples, puis, les années suivantes, ils s'étendent à des domaines fonctionnels plus élaborés, tels que la communication, la mémoire et à des fonctions motrices plus complexes. Ces tests de développement sont en général des tests quantitatifs : ils mesurent le nombre d'épreuves que l'enfant a réussies avec succès. Au moyen d'une standardisation des épreuves selon l'âge et le pays d'origine, les tests permettent de savoir si l'enfant a atteint le niveau de développement normal pour son âge. Lorsqu'un enfant est en avance ou en retard par rapport à la norme, le test peut donner une indication sur le domaine fonctionnel principalement concerné, mais ne précise pas exactement ce qui ne va pas. Les tests de développement n'apportent pas de diagnostic qualitatif. Ils se contentent de mesurer le niveau du développement par rapport à l'âge.

L'examen neurologique du développement, au contraire, juge de la qualité de la performance plutôt que de la quantité. Ici, la question du « comment » est plus importante que celle du « combien ». Les résultats s'écartant de la norme seront lus en se référant au cadre neurologique afin de tenter de découvrir quel domaine fonctionnel cérébral est affecté.

Actuellement, les tests de développement et les examens neurologiques du développement sont complémentaires, les uns ne pouvant remplacer les autres. Par exemple, le test sur le développement d'un enfant atteint de légère diplégie donne des informations sur le retard dans son développement et sur la gravité du cas ; l'examen neurologique du développement constate l'étendue et la gravité de la paralysie cérébrale et répond aux questions sur le degré et la manière dont les bras sont atteints, s'il y a une lésion de la symétrie au niveau des bras ou des jambes et si ceci a des répercussions au niveau de la coordination cérébrale.

LE CONCEPT DE VARIABILITÉ ET LE FONCTIONNEMENT DU CERVEAU

Pendant de nombreuses années, le système nerveux et ses activités n'ont été considérés que du point de vue de la neurologie des réflexes. Cette approche est encore aujourd'hui présente dans un grand nombre de publications scientifiques. L'unité fonctionnelle de base du système nerveux serait le simple réflexe, un concept formulé à l'origine par Sherrington (1906). D'après ce concept, le cerveau ne serait qu'un vaste système de réflexes simples et complexes reliés entre eux. Sherrington

(1906) a cependant soutenu que ce concept était probablement purement abstrait, suggérant que cette explication fondée sur les réflexes était trop simple si l'on considère l'activité complexe d'un cerveau sain. Ce point de vue réflexologique fait partie du paradigme mécano-réductioniste qui a prédominé pendant une grande partie de notre siècle. Ceci suppose une organisation hiérarchique stricte des fonctions cérébrales, dans laquelle les structures subcorticales sont dominées par le cortex cérébral et dans laquelle les activités ne sont possibles que par l'inhibition des mécanismes de réflexes. Le développement consiste alors en une capacité toujours croissante du cortex cérébral à inhiber les réflexes; ce développement commence à environ deux ou trois mois après la naissance et se manifeste par l'apparition de l'activité volontaire.

De nos jours, ce paradigme a été remplacé par la conception d'un modèle interactionnel du cerveau, selon laquelle la fonction cérébrale est, dès le départ, à la fois active et réactive. Nous savons, grâce à des études en temps réel à l'aide d'ultrasons, que des modèles de motricité se développent spontanément chez les embryons à partir de la septième ou huitième semaine de la grossesse. Prechtl (1984) a effectué une vaste recension de publications à ce sujet et sur les implications que cela comporte pour la compréhension des fonctions cérébrales. Hooker (1969) a déjà démontré dans les années 30 et 40 qu'il existe aussi à cet âge des réactions.

D'après cette conception, le développement ne consiste pas dans un élargissement graduel du système nerveux accompagné d'une augmentation des capacités fonctionnelles. Ceci impliquerait que le cerveau d'un jeune enfant ne serait que la forme primitive d'un cerveau adulte. Le concept ontogénétique part au contraire du principe que le système nerveux effectue à tout âge, de façon à la fois active et réactive, les exercices adaptés à son âge. À chaque phase ontogénétique du développement, toutes les parties présentes du système nerveux sont actives. Par contre, les effets fonctionnels de l'activité changent énormément au cours des années, selon la capacité de connexion du tissu nerveux qui varie avec l'âge.

Il faut tenir compte de ces changements lors de l'examen neurologique, non seulement en ce qui concerne la technique d'auscultation («Quelles fonctions doivent être examinées et de quelle façon?»), mais aussi en ce qui concerne l'interprétation des résultats de l'examen. Étant donné que le système nerveux présente un système de connexions typique pour chaque tranche d'âge, il existe aussi des indices particuliers sur les écarts pas rapport à la norme, lorsque quelque chose ne va pas.

La variabilité du fonctionnement cérébral

Nous devons reconnaître que le fonctionnement normal du cerveau est variable (Touwen, 1993). Cela est indispensable car le cerveau doit être capable de s'adapter à un grand nombre de circonstances différentes. La variabilité a deux aspects : d'une part, un aspect quantitatif et, d'autre part, une aptitude aux variations ou aux changements. C'est le premier aspect, avec le nombre des changements, qui prédomine lors du développement fœtal et à l'âge du nourrisson ; par contre, à l'âge où les enfants commencent à marcher à quatre pattes, c'est le second aspect, c'est-à-dire l'aptitude aux changements, qui domine. Examinons comment ces deux aspects peuvent être pris en compte pour établir un diagnostic et un traitement adaptés à l'âge de l'enfant examiné.

La variabilité primaire chez le fœtus et le nourrisson

À partir de la huitième semaine de grossesse, une certaine mobilité du fœtus peut être observée. Il s'agit alors de mobilité spontanée, les mouvements réactifs s'établissant plutôt à un stade ultérieur. Pendant la première moitié de la grossesse, le fœtus développe tous les modèles de mobilité que l'on constate chez les nouveau-nés (De Vries, Visser et Prechtl, 1984). Au cours de la deuxième moitié de la grossesse, c'est plus le genre et la qualité des modèles moteurs qui changent que le nombre de types des différents modèles.

Il se produit un genre de calibrage du système nerveux qui se poursuit au-delà de la naissance, lorsque l'enfant est soumis à la force de gravité et que les forces qui s'opposent à l'attraction de la gravitation doivent s'installer.

Pendant la seconde moitié de la grossesse, le développement de la variation de performance des modèles moteurs est remarquable et il est facile d'observer l'augmentation du nombre de variations dans les « mouvements généraux ». Il s'agit de mouvements souples et fluides se déroulant selon des modèles moteurs complexes dans lesquels le corps tout entier est impliqué. Ces mouvements partent de différentes parties du corps ou des extrémités et la distribution de leurs séquences peut être variable. Les mouvements sont en général lents et élégants, contrairement aux mouvements se produisant par surprise, qui sont brusques et rapides.

Il a été démontré que le degré de variabilité des modèles de mouvements généraux donnent des informations fiables sur l'état de santé du fœtus dans l'utérus de sa mère, par exemple dans le cas d'un retard du développement ou lors d'une asphyxie intra-utérine, d'une oligohydramnie ou d'un diabète de la mère (Bekedam, Visser, De Vries et Prechtl, 1985; Bekedam, Visser, Mulder, Poelman-Weesjes, 1987; Sival, Visser et Prechtl, 1992a et b; Mulder, O'Brien, Lems, Visser et Prechtl, 1990). Lorsque le fœtus est en danger, la variabilité d'exécution des mouvements décroît. Les conséquences obstétriques d'un diagnostic aussi précoce sont évidentes. Nous appelons cette forme de variabilité « primaire » ou « indifférenciée » : le nombre des variations augmente, mais les variations ne sont pas appliquées de façon sélective.

Après la naissance, le bébé est confronté à bon nombre de changements sensoriels parmi lesquels les changements relatifs au sens de l'équilibre sont les plus spectaculaires. Pendant les premiers mois de la vie de l'enfant, le développement des mouvements généraux se poursuit. Les mouvements plutôt amples et, à l'origine, relativement monotones, sont remplacés par des mouvements variables dans leur vitesse, leur amplitude, leur taille et leur intensité (Hopkins et Prechtl, 1984; Hadders-Algra et Prechtl, 1992; Hadders-Algra, Eykern, van-Klip-van den Niewendijk et Prechtl, 1992). Une diminution de la variabilité des mouvements est, là encore, un signe important de troubles des fonctions neurologiques, que ce soit chez les enfants nés à terme ou chez les prématurés (Ferrari, Cioni et Prechtl, 1990; Hadders-Algra, 1993). La variabilité des mouvements peut également être affectée par des maladies réversibles et il a été démontré que ce changement de variabilité pouvait être utilisé pour établir un diagnostic différencié (Bos, 1993).

Lorsque l'enfant a deux mois environ, son développement entre dans une nouvelle phase. Il commence à sourire, signe d'une communication directe; un peu plus tard, il découvre ses mains et commence à saisir les objets. Les connexions entre les systèmes visuo-moteur et sensori-moteur s'installent et la coordination oculo-manuelle s'établit. Ensuite, son répertoire fonctionnel s'élargit rapidement. Au cours de cette phase du développement, nous pouvons distinguer deux aspects de la variabilité : le cours temporel et la réalisation effective des différentes fonctions motrices qui sont variables à la fois sur le plan inter-individuel et sur le plan intra-individuel. Les deux ont leur importance pour le diagnostic.

Le cours temporel variable

Deux nourrissons ne se ressemblent pas. Les différences individuelles dans le développement sont bien connues. C'est pourquoi il ne faut utiliser ce qu'on appelle les « bornes » du développement qu'avec une très grande précaution. Même chez les enfants normaux, l'évolution ne se fait pas de façon constante. Des fluctuations intra-individuelles peuvent se produire. Il est donc impossible de cataloguer globalement à un stade aussi précoce un nourrisson et soutenir qu'il est en avance ou en retard dans son développement. Les interactions entre les activités motrices volontaires et les réactions sont en général peu marquées, même s'il semble qu'elles appartiennent à un même domaine fonctionnel. Il n'existe pas, par exemple, de lien statistiquement significatif entre le réflexe palmaire de préhension et l'acte volontaire de saisir un objet (Touwen, 1976, 1984, 1987).

À l'intérieur de chaque fonction, il n'existe pas de relation entre les durées des différentes phases du développement. Ainsi, les différentes phases du développement de la préhension (palmaire, radial-palmaire, geste de ciseaux et de la pince) ou les activités volontaires des bras et des jambes (observer et jouer, tendre la main vers un objet et le saisir, tenir un, deux ou trois objets) ne sont pas reliées les unes aux autres. Les phases différentes de développement représentent l'évolution des divers mécanismes neuraux qui se conjuguent plus tard les uns aux autres. La vitesse à laquelle ces mécanismes se développent varie de façon inter-et intra-individuelle. L'identification de ces mécanismes permet une meilleure compréhension de la dynamique des développements fonctionnels.

Enfin, le développement normal semble être caractérisé par le fait que des régressions inattendues et imprévisibles se produisent au niveau fonctionnel de certaines fonctions motrices ou dans les réactions. Après une régression sur certains points, il y a un saut en avant vers la prochaine phase de développement, ce qui permet de supposer qu'un changement (morphologique) a eu lieu dans la structure nerveuse de base.

Du point de vue du diagnostic, il faut noter avec intérêt les découvertes de Neligan et Prudham (1969). Lorsqu'au cours du développement, une étroite relation existe entre deux ou trois points, le risque d'un écart avec la norme est considérable. Ceci illustre bien l'importance de la variabilité temporelle. Lorsqu'on désigne chez le nourrisson le développement moteur total comme particulièrement «lent» ou «retardé» (mais aussi «rapide» ou «précoce»), ceci peut être considéré comme le signe d'un problème de développement.

La variabilité dans les performances

Le second aspect de la variabilité à l'âge du nourrisson concerne la variabilité dans la réalisation effective des fonctions motrices. Aucun enfant normalement constitué ne répétera de façon identique une fonction motrice particulière, telle que saisir un objet, s'asseoir ou se lever. Des changements infimes s'opèrent au cours de l'activité. C'est comme s'il essayait de savoir combien il y a de façons différentes de réaliser un mouvement. Piaget (1971) nommait ceci « assimilation reproductive ». L'importance de cette variabilité dans la pratique est évidente : le nourrisson développe différentes stratégies dans l'utilisation de ses aptitudes motrices, mais il ne différencie pas encore ces différentes stratégies. Apparemment, il ne fait que les essayer, ce qui donne souvent l'impression d'un comportement moteur remuant et frétillant chez les jeunes enfants qui semblent continuellement en mouvement.

Du point de vue du diagnostic, la découverte de la variabilité normale dans la réalisation de mouvements implique qu'un manque de variabilité est le signe d'un développement anormal, comme, par exemple, des comportements moteurs monotones et stéréotypés, une variabilité s'écartant de la norme, comme dans certaines formes d'hyperactivité ou dans différentes formes de paralysie cérébrale.

LE TRAITEMENT DES ANOMALIES

Du point de vue thérapeutique, il est très important de pouvoir détecter dans quel mécanisme neural précis, participant à l'ensemble des mécanismes neuraux gouvernant la fonction motrice, se trouve la lésion. L'analyse de la qualité des phases identifiées du développement de la fonction motrice peut fournir un indice concernant la partie de celle-ci qui devra être traitée. Pour illustrer ceci, considérons la fonction de « s'asseoir ». Il y a trois phases dans le déroulement de cette fonction : 1. une contraction réactive des muscles fléchisseurs des bras lorsque l'enfant est soulevé pour atteindre la position assise; 2. une flexion active des bras et du corps qui conduit à une position droite; 3. une action autonome de se dresser pour s'asseoir. Le mécanisme principal de la première phase consiste dans une force active et réactive des bras pour coordonner adéquatement l'action des muscles antagonistes; la deuxième phase dépend de mécanismes de coordination plus complexes dans lesquels sont impliqués aussi le tronc et les jambes; dans la troisième phase, des mécanismes d'équilibre interviennent. L'analyse de ces trois phases peut contribuer à découvrir quel mécanisme a le plus besoin d'être soutenu.

Chez l'enfant qui apprend à marcher, lors de cette période qui s'étend des premiers pas à 4 ans, le nombre des fonctions motrices ne grandit pas de façon extraordinaire. C'est plutôt la qualité du comportement moteur qui s'affine, en particulier, comme le remarque Hempel (1993), durant la période entre deux et trois ans. Il semble que l'enfant sélectionne sa propre stratégie pour réaliser efficacement ses aptitudes motrices à partir du répertoire de stratégies qu'il a développées pendant sa petite enfance. L'efficacité d'un modèle de mouvement dépend de la situation dans laquelle il doit être exécuté. Ainsi, le fait de marcher sur différents terrains (sable, pierres ou boue) requiert une stratégie spécifique, c'est-à-dire un programme d'innervation différent des muscles qui seront sollicités. Lorsque la stratégie adaptée a été sélectionnée, un automatisme se crée, ce qui rend le comportement moteur efficace. Dans cette forme de variabilité, c'est la capacité de variations qui est prépondérante, c'est-à-dire l'aptitude à faire le choix adéquat parmi les variations disponibles. Nous appelons cette forme de variabilité « variabilité adaptative » en opposition à la variabilité « primaire ou indifférenciée » qui prédomine à l'âge du nourrisson. La mobilité « inutile » semble par conséquent décroître chez les enfants à l'âge de la marche. Ils commencent à se mouvoir de façon plus efficace.

Un exemple de variabilité adaptative est l'utilisation de la rotation du tronc, c'est-à-dire la possibilité de tourner les épaules et les hanches, et la flexion latérale du tronc pendant les jeux en position assise. La plupart des jeunes enfants sont capables de tourner leur tronc et de le fléchir latéralement à partir de l'âge de sept mois, sans toutefois utiliser ces capacités de façon spécifique. Les enfants d'un an et demi les utilisent en tant que modèles moteurs arbitraires pour s'asseoir. Les enfants de trois ans, par contre, se servent de la rotation du tronc et de la flexion latérale de façon adéquate et efficace, seulement en cas de besoin. Cette évolution dans l'utilisation de ces mécanismes reflète bien la différenciation des mécanismes requis pour pouvoir maintenir son équilibre.

D'autres exemples sur le développement de la variabilité adaptative nous sont fournis par la variation efficace de la vitesse de la marche, par l'aptitude à changer la largeur ou la longueur des pas, à changer facilement de direction et à contourner les objets situés sur le sol. Le choix des stratégies dépend manifestement de facteurs comme l'expérience, l'occasion ou l'aptitude motrice. Il est donc compréhensible qu'à cet âge les caractéristiques individuelles de mobilité de l'enfant remplacent les modèles de motricité du nourrisson.

Le choix et l'automatisation des stratégies efficaces font partie des activités d'organisation et de traitement des informations réalisées par le cerveau. L'analyse des mécanismes neuraux impliqués dans les différentes stratégies peut nous donner des informations sur leur intégration pendant le développement de l'enfant.

L'évaluation de la variabilité adaptative revêt une importance capitale dans le diagnostic des troubles du développement chez les enfants de cet âge. Tel est le cas de la variabilité dans une certaine forme de diplégie légère (nous ne traitons pas ici des cas graves de paralysie cérébrale qui doivent avoir été diagnostiqués depuis longtemps dans la mesure où ils témoignent d'une diminution de la variabilité primaire). La variabilité adaptative peut être retardée de telle sorte qu'à certaines phases du développement, la variabilité primaire subsiste encore alors qu'elle devrait avoir disparu. C'est ce que l'on remarque chez les prématurés et chez les enfants particulièrement petits à la naissance ayant un poids au-dessous de la normale; ils font preuve d'une grande mobilité dans toutes leurs activités, ils ne marchent pas d'un pas assuré à l'âge où ils devraient en être capables. Il se peut aussi qu'un mauvais choix de stratégies ait conduit à cette gaucherie qui ne peut être expliquée par une lésion sensorielle afférente ou par une fonction motrice efférente anormale. Il existe des indices selon lesquels ce genre de gaucherie apparaît surtout chez les enfants petits à la naissance et chez les prématurés qui ont manifesté, alors qu'ils étaient nourrissons, un comportement moteur abrupt et fragmentaire sans qu'il y ait eu pour cela des signes spécifiques de troubles neurologiques, comme par exemple un trouble du tonus musculaire, des réactions ou des réflexes anormaux. Ces problèmes sont peut-être apparus du fait que ces enfants ont dû développer des stratégies primaires pour contrecarrer la force de gravité à un âge où leurs modèles de mouvement fœtal n'étaient pas encore suffisamment calibrés, ce qui implique que le système n'était pas encore préparé à la construction de modèles posturaux pour contrer l'effet de la gravité.

Il faut s'attendre à ce que le développement de l'habileté motrice typique de l'âge préscolaire soit compromis si la variabilité adaptative n'a pas été suffisamment maîtrisée. L'habileté motrice se fonde sur la «cognition motrice». Il serait intéressant de vérifier si un traitement préventif de la variabilité adaptative, au moyen d'un entraînement spécial portant sur les capacités des enfants à résoudre les problèmes, effectué à l'âge de la marche, permettrait d'éviter les difficultés futures dans la «cognition motrice».

CONCLUSION

L'examen neurologique du développement est basé sur le principe ontogénétique selon lequel à chaque âge correspond une structure cérébrale spécifique. C'est pourquoi chaque âge requiert un examen et une interprétation adéquats. Les propriétés essentielles du système nerveux étant l'activité et la réactivité, un trouble pathologique est caractérisé par un déséquilibre entre ces deux fonctions. Ceci peut se traduire par une prédominance relative de la réactivité qui, dans les cas graves (paralysie cérébrale), peut même entraîner une dépendance réflexive au sens propre du terme. Normalement, la relation entre les mouvements actifs et les mouvements réactifs s'exprime par une grande variabilité qui se présente selon l'âge, sous deux formes, la variabilité indifférenciée et la variabilité adaptative. La première prédomine pendant la phase fœtale et à l'âge du nourrisson, la seconde pendant la phase qui suit. Le constat de perturbations dans ces deux formes de variabilité et l'identification des mécanismes neuraux impliqués sont utiles pour choisir le traitement s'il s'avère nécessaire.

BIBLIOGRAPHIE

BEKEDAM, D.J., VISSER, G.H.A., DE VRIES, J.J. et PRECHTL, H.F.R. (1985), «Motor Behaviour in the Growth-Retarded Fetus», *Early Human Development*, 12, 3, 155-165.

BEKEDAM, D.J., MULDER, E.J.H. et POELMAN-WEESJES, G. (1987), «Heart Rate Variation and Movement Incidence in Growth-Retarded Fetuses : the Significance of Antenatal Late Heart Rate Decelerations», *Annual Journal of Obstetrics and Gynecology*, 157, 3, 126-133.

BOS, A.F. (1993), «Differential Effects of Brain Lesions and Systematic Disease on the Quality of General Movements : a Preliminary Report», *Early Human Development*, 34, 3, 39-45.

DE VRIES, J.I.P., VISSER, G.H.A et PRECHTL, H.F.R. (1984), «Fetal Motility in the First Half of Pregnancy», p. 46-64, dans *Continuity of Neural Functions. Clinics in Developmental Medicine 94*, sous la direction de H.F.R. Prechtl, Oxford : SIMP et Blackwell.

FERRARI, F., CIONI, G. et PRECHTL, H.F.R. (1990), «Qualitative Changes of General Movements in Preterm Infants with Brain Lesions», *Early Human Development*, 23, 3, 193-233.

HADDERS-ALGRA, M. (1993), «General Movements in Early Infancy : What do they tell us about the Nervous System?», *Early Human Development*, 34, 3, 29-37.

HADDERS-ALGRA, M. et PRECHTL, H.F.R. (1992), «Developmental Course of General Movements in Early Infancy. I. Descriptive Analysis of Change in Form», *Early Human Development*, 28, 3, 201-213.

HADDERS-ALGRA, M., EYKERN, L.A., VAN KLIP-VAN DEN NIEWENDIJK, A.W.J. et PRECHTL, H.F.R. (1992), «Developmental Course of General Movements in Early Infancy. II. EMG Correlates», *Early Human Development*, 28, 3, 231-251.

HEMPEL, M.S. (1993), «Neurological Development During Toddling Age in Normal Children and Children at Risk of Developmental Disorders», *Early Human Development*, 34, 3, 47-57.

HOOKER, D. (1969), *The Prenatal Origin of Behavior*, New York : Hafner Pub.

HOPKINS, B. et PRECHTL, H.F.R. (1984), «A Qualitative Approach to the Development of Movements during Early Infancy», p. 179-197, dans *Continuity of Neural Functions. Clinics in Developmental Medicine 94*, sous la direction de H.F.R. Prechtl, Oxford : SIMP et Blackwell.

MULDER, E.J.H., O'BRIEN, M.J., LEMS, Y.L., VISSER, G.H.A. et PRECHTL, H.F.R. (1990), «Body and Breathing Movements in Near-term Fetuses and Newborn Infants of Type-1 Diabetic Women», *Early Human Development*, 24, 3, 131-153.

NELIGAN, G. et PRUDHAM, D. (1969), «Potential Value of Four Early Developmental Milestones in Screening Children for Increased Risk of Later Retardation», *Developmental Medicine and Child Neurology*, 11, 3, 423-431.

PIAGET, J. (1971), *Biology and Knowledge*, Chicago, Ill. : University of Chicago Press.

PRECHTL, H.F.R. (1984), *Continuity of Neural Functions. Clinics in Developmental Medicine 94*, Oxford : SIMP et Blackwell.

SHERRINGTON, C. (1906), *The Integrative Action of the Nervous System*, New York : Scribners, 2ᵉ ed., 1926.

SIVAL, D.A., VISSER, G.H.A. et PRECHTL, H.F.R. (1992a), «The Effect of Intrauterine Growth Retardation on the Quality of General Movements in the Human Fetus», *Early Human Development*, 28, 3, 119-132.

SIVAL, D.A., VISSER, G.H.A. et PRECHTL, H.F.R. (1992b), «Fetal Breathing Movements are not a Good Indicator of Lung Development after Premature Rupture of Membranes and Oligohydramnios», *Early Human Development*, 28, 3, 133-145.

TOUWEN, B.C.L. (1976), «Neurological Development in Infancy», *Clinics in Developmental Medicine 58*, Londres : SIMP et Heinemann.

TOUWEN, B.C.L. (1984), «Primitive Reflexes - Conceptional or Semantic Problem?», p. 115-125, dans *Continuity of Neural Functions. Clinics in Developmental Medicine 94*, sous la direction de H.F.R. Prechtl, Oxford : SIMP et Blackwell.

TOUWEN, B.C.L. (1987), «Neurological Development of Infants : Structure-Function Relationships and their Significance for the Early Detection of Deviations», p. 145-154, dans *Neonatal Brain and Behavior*, sous la direction de Y. Hyakuji, W. Kazuyoshi et O. Shiutaro, Nagayo : Université de Nagayo.

TOUWEN, B.C.L. (1993), «How Normal is Variable, or how Variable is Normal?», *Early Human Development*, 34, 3, 1-12.

Chapitre 15
La stimulation précoce de la pensée opératoire chez les enfants handicapés mentaux ou ayant des difficultés d'apprentissage : le projet « MS 4-8 »

Renzo Vianello
Université de Padoue, Italie

Le travail que nous avons effectué au cours des 20 dernières années dans le domaine du diagnostic et de l'intervention auprès d'enfants handicapés mentaux et atteints du syndrome de Down ainsi que dans l'assistance apportée aux familles nous a conduit à formuler quelques hypothèses. La première repose sur le principe que l'implication des parents dans l'intervention auprès de l'enfant représente à long terme un facteur essentiel du processus d'intervention pour stimuler le développement de ce dernier (Baroff, 1989). La deuxième est en rapport avec les observations que nous avons faites, en particulier sur les enfants atteints du syndrome de Down. Ceux-ci présentent des difficultés spécifiques dans leur développement social et moral ainsi que dans leur trajectoire scolaire en partie parce qu'ils ne disposent que de capacités limitées dans la pensée opératoire concrète. Cette deuxième hypothèse a constitué le point de départ d'un modèle intitulé *« Projet MS 4-8 »*. Dans le cadre de ce projet, nous avons procédé au cours des dernières années à une série de recherches visant au renforcement de la pensée opératoire chez les enfants handicapés mentaux et ayant des difficultés d'apprentissage (Vianello et Marin, 1991, 1993; Vianello, Friso, Molin et Poli, 1993; Vianello et Borino, 1995).

Dans ce domaine de recherche, nous nous référons aux théories piagétiennes du développement des processus mentaux étudiés sur des enfants ordinaires âgés de 6 à 7 ans (Piaget, 1946a, 1946b, 1947, 1974; Piaget, Grize, Szeminska et Vinh Bang, 1968a, 1968b; Piaget et Inhelder, 1955, 1962, 1967; Piaget, Inhelder et Szeminska, 1948). Mais ceci ne signifie pas que nous adoptions l'ensemble des théories piagétiennes. Nous pensons que Piaget (1947) a décrit des aspects fondamentaux, sinon uniques, de la maturation des processus du développement de la pensée chez les enfants entre 4 et 8 ans. Il part du principe que cette maturation s'effectue graduellement pendant plusieurs années jusqu'à son achèvement. La période de transition entre la pensée intuitive et la pensée fonctionnelle concrète s'étend sur au moins 4 à 5 ans (cette période commence lorsque l'enfant a 4 ans et quelquefois même plus tôt). Tels étaient les présupposés théoriques à partir desquels nous avons élaboré un test susceptible d'évaluer le niveau de développement intellectuel atteint par un enfant. Par ailleurs, nous croyons que la croissance ne se fait pas de façon homogène. C'est pourquoi nous avons analysé chez les enfants quatre domaines différents du développement en rapport avec leurs capacités de raisonner logiquement. Nous présentons dans ce texte un test diagnostic, les résultats essentiels des travaux de recherche qui lui sont liés et les principes généraux à la base de l'intervention visant à renforcer la pensée opératoire chez les enfants handicapés mentaux.

LE PROJET «MS 4-8»

Les objectifs du projet «MS 4-8» sont de comprendre et de décrire le passage de la pensée intuitive à la pensée opératoire ainsi que d'appliquer des mesures d'intervention pour renforcer les structures mentales chez les enfants ayant des difficultés d'apprentissage ou handicapés mentaux. Les lettres «M» et «S» signifient «*Mental Structures*» («Structures Mentales») et les chiffres «4 et 8» désignent l'âge réel ou l'âge mental des enfants handicapés. Au moment du diagnostic et au cours de l'intervention, nous utilisons du matériel éducatif concret, comme par exemple de petites maisons à deux dimensions, des baguettes en bois, des figures découpées dans du carton, de la pâte à modeler et des cylindres en matière plastique dans lesquels les enfants peuvent jeter des petites balles de différentes couleurs. Les expériences particulières vécues au quotidien sont également intégrées dans le processus d'intervention. À l'aide du test que nous avons construit «*Logical Operations and Conservation Test : Loc-Test*» («*Test d'opérations logiques et de conservation : TOLC*», Vianello et Marin, 1997), le diagnostic sur le développement peut être établi par les psychologues, psychiatres, neuropsychologues et éducateurs spécialisés. Le matériel éducatif correspondant aux domaines du LOC-Test, relatifs aux «*Symétries et rotations*», aux «*Concordances et relations fonctionnelles*» et aux «*Notions d'espace et de temps*», peut être utilisé par les intervenants comme par les parents. Les notices d'utilisation accompagnant ce matériel éducatif contiennent des instructions sur les modalités d'application de ces procédés d'enseignement et d'apprentissage.

Le projet «MS 4-8» comprend les phases suivantes :
1. Évaluation au moyen du LOC-Test de l'état actuel du développement de l'enfant au niveau de la pensée opératoire concrète ;
2. Mise en place de mesures d'intervention dans certaines situations particulières d'apprentissage qui relèvent de différentes compétences cognitives et surtout de la compréhension des symétries et des rotations, de l'identification des concordances et des relations fonctionnelles ainsi que de l'utilisation des notions d'espace et de temps ;
3. Évaluation des effets de l'intervention par l'administration en post-test du LOC-Test afin de pouvoir estimer les transferts possibles à d'autres situations d'apprentissage.

LE LOC-TEST : UN TEST D'OPÉRATIONS LOGIQUES ET DE CONSERVATION

Le LOC-Test a été élaboré à partir de tests pratiqués pendant plusieurs années sur des milliers d'enfants (dont 400 handicapés mentaux). Cet instrument, adapté aux jeunes enfants ayant des problèmes d'ordre social ou scolaire, permet d'évaluer le niveau du raisonnement logique. Grâce à ce test, il est possible de déterminer l'âge «mental» d'un enfant, en particulier pour le passage de la pensée intuitive à la pensée opératoire. Il comprend 24 exercices qui s'appuient sur les exercices piagétiens traditionnels et concernent des domaines tels que la sériation, la numération, la classification et la conservation (*cf.* tableau 1). Alors que les trois premiers de ces domaines se rapportent à des opérations logiques, le quatrième concerne la conservation des poids, des volumes, etc. Les exercices sont réalisés individuellement par des enfants dont l'âge «mental» varie de 4 à 8 ans ; la durée moyenne pour résoudre les exercices est de 25 minutes. Pour chaque exercice bien résolu, l'enfant obtient un point, dans le cas contraire, zéro. Le total des points qu'un enfant peut obtenir varie donc de 0 à 24. Chaque domaine comporte des exercices simples et aussi des exercices plus difficiles. Ceux-ci ne peuvent pas être résolus par des enfants dont l'âge mental est inférieur à 7 ans. Nous n'avons pas eu de problèmes à sélectionner les exercices difficiles décrits dans les recherches piagétiennes, par contre, nous avons eu davantage de difficultés à élaborer des exercices simples.

Tableau 1
Les exercices du LOC-Test subdivisé en quatre domaines :
sériation, numération, classification et conservation.

Sériation
Exercice 1	5	Maisons:	Sériation
Exercice 2	5+4	Maisons:	Sériation avec introduction d'autres éléments
Exercice 3	5	Baguettes:	Sériation
Exercice 4	5+4	Baguettes:	Sériation avec introduction d'autres éléments
Exercice 5	10	Baguettes:	Sériation
Exercice 6	10+9	Baguettes:	Sériation avec introduction d'autres éléments

Numération
Exercice 7	5 bouteilles et 7 verres:	Quasi-correspondance
Exercice 8	5 bouteilles et 5 verres:	Quantification
Exercice 9	5 bouteilles et 5 verres:	Conservation des chiffres
Exercice 10	10+10 boules numérotées:	Quantification
Exercice 11	10+10 boules numérotées:	Conservation des chiffres
Exercice 12	8 garçons et 8 baguettes:	Correspondance qualifiée évidente

Classification
Exercice 13	2x2x2 figures géométriques:	Collections figurales
Exercice 14	2x2x2 figures géométriques:	Classification en 2 groupes (1er critère)
Exercice 15	2x2x2 figures géométriques:	Classification en 2 groupes (2e critère)
Exercice 16	2x2x2 figures géométriques:	Classification en 2 groupes (3e critère)
Exercice 17	3+3 figures géométriques:	Classification multiplicative avec représentation mentale de l'élément manquant
Exercice 18	3+3+6 figures géométriques:	Classification multiplicative avec reconnaissance

Conservation
Exercice 19	Liquides:	Identité
Exercice 20	Liquides:	Réversibilité
Exercice 21	Liquides:	Conservation de la quantité
Exercice 22	Pâte à modeler:	Identité
Exercice 23	Pâte à modeler:	Réversibilité
Exercice 24	Pâte à modeler:	Conservation de la quantité

Les exercices relatifs à la quantification et à la réversibilité ont été décrits par Piaget et Inhelder (1955, 1962, 1967) et Piaget et Szeminska (1941). Les exercices relatifs à l'identité qualitative, moins bien connus (Piaget, Grize, Szeminska et Vinh Bang, 1968a), complètent les six exercices concernant la conservation des poids et des volumes.

Pour les exercices simples de sériation, nous avons pu poser des problèmes moins complexes en réduisant le nombre d'éléments et en utilisant des maisons à deux dimensions au lieu de baguettes. Pour les exercices de numération, nous avons réduit non seulement le nombre des éléments (5 au lieu de 10), mais nous avons aussi utilisé des bouteilles et des verres au lieu de boules numérotées de couleurs différentes. En ce qui concerne la classification, nous nous sommes référés aux exercices piagétiens classiques.

LES PREMIERS RÉSULTATS OBTENUS AU LOC-TEST

Nous sommes actuellement en possession de données relatives à 500 enfants âgés de 4 à 8 ans auxquels le LOC-Test a été administré. Dans un premier temps de l'analyse, nous avons calculé les valeurs moyennes du LOC-Test pour chaque groupe d'âge : 7,3 points à 4 ans ; 10,6 points à 5 ans ; 16,1 points à 6 ans ; 19,5 points à 7 ans et 20,7 points à 8 ans. Selon le test, les enfants âgés de 4 ans ont obtenu un nombre déjà élevé de points. Il fallait s'y attendre car le premier exercice de chacun des quatre domaines était très facile (exercices 1, 7, 13 et 19, cf. tableau 1). Ce résultat positif a, surtout chez les jeunes enfants, une fonction motivante et influence favorablement leur capacité à résoudre les exercices suivants.

Tableau 2
Résultat de la conversion des résultats du LOC-Test sur l'âge «mental» d'enfants âgés de 4 et 8 ans (N = 500).

Points LOC-Test	Âge mental	Points LOC-Test	Âge mental
	Résultats moyens (années, mois)		Résultats moyens (années, mois)
1	4;0	13	6;0
2	4;2	14	6;2
3	4;4	15	6;4
4	4;5	16	6;6
5	4;7	17	6;9
6	4;9	18	7;0
7	4;11	19	7;2
8	5;1	20	7;5
9	5;3	21	7;7
10	5;5	22	7;9
11	5;7	23	8;0
12	5;9	24	8;3

La relation entre l'âge des enfants et l'accroissement des points au LOC-Test est calculée d'après le procédé de l'analyse régressive. L'équation linéaire de régression se formule comme suit : «Age mental» = 42,7 + 2,3 x valeur-LOC-Test ($r = .84$; $p < .001$), c'est-à-dire qu'à un âge mental d'environ 43 mois, le point suivant au LOC-Test fait monter l'âge «mental» des enfants d'environ deux mois. Une comparaison des résultats moyens du LOC-Test avec les résultats des équations régressives confirme qu'il est particulièrement adapté aux enfants âgés réellement ou «mentalement» de 4 ans et 6 mois à 8 ans. Dans le tableau 2, nous exposons les résultats de la conversion des résultats du

LOC-Test selon l'âge « mental » des enfants et nous nous référons autant aux résultats des équations régressives qu'à ceux obtenus en moyenne au LOC-Test. Il en résulte que, jusqu'à l'âge de 6 ans et 5 mois, chaque point supplémentaire obtenu au LOC-Test correspond à une croissance de 2 mois d'âge « mental »; après cet âge, un progrès d'un point correspond à une croissance de 3 mois.

En vérifiant la fidélité du LOC-Test par la méthode « Split Half », nous avons obtenu un cœfficient de r = .87 ($p < .001$). En ce qui concerne sa validité, le tableau 3 montre les corrélations ($p < .001$) avec trois autres tests d'intelligence : *Weschler Intelligence Scale for Children* (Weschler, 1974), *Weschler Preschool and Primary Scale of Intelligence* (Weschler, 1963) et *Columbia Mental Maturity Scale* (Burgermeister, Hollander-Belin et Lorge, 1972).

Tableau 3
Résultats des analyses de corrélations entre le LOC-Test
et trois autres tests d'intelligence (WISC, WIPPSI et CMMS).

	r	N	p
Points LOC-Test - WISC	R = .63	100 enfants	$p < 0.001$
Points LOC-Test - CMMS	R = .83	43 enfants	$p < 0.001$
Points LOC-Test - WIPPSI	R = .58	98 enfants	$p < 0.001$

Dans le cadre d'un examen plus approfondi de la validité, nous avons tenté de savoir dans quelle mesure le LOC-Test permettait de pronostiquer la capacité d'apprentissage à l'école primaire. À cette fin, nous avons utilisé des tests élaborés par les départements de Psychologie générale et de Psychologie du Développement de l'Université de Padoue : le *MT-Test* (« *Memory and Transfer Test* ») de Cornoldi (1987) pour les aptitudes à la lecture et le *M+ Test* de Soresi et Corcione (1993) pour les mathématiques. Les résultats obtenus démontrent que le LOC-Test peut prognostiquer en première année d'école primaire les aptitudes des enfants dans les domaines de l'arithmétique, de la logique et de la compréhension en lecture (MT : r = .40, $p < 0.001$; M+ : r = .59, $p < 0.001$). Cependant, nous n'avons pas obtenu de corrélation significative en ce qui concerne la rapidité et l'exactitude de la lecture. Nous avons aussi analysé la relation existant entre les aptitudes des enfants, se rapportant au raisonnement opératoire concret, mesurées selon l'échelle du LOC-Test, et d'autres domaines du développement. Parmi ces différents domaines, celui du développement social et moral de l'enfant nous intéresse particulièrement ainsi que celui de l'acquisition d'un savoir métacognitif chez les enfants normaux et chez les enfants handicapés mentaux. Nous avons comparé les scores obtenues au LOC-Test et au test de Méta-mémoire (Vianello, Cornoldi et Moniga, 1991) par 66 enfants âgés de 9 ans et 8 mois à 17 ans et 8 mois ($\overline{X}$ = 14 ans, 5 mois) atteints du syndrome de Down avec ceux de 66 enfants ordinaires âgés de 4 ans à 6 ans et 4 mois ($\overline{X}$ = 5 ans) (*cf.* tableau 4).

Tableau 4
Comparaisons des moyennes du LOC-Test et du test de Méta-mémoire chez des enfants atteints du syndrome de Down (N = 66) et chez des enfants ordinaires (N = 66).

	Enfant avec Syndrome de Down	Enfants ordinaires
	$\overline{X}$	$\overline{X}$
Points LOC-Test	11.5	11.6
Points Méta-mémoire	4.9	7.2

Pour évaluer le développement de la socialisation, nous nous sommes servis de l'«*Adaptive Behaviour Inventory, ABI*» («*Échelle de comportements adaptatifs, ECA*») établie par Brown et Leigh (1985). Cet inventaire des comportements adaptatifs permet de mesurer des aspects de l'autonomie, de la communication ainsi que certains aspects des aptitudes scolaires des enfants. Entre l'aptitude à la pensée opératoire concrète évaluée par le LOC-Test et l'échelle ABI, une corrélation de r = .67 (p < .001) a été obtenue.

Une autre question nous intéressait : les sentiments et jugements moraux d'enfants atteints du syndrome de Down étaient-ils hétéronomes, c'est-à-dire déterminés par des instances extérieures comme les parents ou la société, ou se formaient-ils de façon autonome (Piaget, 1932). Pour évaluer cet aspect du développement, nous nous sommes servis des exercices piagétiens. Nous avons mesuré le degré d'autonomie morale avec un système de points allant de 1 à 4. Nous n'avons pas encore les résultats de cette étude actuellement en cours de réalisation.

Le développement du savoir métacognitif a été mesuré à l'aide d'un procédé élaboré par Cornoldi (1987) et perfectionné par Vianello et Marin (1993). Une histoire racontée aux enfants met en scène une personne qui a un problème à résoudre. Ceci exige des aptitudes concernant la mémoire (méta-mémoire), l'attention (méta-attention) et le contrôle émotionnel (méta-émotion). Les enfants sont invités à aider cette personne à résoudre son problème et il est ainsi possible de mesurer leur savoir métacognitif dans ces trois domaines. Seize enfants atteints du syndrome de Down âgés de 12 ans et 2 mois à 17 ans et 3 mois ($\overline{X}$ = 14 ans et 8 mois) et seize enfants ordinaires âgés de 4 ans et 2 mois à 5 ans et 9 mois ($\overline{X}$ = 4 ans et 10 mois) ont été testés. Les analyses de corrélations ont apporté, dans les deux groupes, des relations hautement significatives (*cf.* tableau 5).

Tableau 5
Comparaison des moyennes du savoir métacognitif et résultats des analyses de corrélations chez des enfants atteints du syndrome de Down (N = 16) et chez des enfants ordinaires (N = 16).

	Enfants avec Syndrome de Down		Enfants ordinaires	
	$\overline{X}$	r	$\overline{X}$	r
LOC-Test	11.8	—	12.1	—
Méta-mémoire (MM)	3.4	.61	5.6	.88
Méta-attention (MA)	4.1	.74	4.5	.50
Méta-émotion (ME)	3.4	.67	4.0	.14

Les résultats des comparaisons des moyennes obtenues par le groupe d'enfants atteints du syndrome de Down avec celles du groupe d'enfants ordinaires confirment, en ce qui concerne les trois domaines métacognitifs du savoir, notre hypothèse initiale selon laquelle les enfants atteints du syndrome de Down disposent d'un degré de savoir métacognitif moindre que leur âge mental permettrait d'attendre. Ceci démontre qu'ils accusent en ce domaine un déficit spécifique. Étant donné que les coefficients de corrélation entre le savoir cognitif et la pensée opératoire concrète sont très élevés, il est permis de supposer qu'un renforcement de l'intervention au niveau de la pensée opératoire concrète auprès des enfants atteints du syndrome de Down entraînerait probablement un enrichissement de leur savoir métacognitif.

L'INTERVENTION : LA STIMULATION DE LA PENSÉE OPÉRATOIRE CHEZ LES ENFANTS HANDICAPÉS MENTAUX

La reconnaissance des correspondances et des relations fonctionnelles

Le premier domaine d'intervention concerne la capacité qu'ont les enfants à identifier les correspondances et les relations fonctionnelles.

Les exercices sur lesquels s'appuie notre intervention dans ce domaine ont été publiés par Piaget, Grize, Szeminska et Vinh Bang (1968b). Cinq aspects différents sont étudiés.

Le premier aspect traite des correspondances qualitatives et fait appel à des processus simples de déduction logique. Les enfants sont invités à comparer des paires d'images représentant des objets ayant certaines qualités communes.

Le second aspect concerne les correspondances quantitatives directes. Lors de ces exercices, les enfants doivent mettre en correspondance qualifiée et univoque deux séries de trois éléments chacune. Si nous considérons une caractéristique de ces éléments, par exemple la taille, seul un élément de la première série peut correspondre avec un seul autre élément de la deuxième série (et vice-versa). Il s'agit ici d'une correspondance directe car le plus grand élément de la première série correspond au plus grand élément de la deuxième série. La majorité des enfants d'âge préscolaire entre 3 et 6 ans sont capables de résoudre ces exercices.

Le troisième aspect concerne des exercices plus complexes. Dans ce cas, les enfants doivent identifier des correspondances quantitatives inverses. Pour en rester à l'exemple de la taille, les enfants doivent faire correspondre le plus grand élément de la première série avec le plus petit élément de la deuxième série.

Les quatrième et cinquième aspects traitent des relations fonctionnelles : la reconnaissance de correspondances dans des séries d'éléments exigeant une compréhension des rapports d'arithmétique. En d'autres termes, selon le quatrième aspect, les enfants doivent non seulement comprendre que la croissance d'une variable (par exemple la taille) se développe parallèlement à la croissance d'une autre variable, mais aussi que si la première variable se multiplie par deux, la deuxième variable se multipliera aussi par deux ; ou que si la première variable diminue d'un tiers, ce sera également le cas pour la deuxième s'il existe entre les deux variables une relation fonctionnelle. Dans les cas de relations fonctionnelles inverses qui constituent le cinquième aspect, les enfants doivent pouvoir comprendre que dans le cas où une variable se multiplie par deux, la deuxième variable se réduit de moitié (ou inversement).

La compréhension des symétries et des rotations

Le second domaine d'intervention concerne l'aptitude des enfants à développer des représentations « mentales » pour comprendre les symétries ou réaliser des rotations. Lors de tous les exercices, nous demandons aux enfants de prédire le résultat d'une transformation effectuée par eux-mêmes. De la même façon, ils doivent prédire quelles transformations sont nécessaires pour atteindre un objectif déterminé ou anticiper le résultat d'une transformation prévue. Les enfants doivent ensuite comparer leurs pronostics aux résultats effectivement obtenus. Au cas où leurs pronostics seraient incorrects, nous leur prêtons assistance. Les enfants peuvent observer directement au moyen de matériel transparent le processus de transformation, ou du moins certaines parties de ce processus, et acquérir une meilleure compréhension des aspects des exercices de transformation importants pour résoudre ces problèmes.

Nous illustrerons ceci par un exemple se rapportant au domaine de la rotation. L'exercice que les enfants ont à résoudre traite de la rotation d'un cylindre ouvert des deux côtés et qui contient trois petites boules de couleurs. Ces trois boules sont placées devant l'enfant dans le cylindre, par exemple d'abord la boule jaune, ensuite la boule bleue et, enfin, la boule rouge. L'attention de l'enfant doit porter sur l'ordre dans lequel les boules ont été placées dans le cylindre. L'éducateur fait ensuite tourner le cylindre de 180 degrés et l'enfant doit dire de quelle couleur est la boule qui va en sortir en premier. Si la prédiction de l'enfant est fausse, l'éducateur peut utiliser un cylindre semi-transparent. L'enfant peut lui-même le faire tourner de 180 degrés, de telle sorte qu'il peut suivre et observer directement le processus de rotation. Ce cylindre semi-transparent est placé ensuite dans le cylindre en carton non transparent et l'éducateur demande à l'enfant, après une nouvelle rotation de 180 degrés, de renouveler sa prédiction.

L'utilisation des notions d'espace et de temps

Les notions d'espace et de temps peuvent être analysées sous divers aspects. Différents matériels éducatifs peuvent être utilisés afin de renforcer chez les enfants les représentations d'espace et de temps (près-loin ; haut-bas ; rapide-lent), de durée et des phases de déroulement dans le temps. Les personnages comiques de «Cric», grand et mince, et de «Croc», petit et gros, sont les personnages présentés et utilisés dans certains exercices. Dans l'un de ceux-ci, l'éducateur présente aux enfants des images de trois des quatre phases reliées logiquement entre elles dans une succession temporelle. Cric et Croc font une promenade (1re image), Cric se laisse distraire par un papillon et regarde en l'air pendant qu'il s'avance vers un escalier qui descend (2e image). Dans la dernière scène, Cric a une jambe dans le plâtre (4e image). Pour compléter cette histoire, l'enfant doit, à partir des trois images qu'il a devant lui, se représenter mentalement la scène qui manque (Cric tombe dans l'escalier et se fracture la jambe).

Cet exercice appartient au groupe de « succession temporelle des événements » dont l'objectif est de reconnaître les relations temporelles et logiques entre les différents événements. Dans le paragraphe suivant exposant les processus d'enseignement et d'apprentissage, nous présentons deux autres exemples dans ce même groupe, les notions d'espace et de temps.

LES PROCESSUS D'ENSEIGNEMENT ET D'APPRENTISSAGE

Dans la réalisation de notre programme d'intervention visant à stimuler la pensée opératoire, il est très important de respecter certaines modalités particulières pour soutenir le processus d'enseignement et d'apprentissage. Dans ce contexte, nous préconisons une façon de procéder adaptée aux possibilités des enfants handicapés mentaux et qui n'exige d'eux ni trop, ni trop peu.

– Les séances ne devraient pas excéder 15 à 30 minutes et ne pas être trop fréquentes, trois séances par semaine par exemple étant suffisantes.

– L'enfant ne devrait avoir à résoudre qu'un ou deux exercices, pendant la séance.

– Les séances devraient avoir lieu sous forme de dialogue au cours duquel il s'agit de découvrir quelque chose de nouveau.

– Le langage de l'éducateur doit être clair afin d'éviter tout malentendu.

– Lorsqu'un enfant se comporte de façon passive pendant les séances, il faut le motiver par des moyens de soutien supplémentaires. L'éducateur peut, par exemple, lui poser des questions plus précises sur les images qui lui sont présentées et l'encourager à les commenter ou à penser à des situations analogues qu'il a vécues lui-même. Dans certains cas, il est même conseillé de revenir à des exercices plus simples. En aucun cas, l'éducateur ne doit insister si l'enfant ne manifeste pas d'intérêt de lui-même pour les exercices. Dans ce cas, il faut terminer la séance au lieu de la continuer dans l'espoir « qu'il en restera quand même quelque chose », car les expériences frustrantes vécues par les enfants ne restent pas sans conséquences sur leur motivation pour les séances ultérieures.

– Par ailleurs, l'éducateur peut inviter l'enfant, lorsqu'il est dans une situation difficile ou lorsque des problèmes nouveaux apparaissent, à utiliser les consignes verbales qu'il s'est données. Lorsqu'il a acquis la capacité de se donner des consignes, il est en mesure de passer au stade où il utilise cette compétence de façon autonome pour agir selon ses propres réflexions. Dans son intérêt, il convient cependant de ne pas trop accélérer ce processus d'acquisition de compétences car il pourrait lui nuire. Dans cette situation, il est plutôt préférable de l'encourager de temps en temps à exprimer sa pensée. L'éducateur peut, par exemple, lui demander quels sont les points qui lui paraissent les plus difficiles afin d'avoir un aperçu de ses processus mentaux.

– L'enfant devrait apprendre à procéder méthodiquement lors de la résolution de ses exercices. Pour atteindre ce but, il faut l'encourager à se donner à lui-même des consignes, comme, par exemple, « Il faut que je regarde ça de plus près »; « Il ne faut pas que je m'occupe de tout à la fois »; « Il vaut mieux que je m'occupe d'une chose après l'autre »; « Maintenant que j'ai tout vu, je devrais essayer de trouver moi-même des réponses aux questions posées par le professeur ».

– Le développement de la connaissance métacognitive, c'est-à-dire la connaissance sur les processus mentaux et sur l'acquisition de la connaissance (savoir), doit être renforcé. Il est possible dans ce contexte d'apprendre à l'enfant des phrases afin qu'il puisse appliquer de bonnes stratégies d'apprentissage et de résolution des problèmes. Les phrases de ce genre pourraient être les suivantes :

- « Quand j'essaie de penser à plusieurs choses à la fois, je ne m'y retrouve plus. Je dois regarder une image après l'autre. » Plus généralement : il faut résoudre les problèmes l'un après l'autre.

- « De temps en temps, je devrais répéter pour moi ce que le professeur m'a dit pour que je puisse mieux m'en rappeler. » Plus généralement : les connaissances ne s'acquièrent qu'en s'exerçant.

- « Aujourd'hui, j'ai déjà beaucoup appris. Il vaut mieux ne pas apprendre trop de choses à la fois, sinon je ne m'y retrouve plus. » Plus généralement : l'apprentissage se fait pas à pas.

- « Je vais demander au professeur de me poser des questions plus lentement. » Plus généralement : quand nous parlons plus lentement, les questions sont plus faciles à comprendre.

- « Si je parle à voix haute quand je fais mes exercices, cela m'aide à les résoudre plus facilement. » Plus généralement : dans des situations d'apprentissage difficiles, le fait de parler à voix haute peut être utile.

– Lorsqu'un enfant a résolu des exercices structurés de façon similaire, l'éducateur devrait souligner et récapituler les règles communes sur lesquelles reposent les moyens d'arriver à la solution. Ceci peut se faire partiellement par une courte explication orale. Une telle façon de procéder lui sera utile pour résoudre à l'avenir des problèmes similaires. Prenons par exemple le cas d'un enfant confronté au problème de devoir attribuer à trois enfants de tailles différentes trois pantalons de tailles différentes. Dès qu'il l'aura résolu, l'éducateur pourra l'inviter à utiliser l'expression «si... alors». L'enfant apprend ainsi à tirer des conclusions en disant par exemple : « Si c'est le plus grand enfant, alors il a besoin du plus grand pantalon», « Si c'est le plus petit enfant, alors il a besoin du plus petit pantalon», etc. Évidemment, cet exercice peut aussi bien être résolu sans recourir à l'expression «si... alors». Par exemple, l'enfant peut dire : « Le grand pantalon pour le grand enfant, le petit pantalon pour le petit enfant», etc. Il est toujours important d'encourager l'enfant à se donner des maximes de conduite dans le but de renforcer la généralisation du savoir acquis et de l'étendre à d'autres domaines et à d'autres problèmes ainsi que d'intégrer des stratégies efficaces dans le processus de raisonnement. Dans le cas de problèmes plus complexes, la maxime de conduite peut commencer par «même si...». Par exemple, le problème posé consiste à comparer deux immeubles de tailles différentes : un grand immeuble (à plusieurs étages) comparé à un immeuble plus large, mais plus bas (à un seul étage). L'éducateur demande à l'enfant quel est le chemin le plus long s'il fait le tour des deux immeubles. Dans ce cas, le raisonnement devrait être le suivant : «Même si le premier immeuble est plus haut, ceci n'a pas d'importance; ce qui importe ce n'est pas la hauteur mais la longueur du chemin à parcourir autour des deux immeubles.»

– Afin de renforcer la participation de l'enfant à la résolution des problèmes, l'éducateur devrait lui proposer de temps en temps un échange de rôles. Par exemple, c'est l'enfant qui pose des questions à l'éducateur qui joue le rôle de l'élève. Ceci permet à l'éducateur de se rendre compte des progrès qu'il a réalisés dans son apprentissage. Cependant, l'éducateur ne devrait proposer un tel échange de rôles que lorsque l'enfant semble être capable de surmonter cette épreuve de façon honorable. En effet, si ce dernier se trouve au début d'un processus d'apprentissage, un échange de rôles peut susciter un malaise ou faire naître chez lui le sentiment de ne pas être à la hauteur des attentes que l'éducateur a vis-à-vis de lui.

– Les séances devraient toujours se terminer par une épreuve gratifiante pour l'enfant. Dans la plupart des cas, il est possible d'atteindre ce résultat en posant des problèmes plus simples à résoudre.

– Enfin, nous aimerions attirer l'attention sur un aspect qui nous paraît être le plus important de notre modèle : dans la mesure du possible, il faudrait choisir de préférence des exercices qui entraînent des «conflits intérieurs » chez l'enfant, en d'autres termes choisir des situations inattendues et dans lesquelles les « choses » se passent et fonctionnent d'une façon inhabituelle. De telles situations stimulent la curiosité intellectuelle de l'enfant. C'est ce que nous allons illustrer à l'aide de quelques exemples.

1. L'examinateur donne deux baguettes de même longueur à un enfant, place le bout des deux baguettes l'un à côté de l'autre et lui demande de vérifier si toutes les deux sont de longueur identique. Ensuite, il place l'une des deux un peu plus vers le haut et lui pose la même question. Un enfant de 5 ans peut répondre que les deux baguettes ont encore la même longueur, mais il peut aussi répondre par la négative. Il peut percevoir effectivement la baguette la plus haute comme étant la plus longue. Dans ce cas, l'éducateur peut demander à l'enfant de s'asseoir de l'autre côté de la table et lui poser encore une fois la même question. S'il répond encore que la baguette en haut à droite est la plus longue, il faut déterminer s'il est conscient de la contradiction des réponses après qu'il eut affirmé, selon sa position par rapport à la table, que les deux baguettes sont chacune la plus longue !

2. Nous avons déjà mentionné au paragraphe sur la compréhension des symétries et des rotations l'exemple du cylindre et des trois boules de couleurs différentes. À l'aide de ce jeu, l'éducateur peut également déclencher chez l'enfant des « conflits intérieurs » qui renforceront son apprentissage.

3. Il existe un autre jeu éducatif relevant de l'utilisation des notions d'espace et de temps : l'éducateur montre à l'enfant une tortue et un lapin au point de départ d'un chemin. Ils doivent parcourir le même trajet. Il lui demande : « Quel animal arrivera le premier au bout du chemin ? »; « Qu'est-ce qu'il faut faire pour que les deux animaux arrivent en même temps ? ».

4. Un exemple similaire de jeu éducatif, illustrant les notions d'espace et de temps, utilise la situation mentionnée précédemment avec les personnages de Cric et de Croc. Croc monte sur une chaise et paraît plus grand que Cric. L'éducateur demande à l'enfant : « Qui est le plus grand maintenant ? ». Selon sa réponse, il lui dit qu'un autre enfant a répondu exactement le contraire et il lui demande pourquoi. Au cours de cet entretien, il peut attirer son attention sur le fait que, du point de vue de l'observateur, les deux réponses peuvent être correctes.

Le point commun de ces exemples est que, pour résoudre le problème, il faut prendre simultanément en considération des aspects apparemment contradictoires. Certains enfants ne reconnaissent pas cette « contradiction» dans la situation, même si on la leur explique. Ils ne se servent manifestement que de stratégies intuitives de pensée, ou alors ils ne vivent plus ce conflit de décision parce qu'ils ont acquis la compétence de la pensée opératoire concrète. Ainsi, cette situation ne crée plus de problème pour eux. C'est pourquoi notre intervention s'adresse à des enfants qui se trouvent, en ce qui concerne leur développement mental, dans la période de transition entre la pensée intuitive et la pensée opératoire concrète. Ces enfants saisissent en effet que «quelque chose n'est pas clair», mais ils ne savent pas exactement pourquoi. Dans cette situation, il est important de ne pas leur donner la solution correcte, mais de les encourager à analyser les situations données dans les exercices. Le fait de reconnaître dans la synthèse des opérations mentales que certaines des variables ne sont pas pertinentes dans le processus de résolution de problèmes est tout aussi important que la comparaison des différents aspects.

CONCLUSION

Le LOC-Test est aujourd'hui utilisé par de nombreux spécialistes des services de santé en raison de sa neutralité du point de vue culturel et du point de vue du langage. Il est particulièrement bien adapté pour élaborer un diagnostic rapide avec des enfants chez qui il n'est pas soupçonné de déficience intellectuelle. Un argument en faveur de l'utilisation de ce test est sa courte durée d'administration, environ 30 minutes, ainsi que la possibilité de réduire sa durée en employant une échelle réduite à 18 items. Le LOC-Test peut être utilisé aussi avec des enfants peu motivés car il leur paraît plus attrayant que d'autres tests d'intelligence traditionnels. Par ailleurs, nous avons constaté que les éducateurs aimaient utiliser le matériel d'intervention du LOC-Test dans les écoles tout comme les parents d'enfants handicapés mentaux, ou ayant des difficultés d'apprentissage, mais avec une supervision. Le LOC-Test sera d'ailleurs bientôt disponible dans les versions anglaise, française et allemande.

BIBLIOGRAPHIE

BAROFF, G.S. (1989), *Mental Retardation : Nature, Cause and Management*, New York : Hemisphere Publishing Corporation, 2ᵉ éd.
BROWN, L. et LEIGH, J. (1985), *Test ABI. Valutazione del Competamento adattivo*, Trente : Erickson.

BURGERMEISTER, B.B., HOLLANDER-BLEIN, L. et LORGE, I. (1972), *Columbia Mental Maturity Scale : Guide for Administering and Interpreting*, San Antonio, Tex. : Harcourt, Brace et Jovanovich.

CORNOLDI, C. (1987), «Origins of Intentional Strategic Memory in the Child», p. 183-201, dans *Piaget Today*, sous la direction de B. Inhelder, B. De Caprone et A. Cornu-Wells, Hilsdale, N.J. : Lawrence Erlbaum.

CORNOLDI, C., COLPO, G. et GRUPPO, M.T. (1981), *La verifica dell'apprendimento della lettura*, Florence : O.S.

PIAGET, J. (1932), *Le jugement moral chez l'enfant*, Paris : Alcan.

PIAGET, J. (1946a), *Le développement de la notion de temps chez l'enfant*, Paris : PUF.

PIAGET, J. (1946b), *Les notions de mouvement et de vitesse chez l'enfant*, Paris : PUF.

PIAGET, J. (1974), *La prise de conscience*, Paris : PUF.

PIAGET, J. et SZEMINSKA, A. (1941), *La génèse du nombre chez l'enfant*, Neuchâtel : Delachaux et Niestlé.

PIAGET, J. et INHELDER, B. (1955), *De la logique de l'enfant à la logique de l'adolescent*, Paris : PUF.

PIAGET, J. et INHELDER, B. (1962), *Le développement des quantités physiques chez l'enfant*, Neuchâtel : Delachaux et Niestlé, 2ᵉ éd.

PIAGET, J. et INHELDER, B. (1967), *La genèse des structures logiques élémentaires*, Neuchâtel : Delachaux et Niestlé.

PIAGET, J., INHELDER, B. et SZEMINSKA, A. (1948), *La géométrie spontanée de l'enfant*, Paris : PUF.

PIAGET, J., GRIZE, J.B., SZEMINSKA, A. et VINH BANG (1968a), *Épistémologie et psychologie de l'identité*, Paris : PUF.

PIAGET, J., GRIZE, J.B., SZEMINSKA, A. et VINH BANG (1968b), *Épistémologie et psychologie de la fonction*, Paris : PUF.

SORESI, S. et CORCIONE, D. (1993), *Le prove M+. Test*, Florence : Organissasioni Speciali.

VIANELLO, R. et BORINO, P. (1995), *MS 4-8. Dal pensiero intuitivo al pensiero operatorio. Simmetrie e rotazioni*, Bergame : Junior.

VIANELLO, R., CORNOLDI, C. et MONIGA, S. (1991), Livelli de sviluffo della metamemoria a prime forme de pensiero operatorio concreto in bambini di eta prescolare, *Eta evolutiva*, 40, 3, 67-87.

VIANELLO, R., FRISO, G., MOLIN, A., POLI, S. (1993), *MS 4-8. Dal pensiero intuitivo al pensiero operatorio. Nozioni spaziali e temporali*, Bergame : Junior.

VIANELLO, R. et MARIN, M.L. (1991), *MS 4-8. Dal pensiero intuitivo al pensiero operatorio concreto : prove per la valutazione del livello di sviluppo*, Bergame : Junior.

VIANELLO, R. et MARIN, M.L. (1993), *MS 4-8. Dal pensiero intuitivo al pensiero operatorio. Corrispondenze e funzioni : intervento*, Bergame : Junior.

VIANELLO, R. et MARIN, M.L. (1997), *OLC. Dal pensiero intuitivo al pensiero operatorio, concreto : prove per la valutazione del livello di sviluppo*, Bergame : Junior.

WESCHLER, D. (1974), *Weschler Intelligence Scale for Children. WISC-R*, New York : The Psychological Corporation.

WESCHLER, D. (1963), *Weschler Preschool and Primary Scale of Intelligence. WPPSI*, New York : The Psychological Corporation.

Chapitre 16
L'interaction compensatoire : un modèle explicatif de la vulnérabilité et de l'invulnérabilité (résistance) aux facteurs environnementaux défavorables chez des enfants ayant des problèmes spécifiques

Klaus Wedell
Université de Londres, Royaume-Uni

De nombreux pays se sont intéressés depuis longtemps à l'intervention précoce auprès des enfants nécessitant une pédagogie spécialisée. Ainsi, au début des années 60, nous avons personnellement participé en tant que psychologue à des interventions précoces auprès de très jeunes enfants malentendants qui présentaient des troubles du langage et des retards de développement. Au milieu des années 70, en Grande-Bretagne, chercheurs et praticiens ont cherché à identifier les enfants susceptibles d'avoir des difficultés scolaires avant leur scolarisation, qui a lieu à 5 ans dans ce pays. À la fin des années 80, nous avons également collaboré à une étude sur l'intervention précoce réalisée par le Centre de recherche et d'innovation en éducation de l'Organisation de coopération et de développement économiques (OCDE) dans 22 pays membres. Au cours des 30 dernières années, nous nous sommes donc intéressé à des méthodes de diagnostic et d'intervention précoces qui ont constitué une importante source d'enseignements. Elles ont montré, en particulier, que la problématique de l'intervention précoce est bien plus compliquée qu'on ne le pensait initialement.

Dans ce chapitre, nous exposerons d'abord certaines difficultés, notamment en quoi les causes de l'intervention précoce ne sont pas aussi simples qu'elles le semblaient initialement, puis nous discuterons des principaux problèmes impliqués dans les formes «proactives» et «réactives» de cette intervention. Nous nous attacherons surtout à présenter des exemples d'intervention avant et après la scolarisation, afin de démontrer que le terme «précoce» peut être interprété différemment selon les domaines d'application.

LES FACTEURS INFLUENÇANT L'INTERVENTION PRÉCOCE

Il est habituellement admis que l'objectif fondamental de l'intervention précoce est d'ordre stratégique et qu'une assistance apportée aux enfants handicapés, au début de leur développement, est susceptible de diminuer les effets cumulatifs de leurs difficultés à des stades ultérieurs. Cependant, ces effets cumulatifs sont influencés par l'environnement de l'enfant, et ceci à tous les stades de son développement. Il est ainsi difficile de prédire les effets engendrés par telles ou telles difficultés spécifiques. Horowitz (1987) donne à ce sujet une interprétation intéressante dans un diagramme publié dans son livre «*Exploring Developmental Theories*» (fig. 1).

Ce diagramme illustre le fait que les étapes du développement sont le résultat d'une interaction complexe entre les facteurs positifs et négatifs aussi bien chez l'enfant que dans son environnement. À chaque phase du développement de l'enfant, ce sont les interactions entre les différents facteurs importants qui déterminent si un stade de développement optimal ou minimal sera atteint. Horowitz (1987) définit ce diagramme comme un modèle «structuro-comportemental», mais il peut également être considéré comme un indicateur sur la nécessité de prendre en compte les étapes du développement d'une façon systématique.

Le modèle d'Horowitz montre qu'un individu non-handicapé peut résister à un environnement défavorable, mais qu'il ne s'épanouirait pas de la même façon s'il était placé dans un environnement favorable. De la même façon, un individu handicapé, ayant grandi dans un environnement favorable, ne vivrait pas toutes les conséquences d'une vulnérabilité potentielle. D'un point de vue décisionnel, ce modèle pose la question de savoir où l'intervention doit concentrer ses efforts : sur l'environnement, sur l'individu, ou sur les deux à la fois.

Lors de l'établissement de chaque programme d'intervention, le facteur financier a une importance capitale pour le praticien qui s'inter-

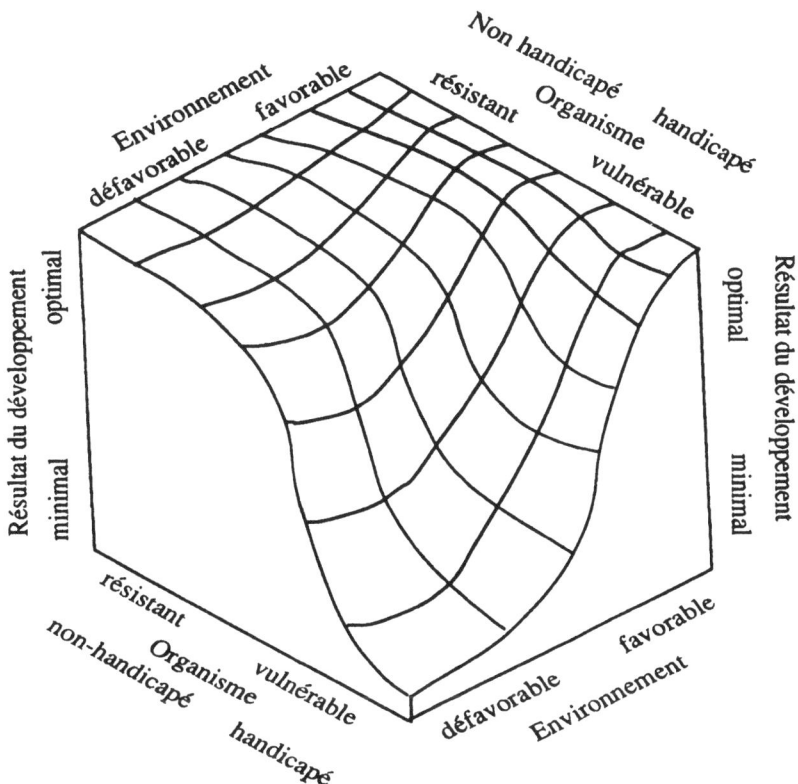

Figure 1 — Le modèle structuro-comportemental du développement d'Horowitz (1987), adapté de Gowen (1952).

roge sur les coûts pour l'individu concerné et pour la société. Rappelons que l'objectif de l'intervention précoce est la prévention ou la réduction des répercussions défavorables du handicap. L'un des problèmes posés par le modèle d'Horowitz (1987) concerne le prix relatif de l'intervention. Il faut comparer le coût des mesures pour améliorer les conditions de l'environnement avec le coût des mesures d'intervention directe sur l'individu handicapé afin de renforcer sa résistance.

Nous avons introduit les notions de vulnérabilité et de résistance (invulnérabilité) parce qu'il est difficile de prédire les résultats d'une intervention précoce, sauf dans deux des cas illustrés dans le diagramme d'Horowitz (1987) : d'abord dans le cas d'une personne non-handicapée vivant dans un environnement favorable, car il n'y a pas besoin d'intervention, ensuite dans le cas exactement inverse, celui d'une personne handicapée vivant dans des conditions environnementales défavorables, car c'est aussi une situation dans laquelle il n'y a aucune intervention préventive précoce possible. Dans les deux autres situations exposées dans le diagramme d'Horowitz, nous nous trouvons en présence d'un dilemme : décider si l'intervention doit avoir lieu sur l'environnement de l'individu, sur l'individu lui-même, ou sur les deux. Une étude récente de l'OCDE, relative aux enfants et aux adolescents «à risques», a tenté de cerner le niveau minimum de la qualité de vie que doit viser une intervention précoce. Dans ce contexte se pose aussi la question des coûts. Lorsqu'il s'agit d'identifier une population «à risques», dans l'intention de mettre en œuvre des mesures de prévention, la question est de savoir quel est le degré de déficience inacceptable dans sa qualité de vie et comment la contourner. Les mesures de prévention impliquent des frais et toute société se trouve confrontée à ce problème. Dans l'étude de l'OCDE, il est intéressant de constater à quel point les opinions divergent à ce sujet dans les différents pays. L'un des programmes analysés visait à rendre les enfants et leurs familles plus proactifs dans l'élaboration de leur capacité d'autonomie pour organiser leur propre vie. Les familles auxquelles était destiné ce programme d'intervention vivaient dans des bidonvilles où l'un des principaux problèmes était l'absence d'égoûts !!! Fallait-il concentrer l'intervention sur le renforcement de la résistance des jeunes vis-à-vis d'un environnement dans ce contexte intolérable ?

Le diagramme d'Horowitz (1987) pose une autre question fondamentale relative à l'intervention précoce. Ce modèle démontre que les facteurs positifs et négatifs liés à l'enfant et à l'environnement ne peuvent pas être simplement additionnés mais qu'ils sont en étroite interaction. Il n'existe pas de critères absolus pour évaluer le degré du handicap ou les déficits de l'environnement afin de déterminer les risques encourus. Personne ne peut prédire, dans une situation donnée, quel sera le résultat des interactions. Il est très difficile, dans la pratique, sinon impossible, de surmonter un degré extrême d'handicap personnel ou un degré extrême d'environnement défavorable. Même en faisant abstraction de ces cas extrêmes, il est difficile de savoir sur quelle stratégie il faut concentrer les dépenses en intervention précoce. Le modèle d'Horowitz (1987) démontre l'interaction entre les facteurs positifs et négatifs entre l'individu et son environnement mais ne formule aucune hypothèse sur la nature de ces interactions. C'est ce qu'ont tenté de faire les chercheurs qui ont développé la notion d'interaction compensatoire (Keogh, 1971 ; Wedell, 1980).

L'INTERVENTION PRÉCOCE ET L'INTERACTION COMPENSATOIRE

Les premières indications concernant le processus d'interaction compensatoire ont été mises en évidence lors des études relatives à l'identification précoce d'enfants ayant des difficultés d'apprentissage. À la fin des années 60 et au début des années 70, de nombreuses recherches en Grande-Bretagne avaient pour objectif d'identifier, dès l'école maternelle et au moyen de méthodes appropriées, les enfants susceptibles d'avoir ultérieurement des difficultés d'apprentissage. Généralement, ces recherches comprenaient la passation de tests à plusieurs reprises pendant les premières années de scolarité puis, chaque année, à intervalles réguliers. Les premiers tests étaient destinés à établir un diagnostic sur les aptitudes des enfants à atteindre les objectifs scolaires et comprenaient des épreuves simples de perception, de psychomotricité ou de langage, les tests ultérieurs évaluaient les stades précoces de la lecture et de l'écriture ainsi que d'autres apprentissages scolaires. Le but de ces recherches n'était pas de proposer une intervention précise mais cherchait à tester la validité des instruments de diagnostic utilisés.

Les données initiales et ultérieures du suivi étaient analysées par des corrélations. Celles-ci tendaient à être positives mais étaient, d'un point de vue statistique, peu significatives. Le degré de corrélation entre les données initiales et les données ultérieures n'était pas suffisant pour émettre un diagnostic fiable sur les sujets. C'est pourquoi une autre forme d'analyse fut choisie en répartissant, lors des tests initiaux, les enfants en deux groupes, l'un au-dessus et l'autre en-dessous d'un seuil fixe. Les performances scolaires évaluées par les tests ultérieurs montraient également la même répartition des enfants au-dessus ou en-dessous d'un score (Lindsay et Wedell, 1982).

Les résultats d'un grand nombre d'études similaires montrent que la validité prédictive, dans la plupart des recherches ayant pour objet l'identification précoce d'enfants susceptibles d'avoir des difficultés d'apprentissage, n'est guère plus fiable que le hasard. La majorité des enfants qui se situaient au-dessus du seuil lors des tests initiaux avait tendance à s'y trouver également lors des tests ultérieurs. Par contre, de nombreux enfants qui se situaient initialement en-dessous du seuil des tests se répartissaient lors des tests ultérieurs autant au-dessus qu'en-dessous du seuil. En d'autres termes, en ce qui concerne l'identification d'enfants susceptibles d'avoir des difficultés d'apprentissage, les chercheurs ont repéré, d'après les tests, non seulement des « faux négatifs » mais, et encore plus, de « faux positifs ».

Normalement, lors d'investigations de ce genre, le faible degré de corrélation est souvent attribué aux lacunes du dispositif expérimental et les chercheurs supposent que des critères plus appropriés d'évaluation ou des échantillons plus importants auraient pu permettre de vérifier les hypothèses. Nous qualifions ce phénomène d'effet «Christophe-Colomb». Celui-ci est mort déçu parce qu'il avait entrepris ses voyages pour découvrir les Indes alors qu'il a seulement découvert l'Amérique. Ainsi, les chercheurs n'ont pas saisi que les résultats peu convaincants de leurs études de corrélations pouvaient mener à une vision positive des choses, même si les relations qu'ils avaient analysées différaient des hypothèses formulées au départ. Les résultats peu convaincants de ces recherches ont apporté des indications précieuses sur la nature des interactions qui se produisent entre les différents facteurs au niveau de l'enfant et au niveau de l'environnement, conformément aux illustrations du diagramme d'Horowitz (1987). La notion d'interaction compensatoire a été élaborée à partir de ces résultats (fig. 2).

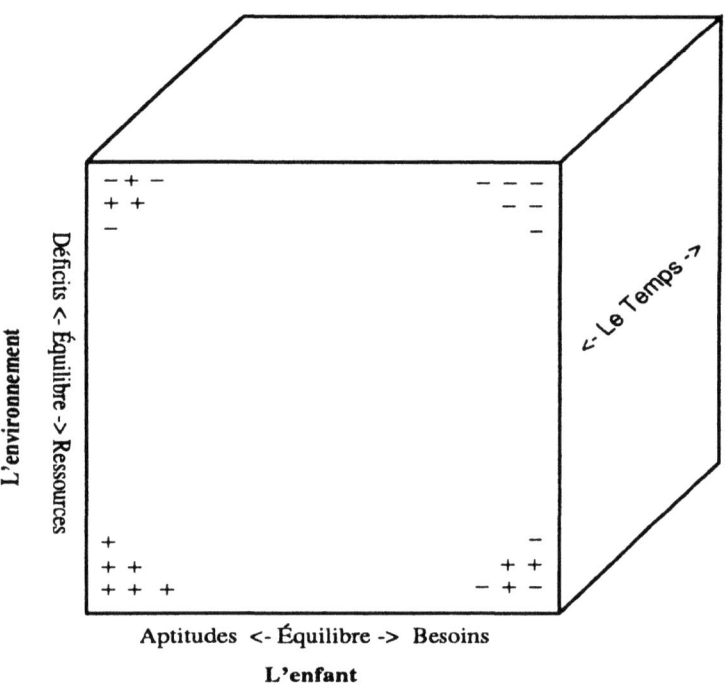

Figure 2 — Interactions compensatoires.

Les forces ainsi que les faiblesses sont inscrits sur l'axe horizontal du diagramme et les déficits, ainsi que les ressources, sur l'axe vertical. Une interaction compensatoire se manifeste à trois niveaux :

– **Le premier niveau** représente les interactions entre les facteurs positifs et négatifs concernant l'enfant et l'environnement. Par exemple, les performances de l'enfant dans n'importe quel domaine particulier dépendent de l'équilibre des forces et des besoins de l'individu ainsi que de l'équilibre des ressources et des déficits de l'environnement. Cet équilibre entre forces et faiblesses peut être identique chez un enfant très doué, mais ayant des problèmes de concentration, et chez un enfant moins doué, mais persévérant dans les tâches. De la même façon, lorsqu'un enfant n'est pas stimulé à la maison dans l'apprentissage de la lecture, il peut y avoir compensation par une forte motivation et par un soutien particulier de l'école.

– **Le deuxième niveau** des interactions compensatoires est celui de l'équilibre entre les caractéristiques de l'enfant et les facteurs de son environnement, c'est-à-dire la façon dont les interactions compensatoires du premier niveau se répercutent sur certains aspects du développement et des performances de l'enfant. Les interactions entre ces équilibres sont illustrés à la figure 2 par les signes « Plus » et « Moins » dans les angles. Quand il y a un équilibre positif tant chez l'enfant que dans son environnement, il n'y a pas lieu d'intervenir car tous les facteurs de causalité vont dans une même direction positive. À l'inverse, une intervention peut être nécessaire quand il y a convergence de facteurs négatifs dans une direction négative. Les situations illustrées dans les deux autres angles de la figure concernent probablement la majorité des enfants. Dans l'angle supérieur gauche, il s'agit d'enfants dont l'équilibre est positif, capables de compenser l'équilibre déficitaire de leur environnement. Ce sont des enfants qui, malgré le milieu défavorable, réussissent et qui sont qualifiés de « résistants ». Dans le coin inférieur droit, il s'agit d'enfants dont l'équilibre personnel est négatif et qui sont donc qualifiés de « vulnérables ». Ce sont des enfants dont le développement sera positif si les influences de l'environnement sont favorables.

– **Le troisième niveau** représente l'influence du temps sur ces équilibres. Jusqu'à présent, nous avons exposé les équilibres issus de l'interaction compensatoire, concernant les équilibres propres à l'enfant, à son environnement, et à l'interaction compensatoire entre ces deux équilibres. La figure 2 met aussi en évidence les interactions compensatoires se réalisant dans le temps. Les enfants ayant des difficultés d'apprentissage ont une piètre image d'eux-mêmes et perdent aussi progressivement leur assurance, ce qui les empêche de faire de nouveaux apprentissages.

Par contre, si les éducateurs arrivent à leur redonner confiance dans leurs aptitudes, malgré leur vulnérabilité, ces enfants auront probablement plus de chances d'aborder sereinement ces nouveaux apprentissages.

Il est important de constater que chaque domaine particulier du développement ou de la performance repose sur un modèle spécifique d'interaction compensatoire. Par exemple, devenir un bon footballeur dépend de modèles particuliers d'interaction compensatoire entre les forces et les faiblesses de l'enfant, lesquelles diffèrent considérablement des modèles dont dépend la réussite de l'apprentissage de la lecture. La notion d'interaction compensatoire ne permet pas de formuler des hypothèses générales sur le degré des forces et des faiblesses susceptibles de déterminer un aspect particulier de la performance de l'enfant.

Cette notion d'interaction compensatoire montre bien qu'il est difficile de dissocier la nature des interactions et de faire des prédictions et des généralisations à partir d'interactions particulières. Ceci entraîne certaines conséquences dans l'intervention précoce.

LES DIFFÉRENTES APPROCHES EN INTERVENTION PRÉCOCE

Il existe plusieurs approches en intervention précoce qui peuvent être caractérisées selon différentes dimensions : les approches proactives et les approches réactives. Il ne s'agit évidemment que d'une distinction arbitraire. Les interventions proactives sont les approches destinées à une population qui est seulement potentiellement vulnérable. Elles ne s'appliquent donc pas directement aux individus qui ont été identifiés comme vulnérables contrairement aux interventions réactives, car il faut se rappeler que si la vulnérabilité implique un risque, il n'est pas certain que celui-ci se concrétise.

L'intervention précoce proactive

L'intervention proactive ne s'adresse pas à des enfants ou à des familles qui ont été identifiés comme vulnérables, mais à des groupes considérés comme potentiellement vulnérables dans le but de renforcer leur résistance.

Ce genre d'intervention est exposé dans un programme préscolaire appliqué aux États-Unis. Les enfants de 3 à 6 ans, provenant de familles socio-économiquement faibles, ont bénéficié d'un programme présco-

laire devenu célèbre par la suite sous le nom de programme
«High/Scope» (Weikart, Rogers, Adcock et McClelland, 1971).

Les chercheurs de la Fondation Ysilanti «High/Scope» les ont comparés, lors d'une étude ultérieure, à des enfants provenant de familles similaires mais n'ayant pas bénéficié d'un tel programme et qui sont restés à la maison sans intervention éducative extérieure. Lors d'une nouvelle évaluation à l'âge de 19 ans, les chercheurs ont constaté que la majorité des enfants ayant bénéficié du programme préscolaire avaient suivi un cursus d'études normal et mieux réussi que les autres, que beaucoup d'entre eux avaient terminé leurs études secondaires ou leur formation professionnelle avec succès et qu'ils avaient un métier. Très peu de ces adolescents avaient dû avoir recours à des écoles spécialisées, aucun d'entre eux n'avait fait de prison et aucune des jeunes filles n'était devenue mère adolescente (Berruetta-Clement, Schweinhart, Barnett, Epstein et Weikart, 1984).

D'autres études ont montré que l'importance accordée à l'autonomie et à l'apprentissage actif a conduit ces enfants à développer un bon degré de résistance (d'invulnérabilité) aux facteurs négatifs de l'environnement durant leur petite enfance, mais ceci ne constitue évidemment pas la preuve absolue que sans le programme tous ces enfants auraient connu l'échec en raison des facteurs négatifs de leur environnement. Les résultats des évaluations ont également montré que les enfants ayant bénéficié de ce programme n'ont pas tous développé le même degré de résistance face aux facteurs négatifs. Les chercheurs ne peuvent donc que formuler des hypothèses sur les interactions compensatoires de ce programme aux différents stades de développement de ces enfants.

Il est clair que de tels programmes d'intervention précoce nécessitent des moyens financiers. La société est-elle prête à supporter ces coûts ? En Grande-Bretagne, les adversaires de l'éducation préscolaire ont avancé comme argument que, de toute façon, la plupart des enfants étaient résistants et pouvaient être dispensés d'éducation préscolaire (en Grande-Bretagne, le pourcentage d'enfants bénéficiant d'éducation préscolaire est relativement faible).

Cependant, l'analyse des coûts du programme d'intervention précoce de la Fondation Ypsilanti «High/Scope» (Barnett, 1985) montre que pour 1 000 dollars investis par enfant pour bénéficier du programme, le contribuable épargnait par la suite 4 130 dollars de frais potentiels pour la résolution de problèmes éducatifs et sociaux. Cette analyse des coûts est particulièrement intéressante car elle établit le rapport entre le coût de la prévention et les dépenses qui s'avéreront nécessaires ultérieurement pour la « guérison ».

Parallèlement, il existe aussi des programmes dont le but est de renforcer la résistance de la famille des enfants. La récente étude du Centre de recherche et d'innovation en éducation de l'OCDE sur les enfants et les adolescents « à risques », précédemment citée, décrit les mesures qui sont prises à l'âge préscolaire dans certaines régions défavorisées en France et qui ont pour but de soutenir les mères des enfants participant au programme. Ce programme vise, en plus de l'aide apportée aux enfants, à encourager les mères à se soutenir mutuellement. Bien qu'il soit financé par l'État, l'un de ses objectifs principaux est de motiver les mères à participer activement au programme afin qu'elles puissent développer un sentiment d'autonomie et accéder au statut de partenaire de l'équipe de professionnels.

Il est donc possible de transposer le concept d'interaction compensatoire aux approches proactives qui sont en relation avec les facteurs à risques. Dans l'étude de l'OCDE, l'un des principaux facteurs de risques est la pauvreté, surtout lorsqu'elle est durable. De nombreuses enquêtes démontrent que la pauvreté s'accompagne de mauvaises conditions de logement, de facteurs de stress et des maladies qui en découlent. Quelques rares programmes consacrent des moyens financiers pour améliorer l'habitat dans certaines régions et apportent ainsi une aide financière aux personnes qui y vivent afin qu'elles puissent participer activement à l'amélioration de la qualité de leur logement. Ces programmes associent donc le renforcement de « l'invulnérabilité » des personnes à l'amélioration de leur environnement. Quoi qu'il en soit, comme tous ces programmes sont plutôt destinés à des groupes « vulnérables » qu'à des individus isolés, ils doivent être défendus contre leurs détracteurs qui prétendent que les moyens financiers qui y sont investis profitent également à des personnes ayant suffisamment d'aptitudes et de ressources.

Il apparaît donc nécessaire de mettre en œuvre ces mesures proactives de façon sélective. Il y a quelques années, le service des « English Health Visitors », une branche du « National Health Service », constituait un exemple de l'une de ces mesures. Le personnel des « Health visitors » était constitué d'infirmières dotées d'une formation complémentaire pour s'occuper d'enfants depuis le cinquième jour après leur naissance jusqu'à cinq ans (âge de la scolarisation). Différents quartiers étaient attribués aux « Health Visitors » et chacun d'entre eux était responsable du développement de tous les enfants de ce quartier. Ils apportaient surtout un soutien aux mères et ils pouvaient organiser leur intervention de façon autonome en accord avec les familles et en fonction des besoins de celles-ci. Les « Health Visitors », si les familles nécessitaient d'autres services, devaient les orienter vers d'autres professionnels. De cette façon, ils avaient constitué un système hiérarchisé d'interventions précoces pour l'ensemble de la population. Cet exemple illustre comment des décisions d'intervention différenciées peuvent être prises selon les besoins de l'enfant. Lorsque les « Health Visitors » arrivaient à la conclusion que le développement de celui-ci ne nécessitait plus d'intervention, ils avaient la possibilité de réexaminer la situation lors de la visite suivante. C'est pourquoi ils ne faisaient pas de pronostics « incertains » sur le cours du futur développement mais considéraient comme très important d'observer régulièrement le stade du développement atteint par l'enfant.

Dans le même contexte, nous avons effectué une étude sur les troubles du langage chez des enfants de 2 à 3 ans. Nous avons établi pour les « Health Visitors » des critères servant à dépister les troubles du langage chez les jeunes enfants, par exemple, quand ceux-ci, à deux ans, ne peuvent pas encore articuler correctement un mot ou, lorsqu'à trois ans, ils ne sont pas encore capables de combiner entre eux différents mots. Cette nouvelle possibilité d'évaluation a permis d'orienter un plus grand nombre d'enfants vers des spécialistes qui, grâce à d'autres tests, ont pu approfondir ces diagnostics. Malheureusement, le gouvernement actuel, au cours des dernières années, a réorganisé le système de santé de telle sorte qu'il est devenu presque impossible de conserver le rôle proactif du service des « Health Visitors » car ces derniers n'ont plus les moyens d'agir auprès de l'ensemble de la population.

L'intervention précoce réactive

L'intervention réactive, par définition, doit commencer par l'identification des individus concernés. Cependant, l'arbitraire de la distinction entre intervention proactive et réactive peut être illustré par un exemple pris dans les activités des « Health Visitors ».

Dans leur travail d'assistance aux enfants déficients mentaux, les « Health visitors » peuvent être amenés à orienter ceux-ci, en cas de besoin, vers des services d'intervention spécialisés. Dans de nombreuses régions bénéficiant de l'assistance du « Health Visitors Service », les parents d'enfants gravement déficients peuvent participer au programme « Portage » (Cameron, 1986) auparavant développé aux États-Unis par Hillard et Sherer (1976). Son objectif consiste à aider les parents à soutenir le développement de leurs enfants dans son environnement familial.

Ce programme est construit en forme de pyramide. Les parents soutiennent directement et de façon continue leurs enfants, tâche pour laquelle ils sont formés et assistés par les conseils de sociopédagogues, qui, à leur tour, sont supervisés par des pédiatres et des psychologues. Ceux-ci, à intervalles réguliers, évaluent le développement de l'enfant et les progrès réalisés dans divers domaines.

En fonction des résultats obtenus, les intervenants choisissent, parmi les nombreux plans d'intervention proposés par le programme « Portage », celui qui est le mieux adapté au stade de développement de chaque enfant. L'un des éléments primordiaux de ce programme consiste à encourager les parents, à chaque étape du développement de leur enfant, à décider quel objectif particulier ils souhaitent poursuivre en priorité. Le sociopédagogue aide enfant et parents à appliquer et à mettre en pratique le plan d'intervention correspondant. Bien que le programme « Portage » ait été souvent critiqué, il tient compte, par sa démarche progressive dans le processus d'intervention, des implications liées aux interactions compensatoires. L'intervention vise en premier lieu des objectifs de développement que les enfants devraient avoir atteints à certains stades. D'autres évaluations et mesures d'intervention sont faites dans les domaines fonctionnels d'où les troubles originent lorsqu'il y a lieu de craindre que l'enfant ne puisse pas atteindre certains objectifs.

Grâce à cette construction en pyramide, un autre avantage du programme « Portage » réside dans le fait que chacun peut bénéficier des compétences et des expériences de différents groupes de spécialistes. Ce but est atteint grâce à la forme hiérarchique de la supervision des progrès du développement de l'enfant, tant au niveau des parents qu'à celui des sociopédagogues ainsi qu'à celui des pédiatres et des psychologues. Il est ainsi possible, à chaque stade du développement de l'enfant, de recourir à des interventions de spécialistes compétents. Grâce à cette forme de coopération, l'intervention des spécialistes et les coûts qui en découlent sont coordonnés avec les besoins spécifiques de l'enfant.

Dans le domaine plus spécifique de l'éducation, cette approche systématique et progressive de l'intervention précoce a mis plus longtemps à s'imposer. Des concepts relatifs à l'identification précoce des difficultés ou des handicaps de l'enfant ont initialement influencé la façon dont certains pédagogues abordaient la question de l'intervention précoce. À l'origine, des experts comme Kirk (1958) ou Frostig (1962) partaient du principe que les difficultés rencontrées par les élèves dans l'acquisition des préalables lors de leur scolarité, par exemple pour l'apprentissage de la lecture et de l'écriture, provenaient directement du déficit des fonctions dont elles dépendaient : les fonctions percepto-motrices, le langage, etc. Dans cette optique, ils ont préconisé, pour aider ces enfants, des méthodes qui portaient essentiellement sur les déficits appréhendés des fonctions concernées.

Des notions similaires ont été avancées par les partisans du concept de «dyslexie». Selon eux, par exemple, les problèmes de lecture et d'orthographe sont expliqués par des déficits dans les domaines fonctionnels de base, tels que l'audition, la mémoire, les difficultés à construire des séquences. Cependant, des chercheurs, comme Larsen et Hammill (1974), ont montré qu'une intervention sur ces fonctions de base n'apportait pas de meilleurs résultats que les méthodes spécifiques d'apprentissage de la lecture. Comme nous l'avons déjà exposé, les recherches qui voient un rapport direct entre l'acquisition d'aptitudes scolaires, telles que la lecture et l'écriture, et les fonctions dont elles dépendent, fondent leurs conclusions sur une corrélation entre les deux dimensions. Certes, il existe indubitablement une corrélation entre l'aptitude à lire et la fonction correspondante, mais cette relation est bien plus complexe que le modèle d'interaction compensatoire ne permet de l'illustrer.

L'interaction compensatoire propose une approche complètement différente de l'intervention pédagogique précoce. Elle implique un enseignement et une intervention, se réalisant graduellement, durant lesquels des hypothèses seront formulées et vérifiées. Lorsque les enfants ont des difficultés dans l'apprentissage de la lecture, les pédagogues concentrent d'abord leurs efforts sur le domaine des fonctions de la lecture les plus proches du domaine où l'enfant rencontre ses difficultés. Si, par exemple, un enfant a des difficultés à identifier les premiers sons d'un mot, il incombe au pédagogue de l'aider à généraliser à partir des sons qu'il connaît déjà. Si, à cette occasion, l'enfant a des difficultés à identifier en général tous les premiers sons des mots, le pédagogue pourra décider de revenir à un degré inférieur de l'apprentissage de la lecture. En d'autres termes, la formulation d'hypothèses conduit le pédagogue à faire un retour à une étape antérieure dans la poursuite de l'objectif visé afin de faciliter l'acquisition de la lecture. Dans l'exemple précité, il peut également décider, au lieu de retourner à un stade antérieur, d'appliquer une autre méthode pour apprendre à lire, par exemple une méthode plus orientée vers la linguistique dans l'espoir qu'elle aidera l'enfant à généraliser d'un domaine à l'autre et à vaincre ses difficultés. En général, ce genre d'approche souligne davantage les forces que les faiblesses de l'enfant.

Une approche, basée sur ces principes, est illustrée par le programme élaboré par Clay (1991), connu sous le nom de «Reading Recovery Program». Il a d'abord été introduit en Nouvelle-Zélande, puis aux États-Unis, au Canada et en Grande-Bretagne.

CONCLUSION

Nous avons d'abord exposé certaines réflexions concernant les mesures en intervention précoce sur les principes fondamentaux des diagnostics et des interventions thérapeutiques et sur les limites imposées par des raisons financières. La discussion relative aux principes fondamentaux a porté sur l'analyse des conditions complexes dans lesquelles le développement de l'enfant a lieu. Certains pourraient penser qu'en insistant sur la complexité du problème, on remet en question la réalisation des mesures d'intervention précoce. Bien au contraire, c'est dans la complexité même des processus de développement que se situe le vrai motif d'une analyse systématique et progressive des difficultés des enfants handicapés.

Les problèmes liés aux coûts de l'intervention précoce sont indubitablement le résultat des pressions politiques actuelles exigeant une réduction des dépenses. Bien qu'on ne puisse se féliciter des amputations actuelles faites aux budgets consentis à l'intervention précoce, c'est finalement à la société de décider comment elle doit agir avec ses membres. Le degré de civilisation d'une société est évalué à l'assistance qu'elle accorde à ses membres les plus démunis.

BIBLIOGRAPHIE

BARNETT, W.S. (1985), *The High/Scope Perry Preschool Program and its Long Term Effects; A Benefit - Cost Analysis*, Ypsilanti, Mi. : The High/Scope Press.

BERRUETTA-CLEMENT, J., SCHWEINHART, L.J., BARNETT, W.S., EPSTEIN, A.S. et WEIKART, D.P. (1984), *Changed Lives : The Effects of the Perry Preschool Program on Youths Through Age 19*, Ypsilanti, Mi. : The High/Scope Press.

CAMERON, A.J. (1986), *Portage : Preschoolers, Parents and Professionals. Ten Years of Achievement in the UK*, Windsor : NFER-Nelson.

CLAY, M. (1991), *Becoming Literate : the Construction of Inner Control*, Londres : Heinemann.

FROSTIG, M. (1962), «Visual Perception in the Brain-Injured Child», *American Journal of Orthopsychiatry*, 32, 3, 279-280.

GOWEN, J.W. (1952), «Humoral and Cellular Elements in Natural and Acquired Resistance to Typhoid», *American Journal of Human Genetic*, 4, 3, 285-301.

HILLARD, J. et SHERER, M. (1976), «The Portage Project», *Bureau Memorandum*, 17, 2, 4-8.

HOROWITZ, F.D. (1987), *Exploring Developmental Theories*, New York : Lawrence Erlbaum Associates.

KEOGH, B. (1971), «A Compensatory Model for Psychœducational Evaluation of Children with Learning Disorders», *Journal of Learning Disabilities*, 4, 1, 5-11.

KIRK, S.A. (1958), *Early Education of the Mentally Retarded*, Urbana, Ill. : University of Illinois Press.

LARSEN, S.C. et HAMMILL, D.D. (1974), «The Relation of Selected Visual Perceptive Abilities to School Learning», *Journal of Special Education*, 9, 281-291.

LINDSAY, G. et WEDELL, K. (1982), «The Early Identification of Educationally 'at Risk' Children Revisited», *Journal of Learning Disabilities*, 15, 4, 212-217.

SYLVA, K. et MOSS, P. (1993), «Learning before School», dans «National Commission for Education», Londres : Heinemann.

WEDELL, K. (1980), «Early Identification and Compensatory Interaction», dans *Treatment of Hyperactive and Learning Disordered Children*, sous la direction de R.M. Knight et D.I. Bakker, Londres : University Park Press.

WEIKART, D.P., ROGERS, L., ADCOCK, C. et MC CLELLAND, D. (1971), *The Cognitively Oriented Curriculum : A Framework for Preschool Teachers*, Washington, D.C. : National Association for the Education of Young Children.

Noms et adresses des auteurs

Huguette DESMET
  Chargée d'enseignement, Université de Mons-Hainaut, Faculté de psychologie et des sciences de l'éducation, 18, Place du Parc, 7000 Mons, Belgique

Jean-Jacques DETRAUX
  Professeur, Université libre de Bruxelles, Service de psychologie différentielle, CP 122, 50 Avenue F. Roosevelt, 1050 Bruxelles, Belgique

Klaus HASEMANN
  Professeur, Université de Bonn, Faculté de psychologie, 32 Auf dem Köllenhof, 53343 Wachtberg-Liessem, Allemagne

Hedi JANTSCH
  Directrice, Institut de ressources pour les centres d'intervention précoce hessois, 300 Allée Wilhelmshöher, 34131 Cassel, Allemagne

Antonio KYPRIOTAKIS
  Professeur, Université de Crête, Département de la formation des maîtres de l'enseignement primaire, PA Dimotikis Ek/sis, 74100 Rethymnon, Grèce

Willie LAHAYE
  Chercheur, Université de Mons-Hainaut, Faculté de psychologie et des sciences de l'éducation, 18, Place du Parc, 7000 Mons, Belgique

François LAROSE
Professeur, Université de Sherbrooke, Faculté d'éducation, 2500 Boul. de l'Université, Sherbrooke, Québec, J1k 2R1, Canada

Marie-Louise LEFEBVRE
Professeur, Université du Québec à Montréal, Département des sciences de l'éducation, CP 8888, Succ. Centre-Ville, Montréal, Québec, H3C 3P8, Canada

Marta MARISTANY
Directrice du centre d'intervention précoce de la Fondation Nexe, Service de neurologie, Hôpital Sant Juan de Deu, 2 Pg. Sant Juan de Deu, 08950 Esplugas de Llobregat, Espagne

Nathalie MARTINET
Chercheur, Université du Québec à Montréal, Département des sciences de l'éducation, CP 8888, Succ. Centre-Ville, Montréal, Québec, H3C 3P8, Canada

Gerhard NEUHAUSER
Professeur, Université Justus-Liebig, Clinique de neuropédiatrie et de sociopédiatrie, Service de pédiatrie sociale, Faulgenstrasse 12, 35385, Giessen, Allemagne

Thomas NORDAHL
Psychologue, Institut norvégien de recherche sociale, Munthesgate 29, 0260 Oslo, Norvège

Barbara OHRT
Directrice du service de neurologie génétique, Hôpital pour enfants, Université Ludwig-Maximilians, Lindwurmstrasse 4, 80337 Munich, Allemagne

Franz PETERANDER
Professeur, Université Ludwig-Maximilians, Leopoldstrasse 13, 80802 Munich, Allemagne

Gérard PITHON
Maître de Conférences, Université de Montpellier III, Département de psychologie, 34 199 Montpellier Cédex 5, France

Jean-Pierre POURTOIS
Professeur, Université d'État à Mons, Faculté de psychologie et des sciences de l'éducation, Hainaut, 18, Place du Parc, 7000 Mons, Belgique

Olivier PRÉVOT
Maître de Conférences, Université de Franche-Comté, IUT de Belfort-Montbéliard, B.P. 527, Rue Engel Gros, 90016 Belfort Cedex, France

Ines SCHLIENGER
Professeur, Centre universitaire spécialisé de pédagogie thérapeutique, Kantonschulstrasse 1, 8001 Zürich, Suisse

Heather C. SHEEHAN
Psychologue, Directrice adjointe des Services de la recherche «Quick Count Inc.», 3390 rue Chalfant, Shaker Hts, Cleveland, OH 44 129, États-Unis

Robert SHEEHAN
Professeur, Université de l'état de l'Ohio, Département des sciences de l'éducation, Section Recherche et Évaluation, 1860 22e rue Est, Cleveland, OH 44 120, États-Unis

Scott SNYDER
Professeur, Université de l'Alabama, Département des sciences de l'éducation, Section Recherche et Évaluation, Birmingham, Alabama, États-Unis

Otto SPECK
Professeur, Université Ludwig-Maximilians, Leopoldstrasse 13, 80802 Munich, Allemagne

Bernard TERRISSE
Professeur, Université du Québec à Montréal, Département des sciences de l'éducation, CP 8888, Succ. Centre-Ville, Montréal, Québec, H3C 3P8, Canada

Bert C.L. TOUWEN
Professeur, Service de neurologie développementale, Hôpital universitaire de Gronningen, 18 rue Martinikerkhof, 9712 Gronningen, Pays-Bas

Renzo VIANELLO
Professeur, Université de Padoue, Département de psychologie génétique, Via Venegra 8, I-35131, Padoue, Italie

Klaus WEDELL
Professeur, Université de Londres, Département de psychologie de l'éducation et de pédagogie spéciale, 25 Woburn Square, Londres, WC 1H0AA, Angleterre

Table des matières

AVANT-PROPOS 15
Franz Peterhander, Otto Speck, Gérard Pithon et Bernard Terrisse

PRÉFACE 17
Jean-Pierre Pourtois, Université de l'État, Mons, Hainaut, Belgique

CHAPITRE 1
**L'INTÉGRATION D'ENFANTS ATTEINTS DE PARALYSIE
CÉRÉBRALE DANS DES ÉCOLES ORDINAIRES
GRÂCE À UN SERVICE UNIVERSITAIRE DE SOUTIEN** 23
Jean-Jacques Detraux, Université Libre de Bruxelles, Belgique

Le centre d'études et de formation pour l'éducation
spécialisée (CEFES) 24

Les étapes de l'intervention 28

L'aide aux familles et aux équipes éducatives
lors de l'intégration d'un enfant handicapé en milieu non spécialisé 32

Les perspectives et l'évaluation des activités du CEFES 34

Conclusion 36

Bibliographie 38

CHAPITRE 2
LE DIAGNOSTIC ET L'INTERVENTION PRÉCOCES :
UNE NOUVELLE APPROCHE DANS L'ÉDUCATION
DES ENFANTS HANDICAPÉS EN GRÈCE 39
Antonios Kypriotakis, Université de Crète, Rethymnon, Grèce

Le cadre légal de l'éducation spéciale en Grèce 40

L'organisation pratique du diagnostic et de l'intervention précoce 41

Le diagnostic et l'intervention précoce dans le cadre
de la pédagogie spéciale 44

Conclusion 46

Bibliographie 47

CHAPITRE 3
QUELQUES REPÈRES PSYCHO-SOCIAUX DE L'INTERVENTION
ÉDUCATIVE EN MILIEU FAMILIAL 51
Willie Lahaye, Huguette Desmet et Jean-Pierre Pourtois,
Université de l'État, Mons, Hainaut, Belgique

Les fondements de l'intervention 52

De l'éducation familiale à l'éducation parentale 53

Les cellules d'éducation familiale (CEF) comme lieux d'activités
et de productions 56

La création d'un centre de développement
par l'éducation familiale (CeDEF) 57

Méthodologie générale de l'intervention 58

La conception de l'homme dans les interventions 62

Conclusion : l'engagement politique de l'éducation parentale 64

Bibliographie 65

CHAPITRE 4
LE RÔLE DU THÉRAPEUTE EN INTERVENTION PRÉCOCE
AUX DIFFERENTES PHASES DU DÉVELOPPEMENT
DE L'ENFANT HANDICAPÉ 67
Martha Maristany, Centre hospitalier universitaire Sant Juan de Deu,
Barcelone, Espagne

L'intervention précoce dans sa phase initiale 68

Les différents rôles du thérapeute 69

Conclusion 73

Bibliographie 73

CHAPITRE 5
LA TRANSFORMATION DES TÂCHES MÉDICALES DANS L'INTERVENTION PRÉCOCE : ÉVOLUTION ET PERSPECTIVES 75
Gerhard Neuhäuser, Université Justus-Liebig, Giessen, Allemagne

L'intervention précoce 76

Les tâches du médecin dans l'intervention précoce 78

Les perspectives 80

Conclusion 82

Bibliographie 83

CHAPITRE 6
LES CENTRES D'INFORMATION ET DE CONSULTATION ET LA RÉORGANISATION DE L'ÉDUCATION DES ENFANTS HANDICAPÉS EN NORVÈGE 85
Thomas Nordahl, Institut norvégien de recherche sociale, Oslo, Norvège

Des écoles spéciales aux centres d'information et de consultation 86

Le rôle de l'école dans la société norvégienne 87

La structure du système éducatif 88

L'individualisation des programmes 90

La réorganisation de l'éducation des enfants handicapés 90

Conclusion : La transposition de l'idée d'intégration dans la pratique, un défi pour l'avenir 93

Bibliographie 93

CHAPITRE 7
LE DIAGNOSTIC DÉVELOPPEMENTAL ET L'INTERVENTION PRÉCOCE EN FONCTION DE L'ORGANISATION CÉRÉBRALE 95
Barbara Ohrt, Centre hospitalier universitaire pour enfants, Université Ludwig-Maximilians, Munich, Allemagne

L'organisation cérébrale du mouvement volontaire chez l'adulte 96

Le développement précoce de l'enfant et la maturation structurelle du système nerveux cérébral 100

Le diagnostic développemental : l'évaluation du développement neurologique 104

Conclusion : L'intervention précoce, une approche thérapeutique 107

Bibliographie 108

CHAPITRE 8
LES NOUVELLES TECHNOLOGIES DANS L'INTERVENTION PRÉCOCE : PERSPECTIVES POUR LA RECHERCHE ET LA PRATIQUE 111
Franz Peterander, Université Ludwig-Maximilians, Munich, Allemagne

Les nouvelles exigences vis-à-vis de l'intervention précoce 112

Les applications de l'ordinateur en pédagogie et psychologie :
Le système «MAL» 113

Les objectifs prioritaires pour des systèmes d'analyse et d'apprentissage
assistés par logiciel 115

Conclusion 124

Bibliographie 124

CHAPITRE 9
UNE RECHERCHE APPLIQUÉE EN ÉDUCATION PARENTALE : CONCEVOIR, ANIMER ET ÉVALUER UNE FORMATION POUR DES MÈRES VULNÉRABLES 127
Gérard Pithon, Université de Montpellier III, France, Bernard Terrisse, Université du Québec à Montréal, Québec, Canada, et Olivier Prévôt, Université de Franche-Comté, Belfort, France

Le contexte du projet 128

Le cadre théorique du projet et ses objectifs 129

La méthodologie de recherche et d'intervention 137

Analyse des résultats 140

Discussion des résultats 143

Conclusion 144

Bibliographie 145

CHAPITRE 10
LA MÉTHODE CERCLE : UNE APPROCHE INNOVATRICE DE COOPÉRATION INTERDISCIPLINAIRE EN INTERVENTION PRÉCOCE AVEC LA PARTICIPATION DES PARENTS 149
Ines Schlienger, Centre universitaire spécialisé de pédagogie thérapeutique, Zurich, Suisse ; Hedi Jantsch, Institut de ressources pour les centres d'intervention précoce hessois, Cassel et Klaus HASEMANN, Université de Bonn, Allemagne

Les fondements théoriques de la méthode *Cercle* 150

La méthode *Cercle* et ses effets 154

Les modalités d'opérationnalisation de la méthode *Cercle* 156

L'animation des groupes 158

Conclusion 162

Bibliographie 163

CHAPITRE 11
LES TENDANCES DE L'INTERVENTION PRÉCOCE
AU DÉBUT DU XXIe SIÈCLE AUX ÉTATS-UNIS 165
Robert Sheehan, Université de Cleveland, Ohio ; Scott Snyder,
Université de l'Alabama, Birmingham, Alabama et Heather Sheehan,
Services de la recherche « Quick Count », Cleveland, Ohio, États-Unis

Aperçu rétrospectif sur l'intervention précoce au XXe siècle
aux États-Unis 166

L'intervention précoce à la fin du XXe siècle aux États-Unis 170

Les perspectives pour le XXIe siècle 175

Conclusion 178

Bibliographie 179

CHAPITRE 12
L'INTERVENTION PRÉCOCE AUPRÈS DES ENFANTS
PRÉSENTANT DES RETARDS DE DÉVELOPPEMENT :
UNE APPROCHE ÉCOLOGIQUE ET INTÉGRATRICE 181
Otto Speck, Université Ludwig-Maximilians, Munich, Allemagne

D'un modèle centré sur l'enfant à un modèle de coopération
avec la famille et la communauté 182

L'intervention précoce vue par les spécialistes 186

L'intervention précoce vue par les parents 188

Conclusion : L'approche écologique en intervention précoce 189

Bibliographie 191

CHAPITRE 13
LES FACTEURS FAMILIAUX ASSOCIÉS À LA RÉUSSITE
DES ENFANTS DE MILIEU SOCIO-ÉCONOMIQUEMENT
FAIBLE DANS LES PROGRAMMES D'INTERVENTION
ÉDUCATIVE PRÉCOCE 193
Bernard Terrisse, Marie Louise Lefebvre, Nathalie Martinet, Université
du Québec à Montréal et François Larose, Université de Sherbrooke,
Québec, Canada

Le contexte de la recherche 194

Le programme de recherche 196

Le modèle d'analyse écosystémique 198

Conclusion 202

Bibliographie 203

CHAPITRE 14
LA VARIABILITÉ DES FONCTIONS MOTRICES
ET SA SIGNIFICATION EN INTERVENTION PRÉCOCE 207
Bert Touwen, Centre hospitalier universitaire de Groningen, Pays-Bas

Les tests de développement et l'examen neurologique du développement
de l'enfant 207

Le concept de variabilité et le fonctionnement du cerveau 208

Le traitement des anomalies 213

Conclusion 215

Bibliographie 216

CHAPITRE 15
LA STIMULATION PRÉCOCE DE LA PENSÉE OPÉRATOIRE
CHEZ LES ENFANTS HANDICAPÉS MENTAUX
OU AYANT DES DIFFICULTÉS D'APPRENTISSAGE :
LE PROJET «MS 4-8» 219
Renzo Vianello, Université de Padoue, Italie

Le projet «MS 4-8» 220

Le LOC-Test : un test d'opérations logiques et de conservation 221

Les premiers résultats obtenus au Loc-Test 223

L'intervention : la stimulation de la pensée opératoire chez les enfants
handicapés mentaux 226

Les processus d'enseignement et d'apprentissage 229

Conclusion 233

Bibliographie 233

CHAPITRE 16
L'INTERACTION COMPENSATOIRE : UN MODÈLE
EXPLICATIF DE LA VULNÉRABILITÉ
ET DE L'INVULNÉRABILITÉ (RÉSISTANCE) AUX FACTEURS
ENVIRONNEMENTAUX DÉFAVORABLES CHEZ DES ENFANTS
AYANT DES PROBLÈMES SPÉCIFIQUES 235
Klaus Wedell, Université de Londres, Royaume Uni

Les facteurs influençant l'intervention précoce 236

L'intervention précoce et l'interaction compensatoire 239

Les différents approches en intervention précoce 242

Conclusion 248
Bibliographie 248

NOMS ET ADRESSES DES AUTEURS 251

CHEZ LE MÊME ÉDITEUR

PSYCHOLOGIE ET SCIENCES HUMAINES
collection publiée sous la direction de MARC RICHELLE

- 1 Dr Paul Chauchard : LA MAITRISE DE SOI. *9ᵉ éd.*
- 7 Paul-A. Osterrieth : FAIRE DES ADULTES. *16ᵉ éd.*
- 9 Daniel Widlöcher : L'INTERPRETATION DES DESSINS D'ENFANTS. *13ᵉ éd.*
- 11 Berthe Reymond-Rivier : LE DEVELOPPEMENT SOCIAL DE L'ENFANT ET DE L'ADOLESCENT. *13ᵉ éd.*
- 22 H.T. Klinkhamer-Steketée : PSYCHOTHERAPIE PAR LE JEU. *4ᵉ éd.*
- 24 Marc Richelle : POURQUOI LES PSYCHOLOGUES? *6ᵉ éd.*
- 25 Lucien Israel : LE MEDECIN FACE AU MALADE. *5ᵉ éd.*
- 26 Francine Robaye-Geelen : L'ENFANT AU CERVEAU BLESSE. *2ᵉ éd.*
- 27 B.F. Skinner : LA REVOLUTION SCIENTIFIQUE DE L'ENSEIGNEMENT. *3ᵉ éd.*
- 29 J.C. Ruwet : ETHOLOGIE : BIOLOGIE DU COMPORTEMENT. *3ᵉ éd.*
- 38 B.-F. Skinner : L'ANALYSE EXPERIMENTALE DU COMPORTEMENT. *2ᵉ éd.*
- 40 R. Droz et M. Rahmy : LIRE PIAGET. *7ᵉ éd.*
- 42 Denis Szabo, Denis Gagné, Alice Parizeau : L'ADOLESCENT ET LA SOCIETE. *2ᵉ éd.*
- 43 Pierre Oléron : LANGAGE ET DEVELOPPEMENT MENTAL. *2ᵉ éd.*
- 45 Gertrud L. Wyatt : LA RELATION MERE-ENFANT ET L'ACQUISITION DU LANGAGE. *2ᵉ éd.*
- 49 T. Ayllon et N. Azrin : TRAITEMENT COMPORTEMENTAL EN INSTITUTION PSYCHIATRIQUE
- 52 G. Kellens : BANQUEROUTE ET BANQUEROUTIERS
- 55 Alain Lieury : LA MEMOIRE
- 58 Jean-Marie Paisse : L'UNIVERS SYMBOLIQUE DE L'ENFANT ARRIERE MENTAL
- 59 Jacques Van Rillaer : L'AGRESSIVITE HUMAINE
- 61 Jérôme Kagan : COMPRENDRE L'ENFANT
- 62 Michel S. Gazzaniga : LE CERVEAU DEDOUBLE
- 64 X. Seron, J.L. Lambert, M. Van der Linden : LA MODIFICATION DU COMPORTEMENT
- 65 W. Huber : INTRODUCTION A LA PSYCHOLOGIE DE LA PERSONNALITE. *7ᵉ éd.*
- 66 Emile Meurice : PSYCHIATRIE ET VIE SOCIALE
- 67 J. Château, H. Gratiot-Alphandéry, R. Doron et P. Cazayus : LES GRANDES PSYCHOLOGIES MODERNES
- 68 P. Sifnéos : PSYCHOTHERAPIE BREVE ET CRISE EMOTIONNELLE
- 69 Marc Richelle : B.F. SKINNER OU LE PERIL BEHAVIORISTE
- 70 J.P. Bronckart : THEORIES DU LANGAGE
- 71 Anika Lemaire : JACQUES LACAN. *8ᵉ éd. revue et augmentée.*
- 72 J.L. Lambert : INTRODUCTION A L'ARRIERATION MENTALE
- 73 T.G.R. Bower : DEVELOPPEMENT PSYCHOLOGIQUE DE LA PREMIERE ENFANCE. *4ᵉ éd.*
- 74 J. Rondal : LANGAGE ET EDUCATION
- 75 Sheila Kitzinger : PREPARER A L'ACCOUCHEMENT
- 76 Ovide Fontaine : INTRODUCTION AUX THERAPIES COMPORTEMENTALES
- 77 Jacques-Philippe Leyens : PSYCHOLOGIE SOCIALE. *nouvelle édition 1997*
- 78 Jean Rondal : VOTRE ENFANT APPREND A PARLER *3ᵉ éd.*
- 79 Michel Legrand : LE TEST DE SZONDI
- 80 H.J. Eysenck : LA NEVROSE ET VOUS
- 81 Albert Demaret : ETHOLOGIE ET PSYCHIATRIE
- 82 Jean-Luc Lambert et Jean A. Rondal : LE MONGOLISME. *4ᵉ éd.*
- 83 Albert Bandura : L'APPRENTISSAGE SOCIAL
- 84 Xavier Seron : APHASIE ET NEUROPSYCHOLOGIE
- 85 Roger Rondeau : LES GROUPES EN CRISE?

86 J. Danset-Léger : L'ENFANT ET LES IMAGES DE LA LITTERATURE ENFANTINE
87 Herbert S. Terrace : NIM. UN CHIMPANZE QUI A APPRIS LE LANGAGE GESTUEL
88 Roger Gilbert : BON POUR ENSEIGNER?
89 Wing, Cooper et Sartorius : GUIDE POUR UN EXAMEN PSYCHIATRIQUE
90 Jean Costermans : PSYCHOLOGIE DU LANGAGE
91 Françoise Macar : LE TEMPS, PERSPECTIVES PSYCHOPHYSIOLOGIQUES
92 Jacques Van Rillaer : LES ILLUSIONS DE LA PSYCHANALYSE. *4ᵉ éd.*
93 Alain Lieury : LES PROCEDES MNEMOTECHNIQUES
94 Georges Thinès : PHENOMENOLOGIE ET SCIENCE DU COMPORTEMENT
95 Rudolph Schaffer : COMPORTEMENT MATERNEL
96 Daniel Stern : MERE ET ENFANT, LES PREMIERES RELATIONS. *3ᵉ éd.*
97 R. Kempe & C. Kempe : L'ENFANCE TORTUREE
98 Jean-Luc Lambert : ENSEIGNEMENT SPECIAL ET HANDICAP MENTAL
99 Jean Morval : INTRODUCTION A LA PSYCHOLOGIE DE L'ENVIRONNEMENT
100 Pierre Oleron *et al.* : SAVOIRS ET SAVOIR-FAIRE PSYCHOLOGIQUES CHEZ L'ENFANT
101 Bernard I. Murstein : STYLES DE VIE INTIME
102 Rondal/Lambert/Chipman : PSYCHOLINGUISTIQUE ET HANDICAP MENTAL
103 Brédart/Rondal : L'ANALYSE DU LANGAGE CHEZ L'ENFANT. *2ᵉ éd.*
104 David Malan : PSYCHODYNAMIQUE ET PSYCHOTHERAPIE INDIVIDUELLE
105 Philippe Muller : WAGNER PAR SES REVES
106 John Eccles : LE MYSTERE HUMAIN
107 Xavier Seron : REEDUQUER LE CERVEAU
108 Moreau/Richelle : L'ACQUISITION DU LANGAGE. *5ᵉ éd.*
109 Georges Nizard : ANALYSE TRANSACTIONNELLE ET SOIN INFIRMIER
110 Howard Gardner : GRIBOUILLAGES ET DESSINS D'ENFANTS, LEUR SIGNIFICATION. *3ᵉ éd.*
111 Wilson/Otto : LA FEMME MODERNE ET L'ALCOOL
112 Edwards : DESSINER GRACE AU CERVEAU DROIT. *9ᵉ éd.*
113 Rondal : L'INTERACTION ADULTE-ENFANT
114 Blancheteau : L'APPRENTISSAGE CHEZ L'ANIMAL
115 Boutin : FORMATION ET DEVELOPPEMENTS
116 Húsen : L'ECOLE EN QUESTION
117 Ferrero/Besse : L'ENFANT ET SES COMPLEXES
118 R. Bruyer : LE VISAGE ET L'EXPRESSION FACIALE
119 J.P. Leyens : SOMMES-NOUS TOUS DES PSYCHOLOGUES?
120 J. Château : L'INTELLIGENCE OU LES INTELLIGENCES?
121 M. Claes : L'EXPERIENCE ADOLESCENTE
122 J. Hayes et P. Nutman : COMPRENDRE LES CHOMEURS
123 S. Sturdivant : LES FEMMES ET LA PSYCHOTHERAPIE
124 A. Pomerleau et G. Malcuit : L'ENFANT ET SON ENVIRONNEMENT
125 A. Van Hout et X. Seron : L'APHASIE DE L'ENFANT
126 A. Vergote : RELIGION, FOI, INCROYANCE
127 Sivadon/Fernandez-Zoïla : TEMPS DE TRAVAIL, TEMPS DE VIVRE
128 Born : JEUNES DEVIANTS OU DELINQUANTS JUVENILES?
129 Hamers/Blanc : BILINGUALITE ET BILINGUISME
130 Legrand : PSYCHANALYSE, SCIENCE, SOCIETE
131 Le Camus : PRATIQUES PSYCHOMOTRICES
132 Lars Fredén : ASPECTS PSYCHOSOCIAUX DE LA DEPRESSION
133 Mount : LA FAMILLE SUBVERSIVE
134 Magerotte : MANUEL D'EDUCATION COMPORTEMENTALE CLINIQUE
135 Dailly/Moscato : LATERALISATION ET LATERALITE CHEZ L'ENFANT
136 Bonnet/Tamine-Gardes : QUAND L'ENFANT PARLE DU LANGAGE
137 Bruyer : LES SCIENCES HUMAINES ET LES DROITS DE L'HOMME

138 Taulelle : L'ENFANT A LA RENCONTRE DU LANGAGE
139 de Boucaud : PSYCHOLOGIE DE L'ENFANT ASTHMATIQUE
140 Duruz : NARCISSE EN QUETE DE SOI
141 Feyereisen/de Lannoy : PSYCHOLOGIE DU GESTE
142 Florin et al. : LE LANGAGE A L'ECOLE MATERNELLE
143 Debuyst : MODELE ETHOLOGIQUE ET CRIMINOLOGIE
144 Ashton/Stepney : FUMER
145 Winkel et al. : L'IMAGE DE LA FEMME DANS LES LIVRES SCOLAIRES
146 Bideau/Richelle : PSYCHOLOGIE DEVELOPPEMENTALE
147 Schmid-Kitsikis : THEORIE CLINIQUE ET FONCTIONNEMENT MENTAL
148 Guggenbühl/Craig : POUVOIR ET RELATION D'AIDE
149 Rondal : LANGAGE ET COMMUNICATION CHEZ LES HANDICAPES MENTAUX
150 Moscato et al. : FONCTIONNEMENT COGNITIF ET INDIVIDUALITE
151 Château : L'HUMANISATION OU LES PREMIERS PAS DES VALEURS HUMAINES
152 Avery/Litwack : NEE TROP TOT
153 Rondal : LE DEVELOPPEMENT DU LANGAGE CHEZ L'ENFANT TRISOMIQUE 21
154 Kellens : QU'AS-TU FAIT DE TON FRERE?
155 Rondal/Henrot : LE LANGAGE DES SIGNES. 2e éd.
156 Lafontaine : LE PARTI PRIS DES MOTS
157 Bonnet/Hoc/Tiberghien : AUTOMATIQUE, INTELLIGENCE ARTIFICIELLE ET PSYCHOLOGIE
158 Giovannini et al. : PSYCHOLOGIE ET SANTE
159 Wilmotte et al. : LE SUICIDE
160 Giurgea : L'HERITAGE DE PAVLOV
161 Ionescu : MANUEL D'INTERVENTION EN DEFICIENCE MENTALE N° 1
162 Ionescu : MANUEL D'INTERVENTION EN DEFICIENCE MENTALE N° 2
163 Pieraut-Le Bonniec : CONNAITRE ET LE DIRE
164 Huber : PSYCHOLOGIE CLINIQUE AUJOURD'HUI
165 Rondal et al. : PROBLEMES DE PSYCHOLINGUISTIQUE
166 Slukin : LE LIEN MATERNEL
167 Baudour : L'AMOUR CONDAMNE
168 Wilwerth : VISAGES DE LA LITTERATURE FEMININE
169 Edwards : VISION, DESSIN, CREATIVITE. 3e éd.
170 Lutte : LIBERER L'ADOLESCENCE
171 Defays : L'ESPRIT EN FRICHE
172 Broome Walace : PSYCHOLOGIE ET PROBLEMES GYNECOLOGIQUES
173 Aimard : LES BEBES DE L'HUMOUR
174 Perruchet : LES AUTOMATISMES COGNITIFS
175 Bawin-Legros : FAMILLES, MARIAGE, DIVORCE
176 Pourtois/Desmet : EPISTEMOLOGIE ET INSTRUMENTATION EN SCIENCES HUMAINES. 2e éd.
177 Sloboda : L'ESPRIT MUSICIEN
178 Fraisse : POUR LA PSYCHOLOGIE SCIENTIFIQUE
179 Ruffiot : PSYCHOLOGIE DU SIDA
180 McAdams/Deliège : LA MUSIQUE ET LES SCIENCES COGNITIVES
181 Argentin : QUAND FAIRE C'EST DIRE...
182 Van der Linden : LES TROUBLES DE LA MEMOIRE
183 Lecuyer : BEBES ASTRONOMES, BEBES PSYCHOLOGUES : L'INTELLIGENCE DE LA 1re ANNEE
184 Immelmann : DICTIONNAIRE DE L'ETHOLOGIE
185 Collectif : ACTEUR SOCIAL ET DELINQUANCE
186 Fontana : GERER LE STRESS
187 Bouchard : DE LA PHENOMENOLOGIE A LA PSYCHANALYSE
188 Chanceaulme : MOURIR, ULTIME TENDRESSE
189 Rivière : LA PSYCHOLOGIE DE VYGOTSKY

190 Lecoq : APPRENTISSAGE DE LA LECTURE ET DYSLEXIE
191 de Montmolin/Amalberti/Theureau : MODELES DE L'ANALYSE DU TRAVAIL
192 Minary : MODELES SYSTEMIQUES ET PSYCHOLOGIE
193 Grégoire : EVALUER L'INTELLIGENCE DE L'ENFANT
194 Gommers/van den Bosch/de Aguilar : POUR UNE VIEILLESSE AUTONOME
195 Van Rillaer : LA GESTION DE SOI
196 Lecas : L'ATTENTION VISUELLE
197 Macquet : TOXICOMANIES ET FORMES DE LA VIE QUOTIDIENNE
198 Giurgea : LE VIEILLISSEMENT CEREBRAL
199 Pillon : LA MEMOIRE DES MOTS
200 Pouthas/Jouen : LES COMPORTEMENTS DU BEBE : EXPRESSION DE SON SAVOIR ?
201 Montangero/Maurice-Naville : PIAGET OU L'INTELLIGENCE EN MARCHE
202 Colin A. Epsie : LE TRAITEMENT PSYCHOLOGIQUE DE L'INSOMNIE
203 Samalin-Amboise : VIVRE A DEUX
204 Bourhis/Leyens : STEREOTYPES, DISCRIMINATION ET RELATIONS INTERGROUPES
205 Feltz/Lambert : ENTRE LE CORPS ET L'ESPRIT
206 Francès : MOTIVATION ET EFFICIENCE AU TRAVAIL
207 Houziaux : EDUCATION DU PATIENT ET ORDINATEUR
208 Roques : SORTIR DU CHOMAGE
209 Bléandonu : L'ANALYSE DES REVES ET LE REGARD MENTAL
210 Born/Delville/Mercier/Snad/Beeckmans : LES ABUS SEXUELS D'ENFANTS
211 Siguan : L'EUROPE DES LANGUES
212 de Bonis : CONNAITRE LES EMOTIONS HUMAINES
213 Retschitzki/Gurtner : L'ENFANT ET L'ORDINATEUR
214 Leyens/Yzerbyt/Schadron : STEREOTYPES ET COGNITION SOCIALE
215 Tiberghien : LA MEMOIRE OUBLIEE
216 Wynants : L'ORTHOGRAPHE, UNE NORME SOCIALE
217 Rondal : L'EVALUATION DU LANGAGE
218 Moreau : SOCIOLINGUISTIQUE, CONCEPTS DE BASE
219 Rouquette : LA CHASSE À L'IMMIGRÉ
220 Grubar/Duyme/Cote et al. : LA PRÉCOCITÉ INTELLECTUELLE DE LA MYTHOLOGIE À LA GÉNÉTIQUE
221 Pomini et al. : THÉRAPIE PSYCHOLOGIQUE DES SCHIZOPHRÉNIES
222 Houdé et al. : DESCARTES ET SON ŒUVRE AUJOURD'HUI
223 Richelle : DÉFENSE DES SCIENCES HUMAINES
224 Leclercq : POUR UNE PÉDAGOGIE UNIVERSITAIRE DE QUALITÉ
225 Gillis : L'AUTISME ATTRAPÉ PAR LE CORPS
226 Pithon : LES TENDANCES ACTUELLES DE L'INTERVENTION PRÉCOCE EN EUROPE

Manuels et Traités

Droz-Richelle : MANUEL DE PSYCHOLOGIE. 5e éd.
Hurtig-Rondal : MANUEL DE PSYCHOLOGIE DE L'ENFANT (Tome 1). 5e éd.
Hurtig-Rondal : MANUEL DE PSYCHOLOGIE DE L'ENFANT (Tome 2). 4e éd.
Hurtig-Rondal : MANUEL DE PSYCHOLOGIE DE L'ENFANT (Tome 3). 4e éd.
Rondal-Seron : LES TROUBLES DU LANGAGE (DIAGNOSTIC ET REEDUCATION). 2e éd.
Fontaine/Cottraux/Ladouceur : CLINIQUES DE THERAPIE COMPORTEMENTALE. 2e éd.
Godefroid : LES CHEMINS DE LA PSYCHOLOGIE. 2e éd.
Seron-Jeannerod : NEUROPSYCHOLOGIE HUMAINE